U0474593

名师工程 教育部基础教育课程教材发展中心
《基础教育课程》丛书 《基础教育课程》杂志社组编

新时代的主题教育课程

总 主 编　付宜红
本册主编　刘青松

西南大学出版社
国家一级出版社　全国百佳图书出版单位

图书在版编目（CIP）数据

新时代的主题教育课程 / 刘青松主编. — 重庆：西南大学出版社，2022.4
（名师工程）
ISBN 978-7-5697-1316-9

Ⅰ.①新… Ⅱ.①刘… Ⅲ.①德育-教学研究-中小学 Ⅳ.①G631

中国版本图书馆CIP数据核字（2022）第043227号

新时代的主题教育课程
XINSHIDAI DE ZHUTI JIAOYU KECHENG
刘青松　主编

责任编辑：何毓阳
责任校对：牛振宇
出版发行：西南大学出版社（原西南师范大学出版社）
　　　　　　地址：重庆市北碚区天生路2号
　　　　　　邮编：400715　市场营销部电话：023-68868624
　　　　　　网址：http://www.xdcbs.com
经　　销：新华书店
印　　刷：重庆俊蒲印务有限公司
幅面尺寸：170mm×240mm
印　　张：18.75
字　　数：367千字
版　　次：2022年4月　第1版
印　　次：2022年4月　第1次印刷
书　　号：ISBN 978-7-5697-1316-9
定　　价：78.00元

若有印装质量问题，请联系出版社调换
版权所有　翻印必究

foreword 序

本丛书是由教育部基础教育课程教材发展中心《基础教育课程》杂志社策划编辑的系列教师读本。丛书中提炼的主题以及精选的文章聚焦当前教育重点、热点话题，体现了《基础教育课程》杂志的办刊理念，浓缩了《基础教育课程》杂志近年来的出刊精华，汇聚了全国一流专家学者、特级教师，以及教育行政、教研人员的科研成果与实践智慧。

课程是国家意志的体现，基础教育课程承载着国家对人才培养的目标、期盼与路径设计。2004年，由教育部主管、教育部基础教育课程教材发展中心主办的《基础教育课程》杂志创刊，时任国务院副总理李岚清同志亲笔题写刊名。当时的杂志从教育部为各课程改革实验区编发的《基础教育课程改革通讯》改编而来。十几年来，杂志秉承"专业引领、服务实践"的办刊理念，以全面贯彻新时期党和国家教育方针，坚守素质教育阵地，弘扬课程改革主旋律，落实立德树人根本任务为宗旨，聚焦基础教育课程改革的推进，记录、跟踪改革发展历程，权威发布并深度解读国家基础教育改革及课程教材建设相关政策文件，提炼报道地方及学校改革经验和动态，宣传推广基础教育课程教材、教学教研及评价领域最新成果。如今，《基础教育课程》杂志已成为国内一流的课程教学专业期刊，是国家课程教材专业研究机构——课程教材研究所指定期刊，全国中文核心期刊，中国人民大学复印报刊资料重要转载来源，为中国核心期刊（遴选）数据库、中国学术期刊网络出版总库全文收录。

近年来，《基础教育课程》杂志聚焦教育部主责主业，依托国家教材委员会、教育部基础教育课程教材专家咨询委员会，国家课程方案、各学科课程标准以及中高考命题改革等权威专家力量，在学生核心素养发展、国家课程方案、课程标准、新教材解读以及教学研究、考试评价制度改革、深度学习教学改进、高中育人模式变革等方面做了系列重点报道，已成为地方、学校执行国家课程方案，探索育人模式变革，落实立德树人根本任务的高端交流与展示平台。为使期刊近年来策划组织的相关重大选题和文章发挥更大的辐射作用，在西南大学出版社的支持下，我们策划编撰了此丛书。

此丛书共有两个系列，分别是"基于核心素养的新时代课程建设系列"和"基于核心素养的教学改进系列"。"基于核心素养的新时代课程建设系列"包含《新时代的劳动教育》《新时代的校本课程建设》《新时代的主题教育课程》和《新时代的教研工作》四个分册。"基于核心素养的教学改进系列"涵盖《基于核心素养教学改进的落地导引》《基于核心素养的大单元和大概念教学》《基于核心素养的深度学习》《基于核心素养的项目式学习》《基于核心素养的跨学科学习》《基于核心素养的任务驱动与问题解决式学习》及《基于核心素养、着眼未来的学习》等热点教学策略。此外，"基于核心素养的教学改进系列"还聚焦普通高中新课程标准（2017年版2020年修订）和新高考，涉及语文、数学、英语、思想政治、历史、地理、物理、化学、生物9个学科的新课标、新教材及其对应的新教学策略与教学设计和考试评价等内容。

有别于名家、名师的个人专著，本丛书具有作者众多，研究视角多样，案例丰富、典型，特别是导向前瞻，既有理论指导性又有实践可操作性等鲜明特点，希望能为广大教师在落实立德树人根本任务，构建"五育"并举的学校课程体系，开展基于核心素养的教学以及探索新中高考改革的路上提供切实的引导与帮助！

基础教育课程杂志社主编　付宜红

Preface 前言

主题教育，一般指"把具有一定特征的某种基本思想作为核心内容，并在活动中使其得到充分体现的一系列思想政治教育活动"，具有鲜明的导向性和规定性。在中小学教育领域，主题教育在内容和内涵上要更为宽泛，凡是以学生为主体，有计划、有目的地开展的一个或系列主题性教育教学活动，都可称为主题教育，它既可以采取学科渗透的方式实施，也可以相对独立地开展，开展主题教育已经成为学校提升育人实效的有效方式。

在新时代背景下，大力开展主题教育，是贯彻落实党的教育方针、坚持立德树人根本任务的重要举措。中共中央、国务院印发的《关于深化教育教学改革全面提高义务教育质量的意见》提出，要"大力开展理想信念、社会主义核心价值观、中华优秀传统文化、生态文明和心理健康教育"，"加强品德修养教育，强化学生良好行为习惯和法治意识养成"，"增强美育熏陶"。普通高中课程方案和课程标准修订的过程中，"有机融入坚持和发展中国特色社会主义、培育和践行社会主义核心价值观的基本内容和要求，继承和弘扬中华优秀传统文化、革命文化，发展社会主义先进文化，加强法治意识、国家安全、民族团结、生态文明和海洋权益等方面的教育"。教育部办公厅、工业和信息化部办公厅印发的《关于中小学延期开学期间"停课不停学"有关工作安排的通知》明确指出,"要注重疫情防护知识普及,加强生命教育、公共安全教育和心理健康教育",主题教育在2020年我国应对新冠肺炎疫情方面承担了责任、发挥了作用。

《基础教育课程》杂志作为教育部主管的期刊,紧扣时代脉搏,积极捕捉和反映国家教育政策动态及教育领域热点话题,刊发了大量主题教育类文章。我们对这些文章做了系统梳理,精心选取了社会主义核心价值观教育、中华优秀传统文化和革命传统教育、法治教育、国家安全与民族教育、生命安全与健康教育、美育等主题教育案例汇编成书,全方位、多角度展现我国中小学教育领域开展主题教育所取得的丰富成果。其中,既有地区教育部门牵头的整体性探索、实践经验,也有以学校为主导推进的课程、活动设计;既有专家学者高屋建瓴的理论研究,也有一线教师立足本地资源、学科及学生实际的内容开发。这些主题教育具有聚焦性,体现了问题意识,指向了现实需要,蕴含着鲜明的价值取向,且因特定的教育诉求、社会需要而产生或强化。例如,社会主义核心价值观是当代中国的价值准则,积极培育和践行社会主义核心价值观是落实立德树人根本任务的体现,是培养社会主义建设者和接班人的必然要求。又如,无论今天的中国还是未来的中国,都根植于五千年中华文化和百余年革命传统——中华优秀传统文化的深厚积淀和强大生命力,是一个民族永续发展的根本,经历了岁月的洗礼依然散发出巨大张力;革命传统则是中国近代文化的重要组成部分,是社会主义国家的鲜红底色,并同样体现着中华民族五千年历史生生不息、薪火相传的生存信念和精神追求。中华优秀传统文化和革命传统,无疑是我们开展主题教育最大的资源宝库。这样的主题教育,可以说是中小学生的必修课。此外,还有法治教育、国家安全与民族教育、生命安全与健康教育、美育等,我们在日常的中小学教育教学中,均可找到关于它们的内容,感受到它们在学生成长中的重要价值。

近年来,随着国家对主题教育越来越多的强调和重视,系列宏观政策和指导性文件陆续出台,为中小学更丰富、更深入地开展主题教育提供了政策依据和基本遵循。典型的有:价值观培育方面,2013年中共中央办公厅印发《关于培育和践行社会主义核心价值观的意见》,要求把培育和践行社会主义核心价值观融入国民教育全过程。文化传承方面，教育部2014年印发《完善中华优秀传统文化教育指导纲要》，针对中华优秀传统文化教育系统融入课程和教材体系进行规划；2020年初印发《革命传统进中小学课程教材指南》和《中华优秀传统文化进中小学课程教材指南》，针对"进什么、进多少、如何进"的问题做了顶层设计和具体落实。法治教育方面，2016年教育部、司法部、全国普法办印发《青少年法治教育大纲》，将法治教育全面纳入国民教育体系；2020年中共中央印发《法治社会建设实施纲要（2020—2025年）》，进一步提出加强青少年法治教育。国家安全教育方面，教育部《关于加强大中小学国家安全教育的实施意见》和《大中小学国家安全教育指导纲要》分别于2018年、2020年印发。德育方面，2017年教育部印发《中小学德育工作指南》，提出要不断增强中小学德育工作的时代性、科学性和实效性。未来，针对特定领域的"主题"，仍将会有相关政策文件不断出台，中小学开展各类主题教育越来越迫切、越来越重要。

《新时代的主题教育课程》一书，正是在这样的背景、形势下构思和出版的。这些主题虽常常采取融入的方式落实在学科里，但依然体现出一定的独立性，每一个主题都有其独特的育人价值，或体现着特定的民族文化、核心价值，或彰显了特定的政治诉求、时代精神，或是当前社会生活的迫切需要、鲜活反映。同时，各类主题教育虽可以独立开展，但彼此之间并非是割裂的、孤立的，而更多地体现着融通、渗透和交叉的关系。这些案例生动地告诉我们，各类主题教育不仅要落实在校园里、学科里，更要落实在广阔的社会生活中，让学生通过形式多样、内容丰富、价值鲜明的主题教育，吸收拔节的营养和生长的力量。

丰富的主题教育，将织就一张协同育人的大网，其中不仅蕴含着传统中国的底色，更流淌着现代中国的基因！

《基础教育课程》杂志社编辑
刘青松
2021年3月12日

Contents 目 录

第一章　社会主义核心价值观在学校课程的融入

第一节　社会主义核心价值观进课程 / 1

　　正确理解与践行社会主义核心价值观 / 万俊人 1
　　教材建设要把握中国传统文化的精神内涵 / 王　宁 4
　　社会主义核心价值观与历史教材建设 / 李世安 7
　　建设有中国特色的德育教材 / 成尚荣 11
　　小初高社会主义核心价值观教育一体化建设的实践探究 /
　　　　吕　丽　邵志豪 15

第二节　社会主义核心价值观进课堂 / 23

　　社会主义核心价值观融入学科的教学设计策略 / 夏淑玉 23
　　社会主义核心价值观融入语文课程的教师策略 / 付宜红 30
　　社会主义核心价值观融入《道德与法治》课堂教学的策略 / 赵　聪 36
　　提高《道德与法治》课程核心价值观教育的实效性 / 王　颖　丛立新 43
　　重视社会主义核心价值观在初中历史教学中的渗透与体现 /
　　　　郭大维　常晋军 47
　　地理教学中的社会主义核心价值观教育 / 林培英　李文胜
　　　　张婷婷　刘　楠 52

第二章 中华优秀传统文化和革命传统教育

第一节 课程教材中的传统文化 / 57

提升中华优秀传统文化教育实效
——《中华优秀传统文化进中小学课程教材指南》解读 /
  吴艳玲 57

历史·现状·问题
——中小学音乐学科中华传统文化教育的回顾与思考 / 王安国 63

赓续传统 固本开新
——改革开放40年体育课程教材中民族传统体育文化的变迁 /
  耿培新 潘建芬 70

以美育人 以文化人
——改革开放以来美术课程教材中传统文化的蕴含与体现 /
  段 鹏 刘云丽 76

幼儿园教育传承传统文化的内容与方式
——基于政策文本的研究 / 高宏钰 霍力岩 谷 虹 82

第二节 革命传统教育 / 90

红色基因传承的"临沂样板" / 刘金松 90
统编语文教材革命文化选文与教学策略 / 许 丹 96
统编语文教材革命文化理解向度及其实践路径 / 刘 飞 103
用红色基因点亮生命底色
——统编教材红色经典的导读策略 / 季雪娟 113

第三章 法治教育

第一节 走近法治教育 / 116

法治教育的定位及其核心内容 / 陈大文 116
九年一贯制学校法治教育的有效整合 / 张莉莉 119

从《品德与生活》到《道德与法治》/ 陈明燕 126

第二节　教材使用与教学思考 / 130

理解编写立意　用好教材栏目
　　——统编初中《道德与法治》教材的使用建议 / 金　利 130
德润人心　法护成长
　　——统编《道德与法治》七年级上册教材的特点与亮点 /
　　　顾润生 135
"问题解决型"法治课的进阶设计 / 朱　妮 141
明辨性思维的培养
　　——以小学《道德与法治》课为例 / 王　春 148
统编初中《道德与法治》教材使用过程中的几点思考 / 陆　彬 152
小学生社会参与能力培养的问题与对策
　　——具身学习的视角 / 宋　梅　陈美兰 156
中小学模拟法庭模式的问题及改进
　　——以"今天我来当法官"模拟法庭活动为例 / 张　静 164

第四章　国家安全与民族教育

第一节　国家安全教育 / 169

教材中的国家安全教育
　　——统编教材《树立总体国家安全观》的设计思路及教学建议 /
　　　吴玉军 169
中小学国家安全教育课程实践及启思
　　——以江苏省中小学国家安全教育课程为例 / 王小叶 174
中小学安全教育"三位一体"新课程模式研究 / 张　敏　刘俊波 182

第二节　民族团结与民族教育 / 186

汉藏文化交融，加强民族教育 / 邬云琰 186
以针代笔，以线晕色
　　——民族传统文化在学校课程中的开发 / 陈强英 192

第五章 生命安全与健康教育

第一节 为了生命的教育 / 196

重大疫情下中学生生命教育现状及对策探究
——以西南地区为例 / 宋乃庆 曹 媛 罗 琳 196
复学后的学校面临的学生心理问题及应对策略 / 边玉芳 206
对中小学课程中加强灾难教育的几点思考 / 雷 实 213
日本中小学生命教育探析及其启示 / 郑晓华 李晓培 218

第二节 构建适宜学生健康发展的课程 / 226

新中国成立 70 年来我国中小学健康教育的发展历程、特征与展望 /
　陈云龙 吴艳玲 杨玉春 226
加强健康教育，促进儿童青少年"五育"全面协调发展 /
　吴艳玲 陈云龙 234
为生命安全与健康筑牢防线
——《生命安全与健康教育进中小学课程教材指南》解读 /
　马 军 马迎华 240

第六章 美育

发挥美术课程的育人价值 / 尹少淳 244
聚焦素养 以美育人 / 王安国 249
按照美的规律塑造学校
——南菁高级中学发展素质教育的美学范式 / 成尚荣 254
以美育重构校园生活 / 杨培明 257
构建大美育课程的实践探索 / 朱月明 262
"尽精微 致广大"的美术深度学习 / 段 鹏 267
语文审美教育之应为与可为 / 卢永霞 274
以美育人：给乡村孩子一个缤纷的世界 / 王 恂 281

第一章

社会主义核心价值观在学校课程的融入

第一节 社会主义核心价值观进课程

正确理解与践行社会主义核心价值观

万俊人[①]

在我看来,教育更多的应该是"点火"——要点亮每个孩子的心,这就是启蒙。"启蒙"在英文原意中就是点亮的意思。今天我们推行社会主义核心价值观、中华优秀传统文化、法治教育的一个重要目的,就是启蒙,推行一种价值观教育。

一、正确理解社会主义核心价值观

任何一种价值观的形成,都是一个历史的过程。我们的祖先非常有智慧,"仁、义、礼、智、信"五个字十分凝练地概括了中华文化的主体精神,对我们的民族文化产生了深远影响,而且深入人心,贴近百姓的日常生活。"仁、义、礼、智、信"作为古代的核心价值观,并不是一开始就有且被普遍认同的,虽然《论语》里这五个字都有,但不是专门、系统谈及的,那个时代的

[①] 万俊人,清华大学教授。

君王也没有采纳孔子的意见。直到宋代,儒家的这些理念才被完全纳入科举考试,作为科举考试的主要内容。正是历经了一千多年的时间,"仁、义、礼、智、信"这五个字才慢慢沉淀下来。

再看欧美社会的核心价值观形成过程。在欧洲社会,社会核心价值观为:自由、平等、博爱。这是欧洲近代以来,五百年的现代化进程中慢慢积淀下来的六个字。过去作为法国大革命的旗帜,"自由""平等"被大力提倡,同时,因为欧洲国家比较浓厚的宗教文化传统和人道主义传统,"博爱"两个字也保留下来。美国作为一个年轻的国家,实际上只给整个欧美社会的核心价值贡献了两个字,那就是"民主"。所以现在我们经常提到的"自由""平等""博爱""民主"这八个字,有六个字是欧洲人贡献的,两个字是美国人贡献的。但是美国人为贡献这两个字付出了血的代价,而且真正的民主实践其实还不到一百年,20世纪60年代以前的民主,都是有限的民主。例如,非裔美国人实际上到20世纪60年代后期才有民主投票的权利。从对欧美社会的分析可以看出,核心价值观的形成不是一件简单的事情。

所以,今天我们提倡的社会主义核心价值观,依然需要经过时间的淘洗,我们一定要以动态、发展的眼光看待社会主义核心价值观。社会主义核心价值观,我们用了24个字来表述,即富强、民主、文明、和谐;自由、平等、公正、法治;爱国、敬业、诚信、友善,可以归结为三个提倡,即国家、社会、个人生活三个层面的价值目标。这24个字所涵括的内容十分丰富,既很好地吸收了传统文化价值观念中的优秀资源(如和谐理念等),又充分吸收了包括西方现代价值观表述概念在内的几乎所有现代社会的基本价值概念。当然,即使概念相同,也必须深刻把握这些普遍概念内所含的中国特色社会主义价值观与西方价值观之间的本质差别。每一个概念的生成和流衍都是在具体复杂的历史语境和文化语境中展开和定型的,不能简单地停留于概念名称的了解上。而且,这24个字的表述仍然是一种开放的表述,还需要不断沉淀和阐释,但是,它的具体指向、三个层次乃至基本内容,已然明确。所以,在认识上,我们既不能把它看作终极答案,又不能够忽略它的确定性以及它在现实实践中作为一种文化价值指南的根本性指导意义,必须深刻领会,深入阐释,广泛宣传,切实践行!

今天我们进行社会主义核心价值观教育,也是一项长期而艰巨的工作。一方面,我们需要在宣传和教育过程中讲清楚、说明白中国特色社会主义核心价值观的所缘、所旨、所谓、所欲，以使包括青少年在内的全体国民明白其重大意义，理解其重要意味，在此基础上形成较为深刻而清晰的认知和广泛而深刻的价值观认同；另一方面，更重要的是激励和引导人们将其融入自身的日常生活和日常行为，在价值认同的基础上真正自觉地践行社会主义核心价值观。在某种意义上讲，后一个方面更为重要，也更为艰难。一般说来，人类社会的文明和文化实践总是呈现出知先行后的次序，更表现出知易行难的特点。我们进行社会主义核心价值观教育的根本目的不只是让人们明白根本道理，更是让人们践行根本价值观，以此来构建健全文明的中国特色社会主义现代文明，并造就具有现代文明美德的现代中国人，以不负我中华民族之为"道德文明古国"的文明荣耀。

二、教材编写者要具备三种眼光

当前，教育部提出社会主义核心价值观、中华优秀传统文化，还有国家主权意识等进教材，其实是一种国民教育、主权意识的体现。要做好社会主义核心价值观、中华优秀传统文化、国家主权意识等方面的教育，还涉及我们所有的教材编写者，这一群体必须具备三种眼光。

一是要有历史的眼光。没有历史的眼光，就看不清楚我们的文化传统。习近平总书记在一些场合说过，关于如何继承中华优秀传统文化这个题还没有破。也就是说我们还没有讲清楚什么是优秀传统文化。所以，有历史的眼光，才能看清传统，知道我们从什么地方来、要到什么地方去。

二是要有国际眼光。什么是国家的主权意识？如何将其体现在教育中？这就需要一定的国际政治眼光，对地缘政治能够有深刻的理解，教材如何呈现、教师如何去教，直接影响孩子的认知。我们教材的编写、教师的教学等在走出国门后，在国际的语境中就代表着中国。所以我们要有国际眼光。

三是要有地方文化的眼光。如果只有前两种眼光，我们编出的教材都将是一样的，缺少个性，但是如果有第三种眼光就不一样了，有了地域文化的内容、风格，教材就有了个性特色。

教材建设要把握中国传统文化的精神内涵

王　宁[①]

传统文化是在传承之中形成的文化，不是指古代的文化。例如，先秦的文化是传统文化里早期的一个渊源，但不是说先秦的文化本身在当时就是传统文化。传统文化是在发展之中形成的，一种文化只要属于传统，就一定要往下传承。在传承的过程中，每一个时代都会发生一些变化。因此，每一个时代在讲到前代文化的时候，有的已经成为一种历史知识，丧失了应用价值；有的在传承过程中一直有意义，但这个意义会被赋予当代的形式；有的我们看到了它的弊端，不能为后代所采用。所以说，传统文化不等于古代文化。传统文化是在传承过程中，历经文明演化而汇集成的一种民族精神，是民族历史上各种思想文化观念形态总体的表征。

一、中国传统文化的精神内涵

具体而言，中国传统文化的精神内涵可以从三个方面来阐释。

第一，"天人合一"和"天人交胜"的宇宙观。什么叫"天人合一"？早期的天人合一，孟子说："尽其心者，知其性也，知其性则知天矣。"他说的"性"就是指恻隐之心、羞恶之心、辞让之心、是非之心。尽心了就能知性，心性为天地所赋予，知性就是知天。"天"是什么？"天"是在我们身外的自然。人要尊重自然，不能跟自然开玩笑，否则就会受到大自然的惩罚。《易经》说："夫大人者，与天地合其德，与日月合其明，与四时合其序，与鬼神合其吉凶。先天而天弗违，后天而奉天时。天且弗违，而况于人乎？况于鬼神乎？"这里的鬼神不是指人的灵魂，而是指古人还没有认识到的自然现象。认识到和没有认识到的规律，都应"弗违"，也就是说人应该与自然形成友好关系，先认识它，再去利用它。这种宇宙观在古代都已形成。

"天人交胜"的说法是刘禹锡提出来的。他在《天论》里写道："天之道在生植，其用在强弱；人之道在法制，其用在是非。强者胜弱，'力雄相长'，

[①] 王宁，北京师范大学教授。

是'天之能'；建立规范，'左贤尚功'，是'人之能'。"意思是说，天的作用，人是不能发挥的，人的作用，天也不能发挥，人不能改造四季，天不能够制定礼仪。在自然方面是天胜过人的，在社会方面是人胜过天的。所以，"天人交胜"的思想指向我们精神之外的自然界，和我们精神之内的人的思想，以及人对社会的作用，这些关系一定要协调好。

"天人合一"的宇宙观有很多正面的影响，其价值与影响主要体现在三个方面：（1）它促成了中国文化整体、系统的思想，把天地人看作一个整体。天地、人我、人身、人心都处在一个系统里面，各个系统要素之间互相依存、互相制约。（2）它促成了追求和谐社会的理想主义倾向。了解了"天人合一"的根本道理，做人就有了境界。我们把美好的理想凝聚在心里，而求实现于人世，以求大同。虽然大同很难实现，但它已成为人追求的目标。（3）它促成了一个诚明合一的人生修养哲学，推动着人们在成己成物、人我交流之间实现人格品德的完善。所以"诚者，天之道也；诚之者，人之道也"，"自诚明，谓之性；自明诚，谓之教"。所以诚是天在人中之德，明是对于理想和一己之德能的觉悟，诚明合一，要使人的心性修养与人我相和谐，和天地、自然相顺应，培养一种真善美统一的理想人格。

第二，是"中庸之道"的价值观。中庸之道不是折中主义，是在两极之间寻找一个合适的点，这个点能达到"和"。要想达到"和"，必须先把自己调整好，所以中庸是一种关于和谐思想的方法论。有了这种价值观，我们才能知道人不可以偏激，不可以完全形式化，也不可以只讲超越形式的虚无。

第三，是"知行合一"的实践观。我们不能否认知识，因为知识可以生成素养，但是知识仅仅是知识，没有践行是没有用的。所以从知到行，从行到素养，这个过程才是我们的传统实践观的体现。

这些思想都很先进，但是在教材里不能说教，而是要通过具体的事例来体现。特别是语文教材，要靠文章的选择和对文章的正确解读来实现。例如，我们的教材里选了《寡人之于国也》，讲"数罟不入洿池"和"斧斤以时入山林"，这就是"天人交胜"思想的体现。在浩如烟海的古代典籍里找到体现我国优秀传统文化精神，而且适合义务教育年龄段的篇章，是要多读书的。教材编写人员不能只是东抄西抄，只拣现成材料。不断提高专业水平，多读书，开阔视野，教材编写才能有新意、有深度。

二、要注重发掘传统文化思想资源

我们现在的教材，同质化现象非常严重，没有人去发掘新资源。中国几千年的文明浩如烟海，传统文化思想资源的发掘是非常重要的。我一直在提倡我们要建立资源库，要给孩子提供更多的好东西。

我们现在是从三个方面来概括传统文化在今天的体现的：第一是家国情怀，第二是社会关爱，第三是人文修养。礼的重要功能首先是在个人修养的层面上，修身才能平天下，这就是古代的人性观。中国古代对"人性"的看法不是一味强调"个性"，更不是一味强调"个人自由"，还有"己所不欲，勿施于人"的一面。不只尊己，还要利他。人文修养非常重要，个人修养的最高境界是"慎独"，也就是自律，把忠于国家、关怀社会、扶助弱小、爱护他人当成一种习惯，人前如是，人后亦如是；于己有利如是，于己不利亦如是；一天如是，一生亦如是。这是一种信念，不仅仅是简单的自我管理。要做到这一点，绝对自由是不行的。这是我们的价值观和现代西方流行的价值观的区别。

举"廉洁"为例，廉洁者的价值观首先是爱民、利民、畏民，历史上有很多很好的故事，值得我们去挖掘。例如，"子文逃富"。《国语》记载，楚国的鬬子文有很多政绩，楚成王时常要给他一些赏赐。一到这时候，他就逃走，等成王不赏赐他了再回来。有人对他说："人生谁不求富，你何必逃富呢？"鬬子文说："从政是为了庇护老百姓，很多老百姓还那么穷，我去求富，是用百姓的怨恨来自封，那不是找死吗！我逃的是死，不是富。"

从这个故事里，我们可以发掘出廉洁者的三种境界：第一是爱民而畏民。把老百姓放在一个非常重要的地位，而不愿意站到他们的对立面。民贵君轻思想，是我们古代非常好的传统。第二是顾及后果。不顾后果是没有理性的。第三是以逃离以示决心非常大。因为中国人碍于情面难以推脱，跑了就彻底拒绝了。

教材贯彻传统文化主要体现在两点：第一是加强文言文阅读训练，读通古代典籍；第二是发掘好文章，也就是阅读资源建设。这两点做不好，空谈无意义。

社会主义核心价值观与历史教材建设

李世安[①]

社会主义核心价值观如何进入课程教材？我认为需要坚持三个原则：一要全面掌握社会主义核心价值观的科学内涵和精神实质，以社会主义核心价值观为统帅，来确定课程教材内容，提出教学建议；文字、插图、栏目设置、课外练习，乃至封面设计等，也必须紧紧围绕渗透社会主义核心价值观这一主题进行。二要避免简单"贴标签"式的方法，避免空洞说教，而要结合学生特点，遵循教育规律，进行有机渗透。文风要朴实，要真情感召，使学生感兴趣，看得懂，能接受。三要适当增加课程标准中没有的内容。在历史教材建设中，融入社会主义核心价值观教育，我们可以做以下几个方面的工作：

第一，社会主义核心价值观应该进教材。社会主义核心价值观所包含的24个字也要进教材，不能把介绍社会主义核心价值观看成德育的事，或看成时事政治。中宣部原部长刘奇葆指出："必须让孩子们熟记这24个字。"历史教材也应该贯彻这一精神。

第二，建议增加体现社会主义理想和信念教育的内容。社会主义核心价值观的本质是社会主义，是为中国特色社会主义服务的。而中国特色社会主义的目标，是实现社会主义。因此，进行社会主义理想和信念教育，是社会主义核心价值观进义务教育历史教材的最根本任务。教材的编写必须体现这些内容。

第三，建议增加革命传统教育的内容。要体现党领导中国人民进行民主革命、社会主义革命和建设的长期斗争实践中形成的自己特有的、世代相传的优良革命传统，体现成千上万的革命先烈、革命前辈前仆后继、英勇奋斗的英雄业绩和革命精神，体现毛泽东、周恩来、刘少奇、朱德等老一辈无产阶级革命家培育出来的党的三大作风等内容。

第四，建议增加社会主义道德建设的内容。如增加万众一心、众志成城、不畏艰险、百折不挠、以人为本、尊重科学的伟大的"抗震救灾精神"；增加

[①] 李世安，英国前首相张伯伦奖学金获得者，中国人民大学历史学院教授。

以为国争光的爱国精神、艰苦奋斗的奉献精神、团结协作的团队精神为主要内容的"奥运精神"等。

第五，建议增加中华优秀传统文化中体现社会主义核心价值观的内容。在历史教材的建设中，我们可以从国家、社会和个人三个方面来挖掘中华传统文化中与社会主义核心价值观相契合的内容，具体如下。

一、增加体现"富强、民主、文明、和谐"的历史内容

1. 可以增加体现"富国强民、国泰民安、民贵君轻、文明进步、社会和谐"这样一些观点的内容。

2. 增加有关中国梦的内容。在近代，中国梦一个一个地叩击时代：有容闳的"留洋梦"、康有为的"大同梦"、梁启超的"启蒙梦"、孙中山的"振兴中华梦"和李大钊的"中华民族更生再造梦"等。增加不同年代中国梦的内容，有利于引导青少年深刻认识中国梦是每个人的梦，以祖国的繁荣为最大的光荣，以国家的衰落为最大的耻辱，增强国家认同感，培养爱国情感，树立民族自信，形成为实现中华民族伟大复兴的中国梦而不懈努力的共同理想追求，培养青少年学生做有自信、懂自尊、能自强的中国人。

3. 进行以"天下兴亡，匹夫有责"为重点的家国情怀教育。顾炎武曾说："天下兴亡，匹夫有责"（《日知录·正始》）。天下兴盛，每一个老百姓都有义不容辞的责任。在今天，发扬这种精神，建设中国特色社会主义，实现中华民族的伟大复兴，是每一个中国人义不容辞的责任。

4. 增加反映民族精神和时代精神的内容。

5. 增加"大一统"思想和领土主权的内容。"大一统"是中华民族一直以来的基本追求。这个思想发源于孔子的《春秋》，形成于司马迁的《史记》。选择相关史实进教材，不仅有助于学生树立"大一统"思想，而且有助于培养学生自尊、自强、复兴中华的精神。

6. 增加海洋意识的内容。现在党中央提出了"一带一路"的合作倡议，因此，海上"丝绸之路"的内容应当适当增加。中国近代落后的原因之一，是缺乏海洋意识。封建统治者闭关锁国，不肯放眼看世界，导致中国不能与世界同步发展。因此，建议增加明代和清代的"禁海令"政策，这种政策导致海上"丝绸之路"衰败，也是导致国家衰弱的原因之一。在海洋意识上还应当增加一些内容，例如，最近打捞的"南海沉船一号"，证明了我国古代造

船技术的先进、海上"丝绸之路"的发达。这些可以作为课文内容，也可以作为课后活动内容，让学生去参观或网上浏览等。此外，在海上"丝绸之路"上，中国是最早与柬埔寨、印度尼西亚等国开展文明交流的国家，中国人最早开发越南和南沙一带岛屿等。而这些国家是中国"一带一路"所涉及的重要国家。

7. 增加关于丝绸之路的内容及万里长城的内容。

8. 增加近代中国人民放眼看世界的内容。

二、增加"自由、平等、公正、法治"方面的内容

1. 增加体现公平正义思想的内容。公平正义是人类追求美好生活的永恒主题，是衡量社会文明的重要尺度。党的十八大明确指出，公平正义是中国特色社会主义的内在要求。在新的历史条件下要取得中国特色社会主义新胜利，必须坚持维护社会公平正义。中国古代有对理想社会的追求，是"天下为公"的社会。《礼记·礼运》描绘了这个理想社会的面貌："大道之行也，天下为公。"这种思想，是中国先秦时期诸子社会理想的思想结晶，是中华优秀传统文化思想。后来"大同"思想也就成为中国士大夫阶层的共同理想。这既是一个古老的话题，也是一个常谈常新的话题。教材应当反映不同时期的这种追求，特别要反映出只有社会主义才能实现真正的公平正义。资本主义是建立在私有制基础上的，自由竞争与等价交换成为衡量公正的标准，结果造成没有资产的无产者并不能享有真正自由平等的权利，从而无法避免形式公正（程序和手段）和实质公正（内容和目的）的分离。马克思主义第一次把公平正义的实现建立在科学基础上，只有建立社会主义制度，才能真正实现公平正义。

2. 增加法治的内容。一是增加"小康"思想内容。《礼记》不仅论述了"大同"思想，也提到了"小康"思想："今大道既隐，天下为家……，是谓小康。""小康"思想是中国特色社会主义建设的一个发展阶段，也是中华民族伟大复兴的一个阶段。从治国理念来说，它是法家的思想，反映的是一个经济社会发展阶段。因此应当补充到教材中。二是增加依法治国的内容。中国自古就有法制传统，介绍中国古代的一些著名的相关历史事实，对培养学生的法治观念，以及培养学生的爱国主义精神，都是有帮助的。可以考虑增加一些法家的内容，增加一些古代著名的律令和法典，以及如何按照法律治

国的例子。

三、增加"爱国、敬业、诚信、友善"的内容

1. 增加具有"家国情怀"的内容。在中国,"国"与"家"不分,个人的命运与整个国家的命运休戚与共,唇齿相依。在这个文化背景下孕育产生的爱国主义和集体主义价值观,成为中华民族精神的重要组成部分。越是在国家民族的危难时期,这种民族精神就越是绚丽多彩。屈原对民生的关心、岳飞的报国之心、范仲淹的忧乐观、邓世昌的民族气节等,都已扎根在中华民族的沃土之中。

2. 增加敬业方面的内容。适当选取传统文化中古人敬业的例子。例如,诸葛亮"鞠躬尽瘁、死而后已"的精神。雍正皇帝每天处理朝政,睡眠时间不足4个小时。明末清初史学家谈迁写明史《国榷》,从20多岁开始写,历时20多年,"六易其稿,汇至百卷",才完成这部编年体明史,全书约400万字。在他53岁时,手稿被窃。但他很快从痛苦中挣扎出来,发愤重写。又经过4年的努力,完成新稿。

3. 增加友善方面的内容。

4. 增加诚信方面的内容。儒家提倡"讲信修睦"。"信"就是"诚信",和谐社会以诚为本,因此要大力提倡诚信,增加中国人有诚信的历史事实。如商鞅徙木立信、曾生杀猪、季布一诺千金的故事,等等。

总之,要深入挖掘和阐发中华优秀传统文化讲仁爱、重民本、守诚信、崇正义、尚和合、求大同的时代价值,以及中华民族普遍认同和广泛接受的道德规范、思想品格和价值取向,使公民具有建设中国特色社会主义事业需要的素质。

建设有中国特色的德育教材

成尚荣[1]

编写一套具有中国特色的中小学德育教材，是我国课程改革深化的必然，既是中小学教材建设的愿景，也表现出我们的文化自信和教育自觉。在教育改革和发展的今天，我们应当有这样的崇高追求和探索行动。

具有中国特色的德育教材一定是植根于中华优秀传统文化土壤中的，是在中华优秀传统文化中生长起来的。习近平总书记指出，博大精深的中华优秀传统文化是我们的精神命脉，是我们在世界文化激荡中站稳的根基；中华文化积淀着中华民族最深层的精神追求，为中华民族生生不息、发展壮大提供了丰厚滋养；中华优秀传统文化是中华民族突出的优势，是我们最深厚的文化软实力。习近平总书记的这一系列论述告诉我们，离开中华优秀传统文化，建设具有中国特色的德育教材是无源之水、无本之木，也就没有所谓的中国特色可言。

同样，植根于中华文化土壤的中国特色的德育教材建设有着十分丰富的内涵，其中对一些重大问题必须深刻理解和准确把握。这些问题都聚焦在一个最为根本的任务上，就是立德树人。毋庸置疑，所有课程、教材都要落实这一根本任务，德育教材尤其要落实好。我们认为，在落实立德树人根本任务中，以下一些重要问题必须在德育教材中认真把握好、处理好。

一、德育教材要整体思考、系统设计、精心安排，积极引导学生培育和践行社会主义核心价值观

何为社会主义核心价值观？习近平总书记用生动的语言做了深刻的阐释：社会主义核心价值观就是最大公约数，培育和践行社会主义核心价值观就是帮助学生扣好人生第一粒扣子，第一粒扣子扣好了，其他扣子就扣对了。同时，习近平总书记又阐释了核心价值观与道德的关系：核心价值观就是德，既是个人之小德，又是国家、民族之大德。显然，德育教材就是要以社会主

---

[1] 成尚荣，原国家督学，江苏省教育科学研究所原所长。

义核心价值观为统领，以培育和践行社会主义核心价值观为抓手，建构中小学生的道德，提升他们的思想品德素养，帮助他们寻找最大公约数，扣好人生的第一粒扣子。

这就对教材编写和修改提出了很高但又具体的要求。一是要以课程标准为依据，梳理现有教材，对社会主义核心价值观的落实情况做认真分析，整体思考，系统设计，精心安排，形成一个图谱，以保证核心价值观在教材中的全面落实，在内容上不仅没有遗留，还针对薄弱之处，采取措施使之得到增强。随着教材的反复修改，这一图谱亦应适当调整，使之更为科学、更为合理，真正发挥核心价值观的统领作用，成为教材的主线。二是要在思想品德教材（如九年级）中，将社会主义核心价值观作为一个主题，从总体上介绍社会主义核心价值观，并对中学生培育和践行社会主义核心价值观提出要求。这样，既有全面的渗透，又有专门的集中介绍，核心价值观就能真正融入教材。三是要加强价值引领。美国曾提出"价值澄清理论"。所谓价值澄清，是将所有价值都呈现给学生，让学生自己辨别和选择。这对促进学生自主探究学习固然有利，但其最大问题是没有发挥教师的价值引领作用。西方正在修正这一理论，我们更应从中吸取经验，坚守我们已有的好的做法，在进行价值澄清的同时，坚持正确的价值引领。四是要加强理想教育。价值是理想中的事实。价值，总是有理想的光照，在理想的召唤下，事实才会呈现其应有的内在价值。培育和践行核心价值观，在很大程度上就是要引导学生追求崇高的理想，为实现中国梦而努力。

核心价值观不只是一个渗透问题，更为重要的是开发。教材中蕴含丰富的核心价值观，需要师生共同对其开发。过分强调渗透，很容易产生生硬以至贴标签的现象。而开发则更多的是内在的生成。因此，在呈现方式上，既要有内隐，又要有一定的外显，从学生的认知规律和教材特点出发，内隐与外显有机结合，引导学生生动活泼地学习，才能真正达到核心价值观融入教材的目的。

二、德育教材要真正立足中华优秀传统文化，有利于对学生进行传统美德教育，使中华优秀传统文化成为滋养学生思想品德的重要源泉

中华优秀传统文化是社会主义核心价值观的土壤和基础，也是滋养学生思想品德的重要源泉。使中华优秀传统文化成为教材之根，成为中小学生的文化之魂，使德育教材满载中华文化之素，走向世界，走向未来，这是教材编写者的又一重要任务。面对这一挑战，教材编写和修订，必须立足中华传统文化，形成文化自觉。要在以下方面研究得再深一点，把握得更准一些，落实得更好一些。

首先，要在认识上有新的提升。中华传统文化不只是长期以来所形成的生活和行为的规范，而且是一种富有感召力的文化力量，更是一种极富创造性的想象。中华传统文化不只是属于过去的，也是属于现在的，还是属于未来的。德育教材要立足中华优秀传统文化，以中华优秀传统文化为背景和源泉，这正是对中华传统文化极为重要的弘扬和发展，也是德育教材义不容辞的责任和使命。其次，要把握住中华优秀传统文化在教材中落实的重点。有人说，中华优秀传统文化用一个字来概括，就是"道"；用两个字来概括，就是"仁爱"；用三个词来概括，就是"仁义""民本""贵和"。习近平总书记指出，要"深入挖掘和阐发中华优秀传统文化讲仁爱、重民本、守诚信、尚和合、求大同的时代价值"，这样的概括更全面、更准确。这些文化价值和传统美德应在教材中真正得以体现。教育部在有关文件中也明确提出，"加强天下兴亡、匹夫有责的家国情怀教育，加强仁爱共济、立己达人的社会关爱教育，加强正心笃志、崇法弘毅的个人修养"。不同年段也应有不同要求，小学低年级的重点是培养亲切感，小学中高年级的重点是培养感受力，初中的重点是培养理解力。教材的编写与修订应根据这样的要求来进行。

立足中华优秀传统文化，教材在编写和修订中，要精心选用材料。一是要充分开发和使用中华优秀传统文化的素材，使学生在教材中处处可以触摸，时时可以感受。二是加强中华传统节日的教育。春节、清明、端午、中秋、重阳等节日，已成为中华文化的重要符号，应在教材中予以凸显，并进行合理开发。与外国的节日相比，中华传统节日应占有更重要位置和更大分量。三是要对中华文化进行创造性转化，促使其创新性发展，以体现中华文化的开放性和时代性。从这个意义上说，具有中国特色的德育教材应包含鲜明的全球意识和时代特征。

三、德育教材要准确把握和落实好时代的新要求，有利于对学生进行法治教育，提升学生的法治素养

品德与生活、品德与社会课程标准中，原本就有法治教育的内容和要求，思想品德课程的四大内容原本就包含法律教育。党的十八届四中全会做出了全面推进依法治国的重大决策，对法治教育提出了新任务和新要求，同时提出要"把法治教育纳入国民教育体系，从青少年抓起，在中小学设立法治知识课程"。中央的要求是非常明确的，德育教材应当首先学习好、把握好、落实好。从另一方面看，当前的中小学生的法治素养亟待提高，有人认为中小学生处在"危险的12岁和13岁"，尽管这一说法值得推敲，但至少说明了法治教育对中小学生成长的重要性。如果说，成长路上的教育还缺少什么，那么我们的一个回答，就是还缺少有质量的法治教育。德育教材应当承担起这样的责任。

德育教材要深入学习中共中央关于依法治国的决定，对现有教材中有关内容进行回顾、梳理，与中央的新提法、新要求、新内容作一一的比照，并根据中央的精神和要求加以修订。在修订中以下一些问题要把握好。一是在总体上对法治教育、依法治国有大体的认识，尤其思想品德教材要在科学立法、严格执法、公正司法、全民守法等方面适当展开，进行整体把握。二是要让学生体会到法律是神圣的、严厉的，我们应当有敬畏感，还要体会到法律是保护我们的，让我们生活更安全、更健康、更幸福；要让学生体会到法律不只是与大人关系密切，也与自己息息相关；法律不是只在未来，而是在我们生活之中。我们应当从小就与法律亲密接触，做个学法、懂法、守法的小公民。引导学生增强法治观念，提高法治素养，应当是中小学德育教材的主要目标。三是中小学生，尤其是小学生法治教育要从遵守规则做起。规则是法律的基础，规则意识、规则行为能力是社会性发展的基本内容，是青少年的成人之道。党的十八届四中全会也指出，要"强化规则意识，倡导契约精神，弘扬公序良俗"。四是要采用生动活泼的呈现方式，引导学生学会探究，学会辨别，学会判断，学会选择。所用案例、故事应当正面引导。

建设具有中国特色的德育教材永远是个过程，我们应当从现在开始，在探索中向前。只要坚持，立德树人的根本任务一定会得到真正落实。

小初高社会主义核心价值观教育一体化建设的实践探究

吕 丽[①] 邵志豪[②]

党的十九大报告指出："社会主义核心价值观是当代中国精神的集中体现，凝结着全体人民共同的价值追求。"新时代，学校教育在落实立德树人根本任务时，必须把培育和践行社会主义核心价值观作为重要内容。在此方面，虽然各个学校都有自己独特的做法，但是由于各学段相对独立开展，社会主义核心价值观教育在国家政策全面推动、各学校不断创新的工作中并未系统实现，在小初高各学段的一体化建设中，仍面临着衔接教育的"瓶颈"问题。

一、基础教育阶段社会主义核心价值观教育面临的实际问题

从当前价值观教育的纵向衔接来看，我国基础教育基本上是集中于各个学段的独立研究和实践，存在着断层和重叠两个方面的问题。断层降低了德育的有效性，重叠则浪费了学生的时间和教育资源。

从当前价值观教育的完整性来看，我国价值观教育形式十分庞杂，研究和实践相对独立，每种方法虽然都能够或多或少地培养学生某一方面的品格，但很难判断哪种方法更有效、更科学，评价体系也不健全。

从当前价值观教育的内容来看，基础教育各学段的出发点大多是对社会主义核心价值观24个字本身的理解，缺乏从发展心理学的角度对少年儿童价值观教育的心理认知规律和接受规律、思维发展规律、兴趣发展规律和必备品格形成规律的研究和实践，无法很好地依循少年儿童心理发展规律建立起目标明确、依据充分、效果明显的社会主义核心价值观实践体系。

从当前学校德育一体化建设的思路来看，人的全面发展需要系统、整体的德育来培养和支撑，要"按照教育规律和学科特点，立足价值性、科学性、系统性原则，促使社会主义核心价值观融入学生内心，化为学生的行动，为社会主义培养德智体美劳全面发展的建设者和接班人"[1]。为破解以上问题，

[①] 吕丽，东北师范大学附属中学实验小学德育副校长。
[②] 邵志豪，东北师范大学教育学部博士生导师，东北师范大学附属中学校长。

东北师范大学附属中学（以下简称"东北师大附中"）结合本校实际，进行了基于"纵向—横向—行动"实践视角的小初高社会主义核心价值观教育一体化建设实践探索。

二、对小初高社会主义核心价值观教育一体化建设的内涵及着力点的思考

作为一所涵盖小学、初中、高中三个学段的实验学校，东北师大附中小初高社会主义核心价值观教育一体化建设主要通过学校整体规划、纵向打通、横向布局，实现小学、初中、高中三个学段社会主义核心价值观教育的有效衔接、功能互补，增强社会主义核心价值观教育的效能，真正实现社会主义核心价值观在少年儿童中内化于心、外化于行、固化于情。学校根据实际情况重点打造两大着力点，即以纵向衔接与横向联合相结合的方式，有效推进小初高社会主义核心价值观教育一体化建设。

着力点一：纵向衔接，构建多维度教育内容。在纵向上，学校通过对各学段社会主义核心价值观教育培养目标、课程和活动、校园文化和学生组织、评价机制一体化的递进衔接设计，构建起立体、多维的教育内容，引领学生对社会主义核心价值观的各个层面从感知到深入学习，再到内涵理解。

着力点二：横向联合，确保知行合一实效。在横向上，采取家校携手的校内外协同育人策略、社会资源联合的人才培养机制一体化的实践创新方式，确保学生所感所学与实践紧密联系，做到知行合一。家校协作的一致性、社会资源的联合性，让社会主义核心价值观教育更贴近学生的生活实际。

三、小初高社会主义核心价值观教育一体化建设的实践尝试

（一）整体布局：学校纵向一体化规划

小初高社会主义核心价值观教育的一体化创新研究，从一体化教育模式的整体设计，到该模式在学校德育工作中的落地，再到成果的实践检验与推广，需要分阶段推进。即从准备阶段的整体设计到落地阶段的具体实施，再到完善阶段的提升与推广，梳理出一条小初高社会主义核心价值观教育一体化建设的实践路径，具体包括以下六个方面内容。

1. 建立小初高一体化价值观教育领导机制及目标体系

领导机制是统一思想的重要抓手，目标建设则有利于明确落实社会主义核心价值观的主方向。在领导机制方面，东北师大附中建立起由学校党委牵头，各学段基层党组织、学校德育领导小组和各学段德育工作小组组建的社会主义核心价值观教育领导小组，在达成共识的基础上共同探讨小初高社会主义核心价值观教育一体化目标体系。一体化目标设置的基本原则是：坚持一个总目标，抓住一条主线索，衔接三个分解目标。坚持一个总目标就是立德树人，以确保小学、初中、高中各学段社会主义核心价值观教育目标的一致性；抓住一条主线索就是将社会主义核心价值观内容贯穿于教育的始终；衔接三个分解目标就是以总目标为起点，按照与价值观对应的学生必备品格，建构起纵向衔接、横向贯通、螺旋上升的分学段目标（表1）。

表1　小初高一体化社会主义核心价值观教育目标体系建构表

层级	必备品格	分解目标
小学	初步的自我意识 初步的社会意识	具有崇高、朴素、积极、向真、向善、向好的阳光生活态度，团结友爱的情感，文明有礼的习惯，安全自护的意识，诚实守纪的品质，乐学向上的志趣的小学生
初中	比较成熟的自我意识 比较成熟的社会意识 初步的国家意识	能够尊重生命生长规律、唤醒自我生命觉醒、激发自主发展潜能，具有爱国爱家的情感、举止文明的言行、遵规担责的意识、珍爱生命的品质的初中生
高中	成熟的自我意识 成熟的社会意识 成熟的国家意识	自觉自律，全面发展，具有创新能力、国际视野和社会责任感的优秀高中生

2. 建立小初高一体化价值观教育课程体系

课程是落实社会主义核心价值观教育的主要载体。学校紧紧围绕总目标和分解目标，以儿童、青少年的认知规律、接受规律和思维发展规律为出发点，以社会主义核心价值观为内容，构建小初高一体化的社会主义核心价值观教育课程体系（表2）。在一体化课程建设期间，积极研究以社会主义核心价值观读本为代表的"学生阅读口袋书"，如《社会主义核心价值观青少年读本》《小号角——社会主义核心价值观童谣集》《宪法教育青少年读本》《爱国主义青少年读本》《知识产权保护教育青少年读本》《号声嘹亮——少先队红领巾带动唱读本》《小学生20个修养细节》《爱国主义教育学生读本》等。

表2 小初高一体化社会主义核心价值观教育课程体系建构表

层级	心理发展规律	分解课程
小学	具体形象思维为主	快乐认同课程体系，包括少先队教育课程、红领巾社团课程和实践活动课程
初中	具体形象思维向形式逻辑思维过渡	体验感悟课程体系，涵盖三大感恩主题教育课程，即"感恩社会·爱心志愿者"课程、"浓情五月·感恩母亲"课程、"感恩母校·毕业典礼"课程
高中	形式逻辑思维向辩证逻辑思维过渡	"主体性德育"实践行动课程体系，涵盖自我规划、自主管理、自主实践、自觉修养、自我历练五个方面的课程

3. 建立小初高一体化价值观教育活动体系

活动建设是落实社会主义核心价值观教育的主渠道。小初高一体化社会主义核心价值观教育活动体系，依据学生兴趣、发展特点，在组织形式上逐渐由小学的生动、活泼走向初高中的逻辑清晰、结构严谨；在活动内容上，针对不同发展阶段学生的认知特点和接受意趣，科学合理地构建了分层递进、整体衔接的活动序列[2]，确保学生始终能够在同质的价值观教育活动体系框架内接续成长（表3）。

表3 小初高一体化社会主义核心价值观教育活动体系建构表

层级	兴趣发展规律	分解活动
小学	喜欢与身体运动相结合的体验式活动形式	体验式活动：以六一儿童节、少先队建队日、国家公祭日和传统节日为契机，在大队部的组织下，让学生走出校园，走进烈士陵园、走进敬老院、走进民俗馆、走进社区……
初中	喜欢具有一定挑战性的实践性活动形式	实践式活动：以学军为载体的入学教育活动、以学农为载体的国情教育活动、以社区服务为载体的民生教育活动、以综合实践为载体的社会体验活动
高中	喜欢自主参与性质的探索性活动形式	自主探索式活动：以军事国防教育、现代农业体验、生涯规划教育、职业工作体验、劳动综合实践等相融合为特征的主题性德育课程

4. 建立小初高一体化价值观教育文化体系

文化建设是落实社会主义核心价值观教育的主基调。校园文化育人，重在实现环境、文化、历史及价值的和谐统一。东北师大附中紧紧围绕班级文化、节日文化、仪式文化，进行了一体化的社会主义核心价值观文化教育设计，以不同的形式解读和宣传社会主义核心价值观，营造学习社会主义核心价值观的育人氛围（表4）。

表4 小初高一体化社会主义核心价值观教育文化体系建构表

类型	内　容
班级文化	①自主设计班训、班规、班歌、班旗；②围绕国家重大纪念日、安全教育等系列主题进行板报创作；③充分利用走廊、墙壁设置自由创作区
节日文化	①围绕清明节、端午节、中秋节、重阳节等中华传统节日进行传统文化教育；②围绕九·一八事变纪念日、国庆节、一二·九运动纪念日等进行爱国主义教育；③围绕体育节、文化节和科技节等进行健康、文化和科学教育
仪式文化	①通过庄严的主题升旗仪式、国旗班换届仪式，激发学生对国旗的尊重，厚植爱国主义情怀……；②通过开学典礼、宣誓仪式、毕业典礼、离校仪式，激发学生对学业的尊重，激励全体学生在学习上奋进拼搏；③通过举行"成长""感恩"等主题的成长仪式，激励学生学会感恩、感悟生活真谛

5. 建立小初高一体化价值观教育组织体系

学生组织是密切联系学生的载体，承担着传承社会主义核心价值观教育的重任。为充分发挥学生组织的主路径作用，学校完善了包含少先队、少代会、团委、学生会、社团联合会、团代会、学代会等的中小学一体化学生组织建设。这些学生组织共同参与学校日常管理，策划组织大型校园活动，指导并管理各个学生组织，保障社会主义核心价值观教育目标的转化落实（图1）。

6. 建立小初高一体化价值观教育评价体系

评价体系是学校德育工作有效性的考核验证依据。学校按照方向性与针对性相结合、定量评价与定性评价相结合、科学性与人文性相结合、形成性评价与终结性评价相结合的原则，遵循学生身心成长规律和教育规律，立足学校德育工作实际，创设了"三层二级"式小初高一体化社会主义核心价值观教育评价体系（图2）。

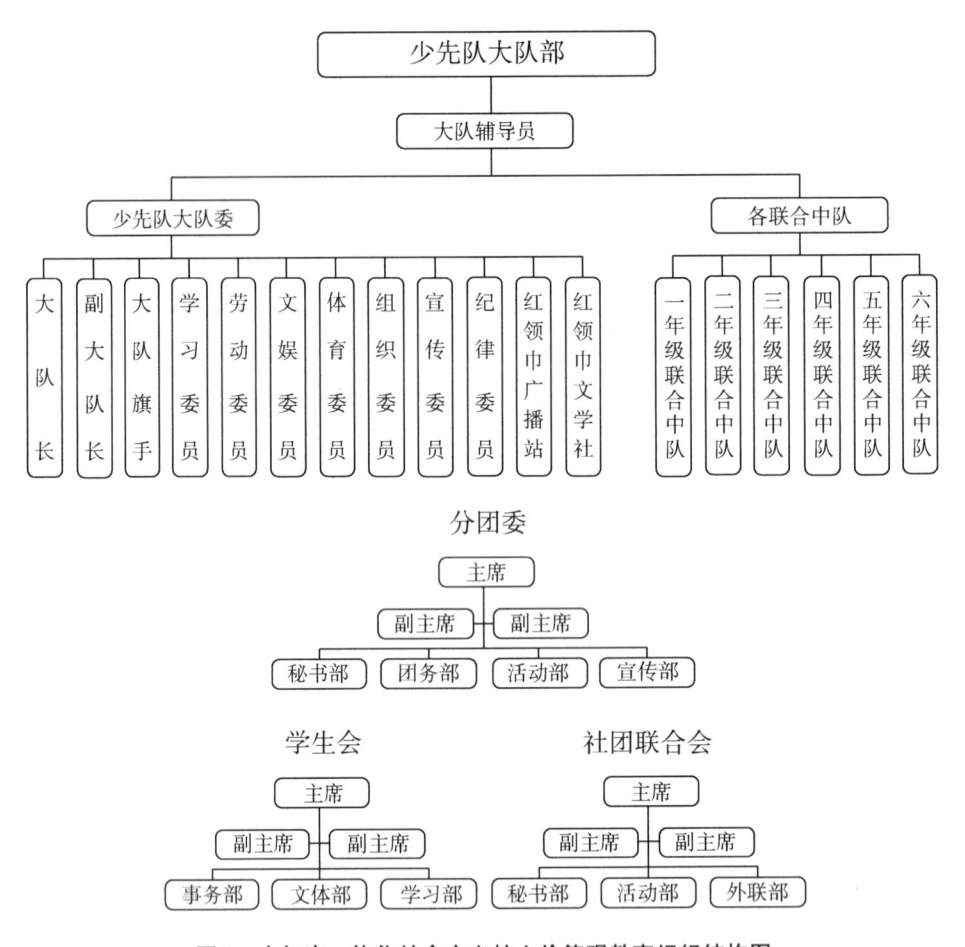

```
                    ┌──────────────┐
                    │  少先队大队部 │
                    └──────┬───────┘
                    ┌──────┴───────┐
                    │  大队辅导员  │
                    └──────┬───────┘
            ┌──────────────┴──────────────┐
      ┌─────┴─────┐                 ┌─────┴─────┐
      │ 少先队大队委│                 │ 各联合中队 │
      └─────┬─────┘                 └─────┬─────┘
```

少先队大队委下设：大队长、副大队长、大队旗手、学习委员、劳动委员、文娱委员、体育委员、组织委员、宣传委员、纪律委员、红领巾广播站、红领巾文学社

各联合中队下设：一年级联合中队、二年级联合中队、三年级联合中队、四年级联合中队、五年级联合中队、六年级联合中队

分团委
- 主席
  - 副主席、副主席
    - 秘书部、团务部、活动部、宣传部

学生会
- 主席
  - 副主席、副主席
    - 事务部、文体部、学习部

社团联合会
- 主席
  - 副主席、副主席
    - 秘书部、活动部、外联部

图1　小初高一体化社会主义核心价值观教育组织结构图

小初高一体化价值观教育评价体系

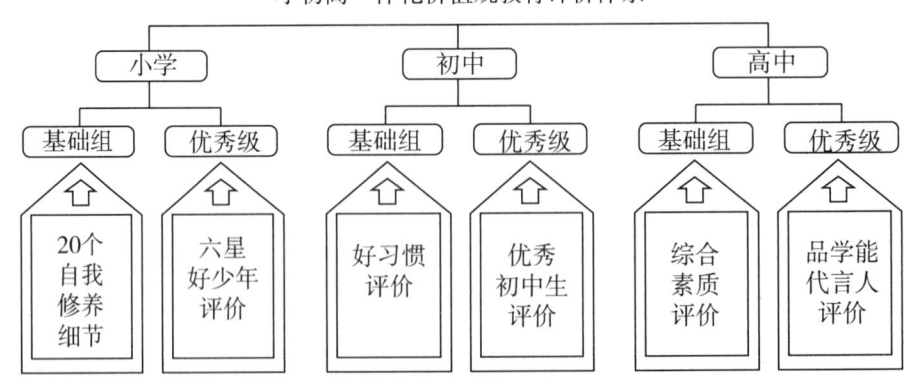

- 小学
  - 基础组 ← 20个自我修养细节
  - 优秀级 ← 六星好少年评价
- 初中
  - 基础组 ← 好习惯评价
  - 优秀级 ← 优秀初中生评价
- 高中
  - 基础组 ← 综合素质评价
  - 优秀级 ← 品学能代言人评价

图2　"三层二级"式小初高一体化社会主义核心价值观教育评价体系结构图

（二）统筹协调：校内外横向一体化联手

1. 一体化家校协作

家校协作是学校教育的重要力量。在社会主义核心价值观教育的全过程中，学校与家庭协同、教师与家长携手，共同帮助儿童、青少年扣好人生的第一粒扣子。家校合作，通过家长协助学校、学校帮助家长，形成教育合力，使育人效果最大化。学校各学段成立了三级家校组织，即校级、年级、班级家校协作体，小学段以家校社团、家校课程的形式由学校、年级、班级对接家长，共同开展活动；初中段通过"志愿服务"带领家长一起进行志愿服务，开展适当的学生管理、班级管理；高中段通过"家长工作日"家长学校、教学开放日、课程推荐活动等方式引导家长了解学校教育，从而支持学校教育、主动配合学校教育。家校合作，有利于丰富学校教育资源，推进现代学校制度建设，让学校从更广的范围获得教育、教学、管理改革与发展的动力，进而提高教育质量。

2. 一体化校外资源联合

社会力量是社会主义核心价值观教育最好的助推器。校外资源与学校教育联合，无疑为小初高社会主义核心价值观教育一体化建设提供了有力的实践保障。小学段的博物馆课程、社区活动课程，初中段的劳动实践基地、国防教育训练基地，高中段的社会职业体验基地、高校校园等，都在诠释着社会主义核心价值观教育中社会力量的助推作用。"教育得法于课内，得益于课外。"校外资源的教育力量是无穷的，学生融入社会资源时，会扩大其视野，开拓其认知，增加其对所受教育的认可度。

四、对小初高社会主义核心价值观教育一体化建设的再思考

在东北师大附中小初高社会主义核心价值观教育一体化建设的实践中，社会主义核心价值观教育得到了有力的发展与弘扬，我们收获了——

学生的成长。一大批爱学习、爱劳动、爱祖国、有志向、自觉践行社会主义核心价值观的儿童、青少年，正在以乐观向上、朝气蓬勃的状态成长着，他们以实际行动践行着社会主义核心价值观。

教师的成熟。做一名拥有坚定理想信念的"人师"是每位教师的追求。在社会主义核心价值观教育中，作为带领学生一起行动的筑梦人，他们无论从思想、态度上，还是在活动和学科教学中，都更加坚定了信念。作为学生

的陪伴者和引路人，他们正在以社会主义核心价值观为准绳，不断地追寻梦想、砥砺前行。

学校的发展。学校更坚定了坚持立德树人根本任务，坚持服务国家战略方向，坚持素质教育育人理念的办学方向，更坚定了为党育人、为国育才的使命担当。在探索推进小初高社会主义核心价值观教育一体化建设的实践中，顶层设计与落实落地相结合，开发实施整体规划与学段特色相结合，纵向学段衔接与横向资源携手相结合，很好地带动了一方一隅的教育工作。

同时，我们也认识到小初高社会主义核心价值观教育在横向与纵向一体化建设上仍需加大力度。学校层面的全员认知、家庭层面的整体认同、社会层面的支持联手，需要进一步深化。多学科的有效融入、价值观教育三个层面的具体实施、切入角度，还需要更加精细化。在内容的梯度、活动的形式上，还需要更加合理地再设计。在今后的探索中，学校会更加全面而深刻地学习领悟习近平总书记有关教育的论述，多元、多维、多角度地挖掘社会主义核心价值观教育的生长点和持续点，让社会主义核心价值观真正成为全体学子的情感认同和行为习惯。

参考文献：

[1] 翁铁慧. 大中小学课程德育一体化建设的整体架构与实践路径研究 [J]. 上海师范大学学报（哲学社会科学版），2018（5）：5-12.

[2] 邵志豪. 中学与大学德育有效衔接的理论与实践 [M]. 北京：中国社会科学出版社，2018.

第二节 社会主义核心价值观进课堂

社会主义核心价值观融入学科的教学设计策略

夏淑玉[①]

如何在青少年中实施社会主义核心价值观教育是教育的重要任务。2013年底，中共中央办公厅印发的《关于培育和践行社会主义核心价值观的意见》指出："把培育和践行社会主义核心价值观融入国民教育全过程"，"推动社会主义核心价值观进教材、进课堂、进学生头脑"。中小学作为社会主义核心价值观教育的主阵地，对青少年进行社会主义核心价值观的普及和引导，帮助青少年"扣好人生的第一粒扣子"成为学校教育的重要任务。在中小学开展社会主义核心价值观教育不是简单的喊口号、贴标语，关键在于如何将社会主义核心价值观教育融入学校教育教学的日常，让社会主义核心价值观教育真正在学校落地生根。课堂是学校教育的主渠道，如何在学科教学中融入社会主义核心价值观教育，使社会主义核心价值观教育"进课堂"；如何通过学科教学活动让社会主义核心价值观"内化于心、外化于行"，使社会主义核心价值观教育"进头脑"应该成为学校和教师共同关注的问题。

一、提高社会主义核心价值观融入学科教学的思想认识

社会主义核心价值观教育"是由国家教育行政部门自上而下推动的，带有外部驱动的特点"[1]，这一特点使许多教师在教学过程中把社会主义核心价值观教育看作一项单纯的政治任务，并未认识到价值观教育本身也是教学的内在要求。这种认识上的偏差，导致教师在学科教学过程中容易走进两大误区：一是"贴标签"式的社会主义核心价值观教育，二是"唯知识论"的学科教学。

---

① 夏淑玉，北京师范大学教育学部博士研究生。

1. "贴标签"式的教育

"贴标签"式的社会主义核心价值观教育具体表现在，教师能够意识到在教学过程中开展社会主义核心价值观教育的必要性，但因难以找准社会主义核心价值观内容与学科教学的契合点，无法结合自己的学科特点与相关内容开展教学活动。"贴标签"式的社会主义核心价值观教育的结果是，把"融入"做成了表面功夫，重形式而轻内容，有过程而无效果。没有学科背景作为依托，社会主义核心价值观教育变得空洞，不能引发学生对社会主义核心价值观的深度认同。

2. "唯知识论"的学科教学

"唯知识论"的学科教学具体表现在，将学科教学看作单纯的学科知识教学，而把社会主义核心价值观教育与学科教学完全剥离。持这种观点的教师崇尚纯粹的学科教学，认为学科与社会主义核心价值观无关，或者认为社会主义核心价值观只是德育的任务而不应该与学科教学扯上"瓜葛"。例如，语文学科教学中，单纯注重学科知识教学，就教材中的"故事"来说"故事"，而忽视了教学材料中所蕴含的丰富的精神财富和价值引领。"唯知识论"的学科教学导致教学限于知识和技能层面，对教材内容的挖掘深度不够，对学生的情感和价值观引导缺乏。

以上两种错误的实质都在于教师对教学的"发展性"原则缺乏认识。教学应以"促进学生身心发展"为宗旨，这里所指的"发展"需要强调两点：一是教学促进学生发展不只限于知识水平的提升，学生在知识学习过程中体验的高级社会情感、态度、价值观也应该通过教学活动得到发展；二是教学促进学生发展，是"要让学生成为人类历史的主体成员之一，成为有责任、有担当、有情怀、有信心、有创造力的未来社会历史实践的主体"[2]。教学的"发展性"原则要求我们在学科教学过程中必须将知识教学与学生情感、态度的培养和价值观引导相结合，使学生通过教学活动实现身心的全面发展，成为社会历史实践的主体。而社会主义核心价值观教育正是在这一过程中实现的。

二、社会主义核心价值观融入学科教学的目标设计

在谈论社会主义核心价值观融入学科教学的目标设计之前，首先必须明确一点，即社会主义核心价值观融入学科教学的目标设计一定不能脱离学科

教学目标，应该与学科教学目标融为一体。社会主义核心价值观教育在学科教学中的目标呈现不应该是另外的、单独的、孤立的，而是要求教师在设计教学目标时要参考和对照社会主义核心价值观教育的要求，以社会主义核心价值观为指导。社会主义核心价值观融入学科教学的目标设计要做到以下几点：

1. 有依据

社会主义核心价值观融入学科教学的目标设计要做到"两个依据"，即依据学科课程标准和学生的现有经验。例如，在地理《西北地区》（中国地图出版社，七年级下册）一课的教学中，教师选择在学科教学过程中渗透社会主义核心价值观中"和谐"的观念。而这一目标的选择依据包括：课程标准要求以某区域为例，说明我国西部开发的地理条件及保护生态环境的重要性；学生也在之前单元的学习中掌握了一定的区域基础知识和基本分析方法，对自然环境要素与人类活动之间的相互作用关系有了一定的理解。

2. 具体性

在学科教学中融入社会主义核心价值观教育，不是泛泛而谈，也不是要在一节课或一个单元的教学中将社会主义核心价值观三个层面的12项具体内容全部涵盖其中。社会主义核心价值观融入学科教学要结合学科和所学章节的内容特点，选择具体的概念有针对性地缓慢渗透，这就要求教学目标设计要具体且有针对性，教师要能够具体说明每节课的基本内容所体现的社会主义核心价值观的内涵，并在此基础上说明学生所应达到的理解和认同水平。

3. 阶段性

社会主义核心价值观教育是一个长期的过程，不是一蹴而就的，无法通过一节课或一个活动来实现。其长期性决定了社会主义核心价值观必须具有阶段性，在不同年龄阶段，社会主义核心价值观融入学科教学的目标应该符合学生身心发展特点。以"富强"这一概念为例，小学阶段应该引导学生理解富强的含义，了解富强的表现；初中阶段则可以通过历史学科教学使学生认识国家由弱变强的历史，辨析国家富裕与强盛之间的关系。

三、社会主义核心价值观融入学科教学的内容选择

教学内容的选择与教学目标具有一致性，特定的教学目标必然要通过特定的教学内容来实现，教学内容的组织也必须围绕教学目标而展开。社会主

义核心价值观融入学科教学的内容选择需要澄清两点。首先，不是所有的学科教学内容都适合社会主义核心价值观的融入，牵强附会只能是"强扭的瓜不甜"，不但无法起到引导作用，甚至可能起到反作用；其次，社会主义核心价值观融入学科教学，不是要求在原有内容上增添新内容，而是强调要对已有内容进行深入挖掘。

1. 适切性

适切性要求教师在进行社会主义核心价值观融入时，不但要知道"什么内容适合教什么"，还要了解"什么阶段适合教什么"。一方面，教师要充分熟悉课程标准和教材，要深度挖掘课程标准和教材中所蕴含的社会主义核心价值观教育的具体内容。例如，七年级《道德与法治》中的"法治"思想与精神；历史学科国家发展史中蕴藏的"爱国""富强"等思想；语文学科《赵州桥》中通过对桥梁建筑的细致分析，体会其中"工匠精神"反映出的"敬业"与"爱国"思想等。另一方面，教师要充分了解学生的身心发展特点，能够将社会主义核心价值观与学生已有经验建立内在联系。例如，八年级下册《道德与法治》中有"我们的人身权利"单元，考虑到初中学生青春期的特点，以与学生日常生活联系紧密的"隐私权"为切入点，以家庭生活为情境，带领学生体验和探讨生活中的"隐私权"与"监护权"，从而引导学生树立法律意识，渗透"法治"思想。

2. 准确性

社会主义核心价值观融入学科教学在内容选择上要做到准确性，首先要求教师准确理解社会主义核心价值观体系中三个层面12个概念的具体精神内涵。例如，富强，"每个国家、民族在每个时代都追求富强"，但社会主义核心价值观中的富强不仅指民富国强，还涵盖了共同富裕、独立自主、国强不霸的精神内核[3]。教师只有准确理解了社会主义核心价值观各个概念的具体内涵，才能选择与之相匹配的教学内容。在此基础上，教师还要注意所选内容材料的准确性，不能有科学性错误，要能够简洁明了、透彻、全面地揭示社会主义核心价值观的内涵。

3. 连续性与综合性

在学科教学中融入社会主义核心价值观并不改变学科教学的本质，不能破坏学科知识本身的连续性和结构化特征，这就要求社会主义核心价值观在融入学科教学的内容选择上要顺应学科自身的逻辑体系，做到连续和综合。

其中，连续性是对单一学科的纵向逻辑要求。仍以地理学科《西北地区》一课为例，教师在教学中渗透"和谐"观念的基础是，学生在区域地理学习过程中已经认识了西北地区的地理位置，以及区域内地理事物的分布。也正是在这一基础上，教师引导学生以"和谐"的观念理解地理要素的综合效应、理解地理环境与人类活动之间的相互作用才有效果、有价值。综合性是对不同学科之间横向关联的要求。社会主义核心价值观教育不是某一学科的单一任务，它涵盖的价值观念在很多学科中都有涉及。以"爱国"为例，语文、历史、地理、道德与法治学科的很多内容都体现了这一价值理念，因此，教师在学科教学过程中可以适当联系其他学科相关内容对本学科内容进行扩展。

四、社会主义核心价值观融入学科教学的活动过程设计

社会主义核心价值观融入学科教学要与具体的教学活动相结合，只有把社会主义核心价值观转化为学生在课堂上的具体活动，充分体现学生作为主体对社会主义核心价值观的理解、认同与实践，才能避免社会主义核心价值观成为空洞的口号。

1. 领导性

"教学认识区别于一般的、其他个体的认识或学习的一个主要的突出的特点"就是"有教师教"[4]。领导性意味着教学活动要在教师的领导下进行，有教师领导的教学活动应该体现有目的、有计划、有组织的特点。在社会主义核心价值观融入学科教学的活动中，领导性体现在教师要有意识地在学科教学活动中以社会主义核心价值观为指导，并将社会主义核心价值观教育作为学科教学中需要达成的目标；同时，通过组织适当的教学内容，提供能够帮助学生理解社会主义核心价值观内涵的素材，帮助学生搭建学习的脚手架。学生在教师的领导下，能够迅捷、透彻地理解社会主义核心价值观的内涵，认同社会主义核心价值观倡导的价值观念。

2. 衔接性

衔接性是指社会主义核心价值观融入学科教学的活动设计中，不同环节的教学活动要具有连贯性，各环节需要相互衔接，为学生提供从学习起点到目标达成的台阶，环环相扣，构成完整的教学活动。以八年级《道德与法治》《心有他人天地宽》一课为例，教师可以选择渗透"友善"这一价值理念，分别设计三个环节的活动让学生体会友善需要理解他人、尊重他人与感恩他

人、宽容他人的内涵。例如，在教学活动过程设计中设置"红绿灯路口过马路"的情境，教学活动的第一个环节让学生分别扮演汽车驾驶员、行人与旁观者的角色，体验不同角色在面对同一问题时的不同心境，学会友善待人的前提是理解他人；第二个环节，播放红绿灯路口汽车礼让行人，行人脱帽致谢的视频，让学生体会友善需要尊重他人、学会感恩；第三个环节，通过对"遇到不礼让行人的汽车怎么办"的问题讨论，让学生感悟友善需要宽容他人的思想。三个环节相互衔接，共同帮助学生全面、透彻地理解"友善"的内涵。

3. 渗透性

社会主义核心价值观融入学科教学的活动设计，实质上还是学科教学的活动设计，社会主义核心价值观的融入只是学科教学活动需要在情感、态度和价值观层面需要达到的目标，而不是教学活动的唯一目标。因此，社会主义核心价值观目标达成的过程与学科知识学习的过程是同时发生的，社会主义核心价值观理念的习得与学科知识的掌握二者不可分割。从这一层面上来说，社会主义核心价值观融入学科教学的活动应该具有渗透性的特征。这就要求教师们在教学活动过程中，不能以"概念"教"概念"，将价值观教学变为空洞乏味的说教，使价值观教学停留在表面的概念认知层面。教师应该充分理解社会主义核心价值观12个概念背后所包含的丰富的情感、态度和价值观，在此基础上挖掘学科教材中的素材，组织多样的教学活动，让学生在故事中领悟、在情境中感受、在角色扮演中体会，真正实现对社会主义核心价值观的理解、认同和实践。

4. 示范性

李吉林老师在《崇高的使命：教文，也要教做人》一文中认为："事实上，每堂语文课，语文教师都在敞开着自己的心怀，都在传导自己的真情实感，表白自己的人生哲学。以师之品，传情导引，是在有意无意之间进行的。"[5]不仅仅是语文课，各学科的教学活动中，教师都应该扮演价值引领者和示范者，教师个人在教学活动中所表现和传达出的情感、态度和价值观，都是每个学生能够最直接体会和切身感受到的。教师是否愿意平等看待每一个学生、倾听学生的心声；教师是否友善对待每一个学生、以关爱和同情之心回应学生的要求；教师是否持一颗敬业之心、倾心传授学习的经验并教导学生如何学习等，教师在教学活动过程中的这些行为方式，都是学生在学习过程中所能够获得的长期而持续的经验。因此，社会主义核心价值观融入学科教学活动，不仅体现在教学活动的具体内容上，也应该体现在教师对教学活动展开的过程和形式上，教师要首先将社会主义核心价值观的理念"内化于心，外化于行"，才能在课堂教学过程中通过亲身示范，引领学生成为社会主义核心价值观的认同者和践行者。

参考文献：

［1］石中英．关于中小学开展社会主义核心价值观教育的几点思考［J］．中国教师（上半月版），2015（01）：5-10．

［2］郭华．带领学生进入历史："两次倒转"教学机制的理论意义［J］．北京大学教育评论，2016（2）：8-26，187-188．

［3］李文阁．论社会主义核心价值观的形成、内涵与意义［J］．北京师范大学学报（社会科学版），2015（03）：5-13．

［4］王策三．教学认识论（修订本）［M］．北京：北京师范大学出版社，2002．

［5］李吉林．崇高的使命：教文，也要教做人［J］．人民教育，1997（01）：27-29．

社会主义核心价值观融入语文课程的教师策略

付宜红[①]

社会主义核心价值观教育融入语文课程是落实立德树人根本任务的要求，是语文教师教书育人水平的重要体现。那么，教师如何通过语文课程去体现其核心价值呢？既不能把语文课上成政治课，也不能在此环节讲知识技能，彼环节贴个"政治小标签"，将三维目标割裂化、形式化。处理好价值观教育与语文教学关系的核心关键在于教师对课标、教材价值的把握。

一、学会提取语文课程标准中的社会主义核心价值观指向

《义务教育语文课程标准（2011年版）》（以下简称"课程标准"）在体例结构上不同于其他学科，没有单独的"内容标准"部分。一些教师误认为课程标准中对语文教学内容没有明确要求，于是核心价值观教育也没有明确具体的内容载体，或忽略或随意进行，这是不对的。其实，在语文课程标准中目标与内容是合二为一进行描述的。这是因为作为母语的学习，课程标准研制组希望教师依据教材课文内容、结合学生生活和社会实践，选取丰富而鲜活的语文学习素材来实现语文课程目标。在语文课程标准的前言、课程理念、课程性质、学段目标，包括教学实施建议、教材编写建议、课程资源开发建议以及最后的附录等部分，无处不体现着对学生社会主义核心价值观培养的强调，体现着丰富而鲜明的思想性。以语文第一学段目标为例。

【阅读】目标中指出："阅读浅近的童话、寓言、故事，向往美好的情境，关心自然和生命，对感兴趣的人物和事件有自己的感受和想法，并乐于与人交流。""诵读儿歌、儿童诗和浅近的古诗，展开想象，获得初步的情感体验，感受语言的优美。""感受语言的优美"目标要求背后隐藏着激发学生热爱母语的爱国情怀的培养目标；"向往美好的情境，关心自然和生命"目标指向引导学生对"和谐"的美好生活的理解与向往；"乐于与人交流"是培养"友善"品格的基础。

[①] 付宜红，基础教育课程杂志社主编。

【口语交际】目标："有表达的自信心。积极参加讨论，敢于发表自己的意见。"学生须置身于一个相对自由、平等、宽松的课堂氛围中，才有可能谈得上"自信心、积极参与、敢于发表意见"的目标达成。这其实是对教师对自由、平等、民主精神的理解与践行提出要求，而学生恰是在自由、平等、民主、被尊重的氛围与环境中，去感受、理解和体会这些价值观概念的内涵与意义的。

【综合性学习】目标："热心参加校园、社区活动。结合活动，用口头或图文等方式表达自己的见闻和想法。"目标首先对学校和教师创设丰富的校内外活动，能给学生提供最大限度的参与机会提出要求，其次需保障学生平等参与、自由表达的可能，然后才是表达能力的培养。其中，学生是否获得公平参与的机会、自由表达的可能以及平等交流的过程等都是情感态度价值观教育的过程。

再如第四学段【口语交际】目标中有："自信、负责地表达自己的观点，做到清楚、连贯、不偏离话题。""自信、负责任地表达"就是诚信品格培养的不可忽略的契机。

由此，教师首先要仔细研读课程标准，但不是从标准中机械、简单地寻找、提取社会主义核心价值观的24个字，而是要从其字里行间包含的各种要求中寻找把握价值观教育的最佳结合点，从教与学，内容要求与条件保障等多层面去整体、关联地理解和把握。从语文课程标准的编写特点来看，教师需从对课程性质、理念的理解，到对课程目标的把握、内容的选取，特别是在实施过程中，对教学、教材、资源、课外阅读等各个环节都有强烈的核心价值观渗透意识，全方位地融入并一以贯之地去实施落实。

二、学会挖掘教材背后的育人价值

好的教材可以影响孩子一生。每篇课文都承载着人类丰厚的文化及作者对生活的思考与感悟，反映着过去和今天以及未来的变迁，反映着火热的社会生活和日新月异的科学发展及进步。通过这些文本的学习，可以让学生继承和弘扬中华民族优秀文化传统和革命传统，增强民族文化认同感，增强民族凝聚力和创造力，感受中国的进步和一步步走向民主、富强与文明的历程。教师对每一篇课文背后所蕴含的价值取向的理解与把握，反映了教师对语文教育的理解和语文育人能力。

以统编小学语文中年段的《赵州桥》一课为例。如果教学设计仅仅是"认识11个生字，会写14个生字；了解赵州桥的建造特点及其好处，体会作者的表达方法。"这是单纯停留在知识、技能层面的设计。有的教师增加了"了解我国古代劳动人民的智慧和才干，增强民族自豪感"的情感态度价值观目标，但这一目标的实现基本放在最后一个环节。常见的如："古代劳动人民真有智慧啊！"或启发学生："赵州桥为什么这么棒？是李春的设计棒啊！"这样的课堂总让人有割裂三维目标和贴标签的感觉。

站在立德树人的角度，如果教师能抓住"坚固""创举"等关键词，引导学生从文本中寻找作者描述了怎样的"创举"，适时让学生说说自己去过和看过的古人留下的有名的桥，最后用1分钟时间出示改革开放以来，特别是党的十八大以来我国在桥梁建设上的"今日创举"，如此环环相扣，这节课便不是仅仅就赵州桥讲赵州桥，也不是仅仅学那几个生字，或停留在对"雄伟""坚固""美观"的字词的理解和表面夸赞，而是以赵州桥做媒介，从离学生遥远的赵州桥时代的"创举"，到今天国家又拥有的一个又一个"创举"，把昨天和今天连接在一起。学赵州桥，体会的是"创举"，感受的是民族自豪感、国家自信和爱国情怀。这时，赵州桥在学生心目中就不再仅是一座桥，而是作为宝贵的历史文化遗产，作为古人智慧、品德、诚信和对子孙万代负责的表率与见证，这篇课文自然成为教师激发学生民族自豪感和爱国心、自信心的重要素材。如教师能有这样的意识，便挖掘出了文本背后的育人价值，会大大提升语文课文的育人功效。

富强、民主、文明、和谐，自由、平等、公正、法治，爱国、敬业、诚信、友善，社会主义核心价值观的24个字蕴含在语文教材的主题思想与人物精神中。根据课文题材内容的不同，教师教学要有不同的侧重。例如，教材中反映革命前辈工作、生活，革命战争史以及革命传统美德的文章，包含着老一辈革命家对理想信念的追求，新中国成立及建设的艰辛，以及前辈们的美好品德等，对今天的学生来说就是重要的传统熏陶和生动的理想信念及爱国主义、革命传统教育。

教材中有很多描写小动物、植物、大自然的神奇与美妙的课文，在教学这类课文时，教师要善于引导学生理解人与自然的关系，感受人地和谐的观念。从对小动物、植物的观察、描写以及作者的感情中，激发学生同情、友善之心，热爱大自然之情以及人与动物与自然的和谐共处理念。

教材中还有很多描写祖国强盛、繁荣进步及家乡变化等的课文，教师要注意让学生联系实际，切身感受家国情怀，感受祖国的富强、文明与和谐进步，激发其民族自豪感和责任感。

教材中一些叙事、写人的记叙文，包含了人物对自由的追求，对平等、公正、法治社会的向往，以及敬业、诚信、友善的品格与精神，教师应挖掘这些重要的元素，通过具体、生动的人物形象和事例，强化学生对这些词汇的理解与认同，并逐渐内化于心。

三、把语文学习的过程作为思维方式、思想方法学习的过程

语文教学中很重要一项内容是对读书的指导。在阅读教学中，教师既要指导学生学会正确的读书方法，更要引导学生学会思考，发展思维，形成独立分析问题、解决问题的能力。一个人的思维方式、思想方法直接影响到做什么样的人和怎样做人，是价值观教育的重要内容。

例如，学生读书中常见的问题是断章取义、浅尝辄止，只看表面，忽略本质，或只看部分，不见整体。以鲁迅的《从百草园到三味书屋》一课为例，学生在初读时，往往容易仅看到课文开头部分的一些句子，如"我就只读书，正午习字，晚上对课""对我很严厉"等，于是便轻率得出三味书屋是"枯燥、无趣"的结论。这时，如果教师能耐心地引导学生进一步认真读书，基于文本寻找证据，学生慢慢会发现三味书屋的生活中也有"用纸糊的盔甲套在指甲上做戏""描小说的绣像""折腊梅"，还有"在桂花树上寻蝉蜕、捉了苍蝇喂蚂蚁"等趣事，发现"严厉"的先生在专注读书时也是非常滑稽和可爱的。当有了这些发现，学生对课文内容的把握才更加全面、完整，对三味书屋的认识也将更加丰满。

此时，如果教师还能引导学生再联系作者的写作背景，学生的理解则可能更加深入。鲁迅先生的《从百草园到三味书屋》一文写于1926年9月18日。"三·一八"惨案后，鲁迅被反动当局列入被统计的北京文教界"五使"人名单，被诬陷、通缉，当时鲁迅先生是独自一人躲在厦门大学图书馆小楼里，面对大海写下的这篇文章。从这一背景中不难体会当时鲁迅先生内心的孤寂与苦闷以及通过对童年少年往事的回忆，表达的是对自由、美好、和谐的生活的向往与追求，这才是教材所表现的核心价值。由此关联、整体地阅读思考，很多学生便会读出原来作者在三味书屋中也是苦中有乐，"三味书

屋"时代的生活同样也是作者怀念的一朵"温馨小花"。这样的解读，显然比单纯比较三味书屋与百草园的短长优劣，或批判封建私塾的专制压抑要客观、合理且深刻得多。因此我们说，读书的过程既是理解、思考能力提升的过程，更是学生思维方式、思想方法形成的过程，是学习联系、综合、整体地思考、分析问题，基于证据和事实下结论的思维习惯、思想方法养成的过程。关注到了这些，语文教育才真正能成为为学生终身发展奠基的教育。

四、时刻将学语文与学做人相结合

教师在语文教学中，要善于引导学生将所学内容与生活实践相结合，与社会发展相连接，跳出教室、跳出文本，拥有心怀天下的气魄，激扬文字、指点江山，把学语文与社会责任感培养，与立大志，做有信仰、有理想的一代新人的培养融为一体。

语文的学习过程，就是教学生说真话、做真人的过程。对一篇教材的理解，学生因成长经历和领悟能力的不同会有不同的解读，教师要引导学生学会倾听他人的意见，尊重不同的见解，在合作交流中加深理解、增长见识。例如，小组讨论时，如何倾听、分析、归纳每位组员的意见，最终形成共识？合作学习中，如何分工有序，制定规则、遵守规则？对待不同意见或错误观点，如何看待与处理？等等，在这样的学习过程指导中，学生收获的不但是阅读理解能力的提高，更是对民主内涵、法治意识、平等、公正以及文明、友善等待人处事之道的切身理解与感悟。

不仅是小组合作学习，在阅读教学，在口语交际、习作教学中，教师都应有意识地要求学生尊重事实，表达真情实感，不说假话、虚话、大话，坚持真理、实事求是。如在阅读教学中，教师要关注学生对课文内容、人物心情的理解是真实感受，还是简单迎合？在学生作文中，是否有抄袭编造的行为？口语交际中是否能够尊重对方，认真倾听，实事求是，尊重事实，尊重并包容他人意见和观点？在写字指导中，是否引导学生领会一笔一画认真书写、整洁干净，不仅是为美观，更是为看到这些字的人着想的尊重他人的意识？这些都指向做人的指导，是教师的责任和义务。教学中教师还应对说真话、坚持正义、坚持原则、诚信友善的学生大张旗鼓、旗帜鲜明地表扬，用评价引导学生求真做人。

总之，从教材内容、教学方式到日常评价；从师生关系、组织管理到教师言行，如果把语文教学的整个过程比作沃土，社会主义核心价值观倡导的 12 个词 24 个字，在语文教学的各个环节、不同领域都能找到生长点和着力点，教师在教学过程中应自始至终牢固树立社会主义核心价值观教育的意识，并将之贯穿于语文学习的全过程。

社会主义核心价值观融入《道德与法治》课堂教学的策略

赵 聪[①]

党的十八大报告提出，加强社会主义核心价值体系建设，倡导富强、民主、文明、和谐，倡导自由、平等、公正、法治，倡导爱国、敬业、诚信、友善，积极培育社会主义核心价值观。初中政治课根据国家的发展和时代的要求，用《道德与法治》替换了使用十几年的《思想品德》课程，教学内容有比较大的调整与修订，这是社会发展、与时俱进的结果。课程的性质与教育目标是培养健康快乐、德智体美劳全面发展的社会主义建设者和接班人。因此，社会主义核心价值观教育在这门课程中就是其课程本身决定的教学任务。需要解决的问题是：教师是否有自觉的感悟，能否将社会主义核心价值观与教学内容有机统一，能否找到适合的教学方法与策略。

一、正确理解社会主义核心价值观与教学内容的一致性

（一）教育目标、教学目标的一致性

教育的本质是培养人，让学生认同什么样的文化、价值观、道德规范和行为方式，决定了能培养怎样的人。立德树人是教育的根本任务，国家基础教育各级各类课程作为重要的实践载体，集中体现了国家意志和培养未来建设者的目标要求。《道德与法治》课程就是为适应初中学生的成长需要，促进他们道德品质、健康心理、法律意识和公民意识的进一步发展，形成乐观向上的生活态度，逐步树立正确的世界观、人生观、价值观的课程。国家整体的教育目标、培养接班人的目标与初中《道德与法治》学科教学目标是一致的，社会主义核心价值观也是学校教育教学活动的基本依据，既有理论基础也有思想基础。

课程标准中明确规定了教学目标和教学任务，课程性质部分明确《道德与法治》课程以社会主义核心价值体系为导向，明确了培育和践行社会主义

[①] 赵聪，统编《道德与法治》教材审查专家，北京教育学院特级教师，原北京市海淀区教师进修学校校长。

核心价值观的任务。价值观是一个人对利害、美丑、善恶的总看法和根本观点，它是人的"主心骨"，是人的社会化的核心内容，是人们接受教育（文化）的结果。价值观也是人类活动的"指示器"，人在获得一定观念的同时必然形成一定的价值观，价值观与人的行为具有一致性，价值观决定了活动行为的价值取向。

（二）教学内容的多样性

课程标准规定了心理、道德、法治、国情四个领域的教学内容和学习的知识领域，但《道德与法治》课程性质决定了教学内容的丰富性与多样性。时代在变化，国家在发展，社会在进步，课程内容呈现多样与深化的态势，尤其表现在时代性、先进性等方面。同时，人们的思想观念、精神风貌等也必然出现新的情况，这些变化必然要求教学内容不断丰富发展。

社会主义核心价值观教育、中小学德育工作指南、总体国家安全观教育、国防教育、网络安全教育等，社会生活中的方方面面都与本课程有紧密联系。要强化教育引导、实践养成、制度保障，发挥社会主义核心价值观对国民教育、精神文明创建、精神文化产品创作生产传播的引领作用，把社会主义核心价值观融入社会发展各方面，转化为人们的情感认同和行为习惯。

在《道德与法治》教学过程中，教师要充分发挥社会主义核心价值观的引领作用。教学中必须认真体味社会主义核心价值观的独特价值内涵，加强对中国特色社会主义的认识，从思想理论、实践运动、社会制度层面学习研究，并结合中华优秀传统文化和中华民族精神的教育内容，生动具体地融入教学过程，增强青少年的道路自信、理论自信、制度自信、文化自信。

二、课前精心准备，找准教学契合点

社会主义核心价值观融入课堂教学，不仅需要确定清晰的教育教学目标，还需要教师的精心备课。教师对社会主义核心价值观的认识越全面、理解越深刻，教学效果就会越显著。以社会主义核心价值观中的"友善"为例，教师在了解社会主义核心价值观的基础上，对"友善"的内涵、价值观念、价值取向、价值作用等的理解程度，决定着课堂教学的高度与效度。

（一）友善——社会主义核心价值观中的解释与理解

社会主义核心价值观倡导的友善，是社会主义条件下处理人际关系的基本价值准则，是建设和谐社会、实现中国梦的价值支撑。友善不仅仅是处社会人际关系的行为准则,也是中华民族的传统美德。翻开中国历史文化这本"大书",大量人物、故事跃然纸上,影响至今。友善需要待人平等、待人宽厚;友善是人与人的相互尊重、友好相处的关系;友善需要助人为乐。友善在社会主义核心价值观中,是公民应该具有的基本价值观、道德规范和行为准则,社会生活中需要友善。

公民个人层面的价值目标是:爱国、敬业、诚信、友善。作为社会主义核心价值观,友善涉及许多方面,如传统美德、中国文化、社会关系、平等尊重、道德法治等,而这些问题又涉及伦理、文化、法律、政治、社会等知识领域,教师应该在这里下功夫,在研究学习的过程中加深对友善的理解,寻找、把握正确的教学方向,尽量全面了解"友善"的教育教学价值作用,为确定教学契合点奠定思想及理论基础。

(二) 友善——词语字面及生活中的解释与意义

教师可以查阅浏览相关词典、文章,从广义的角度理解"友善",将社会主义核心价值观的"友善"与现实社会生活相联系,多角度、全方位地扩展学生视野,提升学生的思维品质,发展学生的能力。北京市朝阳区张海霞老师就在查阅学习的基础上,归纳出现今学术界对友善价值观的四种理解。

一是从人际关系的角度,强调友善是人与人之间交往体现出的优良品德。每个人都要在社会中生活,而生活在社会中最重要的就是人与人的相处,社会主义本质在人际关系上的要求和表现是友善。

二是从友善面对的不同对象的角度,指出友善不仅包括人与人之间的友善,还可以推及社会、国家、自然的友善等不同的维度。

三是从友善的公民道德本质角度,阐明了对友善的内涵把握不能脱离道德。道德是人们共同生活及行为的准则与规范,友善是公民道德的重要内容之一,明确友善的道德本质,是正确把握友善价值观内涵的根基。

四是从友善体现出的人文关怀的精神价值高度,对友善价值观的内涵在价值与精神层面进行概括。

通过这样的归纳总结,教师已经找到了社会主义核心价值观教育与课堂教学内容的结合点。查阅浏览的过程,也是再一次学习的过程,以此提高对社会主义核心价值观更全面而深入的理解。

在社会主义核心价值观这一语境中,友善的内涵通过尊重、宽容、礼让、关爱和互助等价值要素体现出来。友善在观念上不是静止的,是一种活动和行动的关系。教师视野的进一步拓宽，是教师备课的重要步骤，了解越多、越全面，教学才容易聚焦，才能校准教学目标，跳出友善看友善，为课堂教学找到契合点与最佳落脚点。

(三) 友善——课程标准及教学要求

课程标准是教学的指南与规定，教科书是对课程标准的解读，不少教师实践教学经验丰富，已经能够根据课程、教材逻辑，搭建具有特色的教学模式。体现核心价值观在课堂的融入，就需要在此基础上，重新建构新的教学逻辑。

课程标准中的许多内容都与友善相关联，最紧密的应该是"我与他人和集体"部分，如"学会换位思考，学会理解与宽容，尊重、帮助他人，与人为善"。这里的"尊重、礼貌、友谊"等问题，是对中学生正确处理与同学、老师、家人关系的学习要求，涉及个人品质及行为习惯。但家庭、学校也是小社会，这些问题说到底不完全是中学生个人的问题，也是社会问题的一部分，涉及人与人的关系问题，无论是法律层面还是道德层面，都需要学生从社会关系的角度加深对这些问题的理解，完成社会化的发展。

了解了课程标准的要求，教师还需把握学生的现实情况，所以分析学情是课前重要的一环。北京市朝阳区米安然老师在"从过马路讲起——友善"的教学设计中，这样描述学情：

"据我了解，大部分学生都能做到礼貌对待他人，但礼貌有可能只是表面上的尊重与友善，而真正的友善发自内心，是解人之困的热情与行动，是传递人与人之间美好情感的温暖和感动。根据平时的观察和分析，我认为学生在态度上的主要问题有：一是有时会觉得别人的付出是理所当然的，不懂得感恩；二是在偶尔有冲突发生时，容易冲动，缺乏宽容心；三是没有理解友善的基础应该是待人平等，这样才能真正做到推己及人，也许学生还有要面子、不愿出头等原因导致的一些践行友善的困难。"

社会主义核心价值观融入课堂教学，必须重视课前的精心准备，理论学习是基础，课程要求是方向，学生成长是目标。每一次的课前准备都是教师能力提升的量变，而不间断的量变一定能够带来质变，教师会在教学过程中体验到个人综合素质提高的幸福感。

三、把握社会主义核心价值观融入课堂教学的方法策略

（一）凸显与引领

《道德与法治》课程性质决定了社会主义核心价值观的教育与课程教学目标完全一致。在具体教学实施过程中，立德树人与教学内容是有机结合在一起的，社会主义核心价值观在教学中必须明确清晰。

"凸显与引领"不是将社会主义核心价值观 24 个字生搬硬套或在课堂中不断重复强调，而是在制定课堂教学目标的时候，把社会主义核心价值观的要求或者需要引导的价值取向，清晰、明确地融入在教学目标之中。课堂教学目标是教育教学目标体系中的最后一个落脚点，不能把课堂教学目标仅仅理解为知识点的罗列。教师必须认真学习，深刻理解社会主义核心价值观的内涵、意义、作用，在相关教学内容中用社会主义核心价值观引领教学方向，把更多内容落实到品德、人格、公民道德、政治认同和价值观教育上。

例如，北京市朝阳区米安然老师关于"友善"教学目标的设定：（1）体会友善带来的人际和谐，知道并认可友善对个人及社会的意义；（2）学会待人友善的几个关键——平等、尊重、关爱；（3）学会待人友善的方法——换位思考，理解友善是相互平等；（4）能够主动释放友善信号，传递友善行为。

这样的设计凸显出社会主义核心价值观的要求，明确了课堂的价值取向，有理论知识的要求，也有行为方法的落实。

（二）融入与渗透

教学目标要凸显社会主义核心价值观，但教学方式要注意采取青少年易于接受的形式，教学情景和活动的设计尽量考虑中学生的视角、视野，围绕中学生的社会生活展开。社会主义核心价值观从三个层面提出，细细分析这 24 个字都和课程内容有关，有些词与教学内容的概念在字面是一样的，如诚信、法治、爱国等。

融入与渗透体现在课堂教学的过程与变化中，教师需要改变纯粹概念化的讲解，不能只讲解"爱国""友善"的具体内涵或者是定义，以及在社会主义核心价值观中的作用、意义等，而是需要结合教学要求，通过学生自我体验、案例讲解、互动讨论和自我反思等形式实现教学过程，完成教学任务。融入与渗透需要教师对社会主义核心价值观的学习和理解，更需要教师教学智慧与能力的提升。

(三) 多样与重叠

前面说到了社会主义核心价值观与教学内容的联系，但我们必须清楚认识到《道德与法治》课程不能用单独讲解社会主义核心价值观来替代。虽然社会主义核心价值观有些词语与教学词语一样，但字同意不同。处理好多样与重叠的关系，也是社会主义核心价值观融入课堂教学的关键点。

社会主义核心价值观从社会层面倡导法治，八年级还有法治教育专册，其他部分也渗透法治教育。那么社会主义核心价值观的法治教育是放在哪里进行呢？这么多的法治内容都是一种讲解吗？这里需要注意两个问题：

（1）认识多样。"法治"一词多义但相通，认识社会主义核心价值观中的法治，重点是"依法治国"，放在法治社会方面。这既是理念也是制度，既是目标也是追求。建设中国特色社会主义法治体系，坚持全面依法治国，全面依法治国是中国特色社会主义的本质要求和重要保障。法治教育的重点是让学生守法知法懂法学法，注重公民意识的培养，提高公民素养，了解公民的权利与义务等。

（2）理解重叠。必要的重复是教育教学的规律，重复不是词语的叠加，而是根据学生的认知规律，温故知新，螺旋上升，加深理解，自觉践行。教师应该学会教学点重叠的处理，突出重点，扩展学生视野，培养学生全面的思维能力。

（四）内化与践行

社会主义核心价值观融入初中课堂教学，本身就是国民教育体系的一部分，让课堂教学在传递知识的过程中，培养青少年有信念有追求有志气的良好个性品质，让学生面对复杂的社会生活和多样的价值观念，学会以正确的价值观为标准，作出正确的道德判断和选择。

现在的初中学生正处在我国改革开放40年的历史时期，中国的改革开放已经允分显现其先进与成功：社会发展、国家富强、人民幸福。在深化改革全面建成社会主义现代化强国的进程中，应该让社会主义核心价值观成为做人的灵魂，在多种文化观念交织的复杂环境下，判断选择自己想成为什么样的人，也就是我们说的"认同"问题。无论是政治认同、国家认同、文化认同，都需要青少年的自我意识，自我思考，知道、了解、体验、理解，形成观念与观点。价值观念是一定社会群体中人们所共同具有的对于区分好坏、正确与错误，符合与违背人们愿望的观念；是人们基于生存、享受和发展的需要，以及对于什么是好的或者什么是不好的的根本看法，对于某类事物是否具有价值及具有何种价值的根本看法；是人们特有的应该希望什么和应该避免什么的规范性见解，表示主体对客体的一种态度。这些观念、看法、态度，需要学生的内化，需要学生的认同，只有内化与认同，才可能在行为上实践。所以，评价社会主义核心价值观的教育教学，不能以"考试+背书"的方式简单评价，需要在学生成长过程中，以内化与践行作为评价的标准，根本目的是人的成长、社会进步、国家昌盛。

四、课后的教学反馈

课堂教学是诸多要素的整合，不仅有课前的准备，也需要课上师生双方的互动，在完成课堂教学任务后，教学反馈是非常重要的。这里的教学反馈一方面指教师个人的教学反思，另一方面指对教学过程的评价与监控。

教学反思需注意三个方面：一是教育教学目标的确立是否清晰明确——教学目标的确定与实现能够体现教师的基本功；二是教学内容是否有理论支撑——理论联系实际是本课程的价值追求与存在意义；三是教学环节的设置和推进是否符合学生思维发展实际，选用社会生活中的事例作为课堂教学的起点，以点带面、由近及远，推动教学过程。

教师需要设计"好"的活动，"好"的活动要有明确的方向引导，活动形式要有助于思考，活动过程促进学生成长。在活动中提升学生的公民意识、国家意识，增强学生的认同感，促进学生之间的交流与沟通，实现培育和践行社会主义核心价值观的教育教学目标要求，同时，也要重视教学资源的使用效果，教学资源的使用不仅仅包括教学形式，也包括教学内容，使用是否有序、有效，直接影响教学效果。

社会主义核心价值观是社会主义核心价值体系的内核，体现社会主义核心价值体系的根本性质和基本特征。培育和践行社会主义核心价值观的意义在于形成社会共识、价值认同，使学生在社会生活中有正确的价值追求与价值评判。

提高《道德与法治》课程核心价值观教育的实效性

王 颖[1] 丛立新[2]

《道德与法治》课程是中小学唯一的直接显性地进行社会主义核心价值观教育的课程。作为培育和践行社会主义核心价值观的主阵地，就是要寻找课程、教学中的"最大公约数"，帮助学生扣好人生第一粒扣子，把立德树人这一教育的根本任务落实在课程教学中。在课程中落实好社会主义核心价值观教育，提高社会主义核心价值观教育的实效性是关键，因此，对于教学策略的关注、强调也就特别重要。

一、处理好继承与发展的关系

研究教学策略，不仅要探讨新的教学策略，也必须坚守那些经过长期历史检验和实践考察的成功的传统教学策略。

《道德与法治》课程是从《品德与生活》《品德与社会》课程转型而来的。一方面，它不是之前课程的简单翻版，而是在"全面推进依法治国"的国家战略宏大背景下课程的与时俱进；另一方面，它们之间存在水乳交融、不可分割的内在联系性、一致性和延续性。曾经在《品德与生活》《品德与社会》课程中适用、有效的各种教学策略，在落实社会主义核心价值观的《道德与法治》课堂中也同样适用、有效。

例如，情境创设策略。真实的生活情境与社会情境蕴含着多样的课程资源，是"曾经发生"的"现场"，蕴含着儿童丰富的生活体验和感受，是儿童实现自我道德建构的基础。北京市劲松第四小学董玉华老师在统编《道德与法治》教材《我们有精神》这节课的教学中，巧妙地整合教学资源，创设丰富、多样的情境，由境生情、由境引思，利用道德情境激发学生情感，进而增强学生在生活中养成良好生活习惯的意识，实现儿童内在的道德建构。首先，借用情境——由境生情。课堂上播放学校舞蹈团在法国街头被路人拍

---

[1] 王颖，北京市朝阳区教育研究中心教研室副主任。
[2] 丛立新，北京师范大学教授、博士生导师。

照赞扬的情景，促使学生基于情境获得"在场感"和"当事人"积极情感体验，从而生发出向他人学习、展现自己良好精神面貌的意愿感。第二，借助情境——由境引思。在课堂伊始就播放学生的升旗、上操、上课、下操排队回班照片，将学生真实生活引入课堂，引发学生在对比中思考感悟精神的内涵。

再如，资源整合策略。教师在课程实施中要根据实际条件就地取材，创造性地发掘学校、家庭、社区、媒体已有的资源，引导学生适时地开展体验、考察、调查、制作、游戏等活动，通过资源的挖掘和利用，穿越边界，拓宽育人途径，形成教育合力。例如，教学《我们的校园》一课时，教师可以组织学生真正走进自己的校园，了解学校基本环境，激发学生探究的欲望；在《上课了》"课堂作业认真做"中，教材呈现了学生围坐在一起拿着作业本小组交流的情景，在进行这项内容教学时，教师可以和语文、数学等其他学科老师联系，请同学们把不同学科的作业本拿来观察学习，这样的教材编写和教学实施需要教师树立课程合力育人的意识，穿越学科边界、资源边界，整合多样化资源，形成教育的合力。

以上情境创设策略、资源整合策略，是原有《品德与生活》《品德与社会》课程在核心价值观融入过程中不断总结出的成功策略，在《道德与法治》课程的实施中我们还将不断继承与发展。

二、处理好预设与生成的关系

以《礼貌待人》一课教学片段为例。课上，教师出示一些典型案例，说明各种情况下我们都应该礼貌待人。当时，师生之间、生生之间的言语交流也都表现非常好，能恰当地使用礼貌用语。可是，当教师说请少数同学到讲台前表演情景剧，并将给予物质奖励的时候，学生却为争得上场的名额而争抢推挤、互相埋怨，甚至恶语相向使小矛盾升级。这一个教学片段所反映的情况，在各个学科教学过程中都有可能发生。这时候我们都会认为，孩子们在语言上说的是一个样子，而实际生活中做的却是另一个样子。请注意，这不是孩子不好教育，是我们的教育脱离了他们的现实生活。

现在的孩子多为独生子女的下一代，作为父母本身也是被宠着长大的，学生所接受的宠爱可能是加倍的。所以，在学生的头脑意识里少有谦让这个词，更没有谦让的行为习惯。学生之间、儿童之间的交往都是游戏形式的，充满着天性。他们在家庭里形成的以自我为中心的意识，在争夺上场机会、争夺物质奖励的那一刻充分地显示出来，拨尖争执、相互推搡的行为必然出现。

其实教学片段中，学生间的争执争抢现象才是学生真实的生活，这才是最鲜活的教育素材，也是最佳的教育时机。片段中前面所有的实例都是铺垫，有经验的教师必然会紧紧抓住这个机会进行重点分析，达到教育的目的。

儿童身心发展的特点决定了他们的学习应该是生活化的，他们需要在真实的生活世界里感悟和体验，亲力亲为。因此，教师要充分关注教材中的生活实践，深刻挖掘学生真实的生活背景，将学生的个人成长经历展现出来；让学生在个人与他人的关系中进行总结，辨别真伪，树立正确的价值观；在与成人、与同伴的交往中，学习沟通、学习做人、做事，培养社会责任感，这才是将道德内化于生活实践之中，引导学生热爱生活、学会关心、积极探究，彰显立德树人的作用，以及落实社会主义核心价值观、学习中华优秀传统文化和法治意识启蒙的教育。

我们关注教材中学生生活实践，不能只停留在表面的认知上。既要让学生在原有的认知水平上畅所欲言，营造出一种浓郁的辩论氛围，又要巧妙地指引学生自悟，达到教学活动促使儿童对已有的生活经验进行整理反思，并通过此方式提升思想，反过来指导学生的生活的目的。

因此，在学科中落实社会主义核心价值观，特别需要教师重视处理好预设与生成的关系。解决这个问题我们提出弹性预设和灵活生成策略。本策略强调灵活生成的重要性，强调好的预设必须要有弹性，必须为随时到来的精彩生成留出空间，为意外的美丽留出通道。

三、坚持教学策略的多样性

有效落实社会主义核心价值观教育，需要坚持多样性的原则。相比数学、语文、外语等系统性相对较强的学科，《道德与法治》课程的综合性特征最为突出，课程内容涉及诸多学科领域，单一的教学策略很难承担。

中国音乐学院附属小学李丽老师在设计、教学《意蕴隽永的汉字》一课时，坚持教学策略的多样性，将社会主义核心价值观教育落在实处。这节课的设计与实施中主要应用的策略有：第一，资源整合策略。教师能够挖掘学生生活中的资源，以学生最熟悉的名字、学校文化墙上的校训和社会主义核心价值观标语作为载体，将这些典型汉字亲自制作成图文并茂的字卡，在平板电脑里建立了字库，课堂上组织学生对这些汉字进行研究探讨。尤其是每一张字卡，都呈现了该字不同时期的字体，使汉字发展演变过程一目了然。学生通过探究字卡上的汉字，感受到汉字所蕴含的丰富内涵，为学生深刻体会汉字是中华民族智慧的结晶起到了重要作用，有效促进了学生文化自信的树立与形成。第二，活动感悟策略。李老师巧妙采用了体验与探究相结合的方式，引导学生在多样化活动中感悟学习。如课前组织部分学生到国家典籍博物馆进行参观体验，课堂上请队员代表组织全班学生进行互动游戏，既有效调动了学生学习汉字文化的兴趣，又巧妙地使学生感受到早期汉字的神奇、独特，还为后面深入探究体会汉字的意蕴隽永奠定了基础。课堂上还开展了汉字考古大发现，探究汉字小秘密的学习活动，引导学生在深入探究和交流汇报的过程中深切体会汉字文化的博大精深。

　　心理学原理告诉我们，各种能力的形成与提高、情感态度的产生与变化都需要在主体性的活动中实现。《道德与法治》课程在内容上的综合性、跨学科性，令其课堂活动经常会较其他学科更为丰富多彩。由此，为学生发展提供了广阔平台，这种丰富性也是需要通过教学策略的多样性才能实现。

　　当然，多样性并不是无条件的，简言之，教学质量、学生发展是衡量多样性的根本标准。根据实践中的情况，特别需要注意如下两点：一是在坚持多样化的同时，特别需要警惕和防止盲目求新，为多样而多样；二是多样性并不排斥主要与次要，并不意味着各种教学策略在课堂实践中绝对的等量齐观、平分秋色。教学活动自身的特征决定了某些教学策略至今仍然会在频率上、时间上占据主要地位，这是教学活动的本质使然，教师不必因为顾忌影响多样性而人为降低对这些策略的使用。

　　完成《品德与生活》《品德与社会》课程向《道德与法治》课程的转变，推进和全面落实社会主义核心价值观教育，在教学实践中面临的问题还有很多。在课程与教学论领域，教学策略是一个存在不同理解的概念。今天我们所熟知的、行之有效的各种教学策略，都是在广大教师的摸索、积累的基础上逐渐成熟和发展起来的。新课改、新教材，每一位《道德与法治》课程的任课教师都要紧紧围绕课程目标，联系学生生活，认真研读新教材，充分挖掘利用资源，不断提升教育教学能力，发挥课堂教学主渠道育人的作用，让社会主义核心价值观统领课程和教学，探索并构建立德树人在《道德与法治》课程教学中的实现方式。

重视社会主义核心价值观在初中历史教学中的渗透与体现

郭大维[①]　常晋军[②]

随着我国中小学教育改革的不断深入，党和国家立德树人的教育价值导向，对于中学历史学科教育产生了日益深远的影响。初中历史教学要培育和践行社会主义核心价值观，需要在课程理念、教学策略和评价方法三个方面变革。

一、强化学科育人功能，明确初中历史课程的社会主义文化价值取向

《义务教育历史课程标准（2011年版）》中明确指出，历史课程要"将正确的价值判断融入对历史的叙述和评判中，使学生通过历史学习，增强对祖国和人类的责任感，逐步确立为中国特色社会主义事业、人类的和平与发展做贡献的人生理想"。

从近几年的中高考改革新变化来看，课程改革已经真正开始推动考试评价向着立德树人的导向转变。社会主义核心价值观融入课堂并不是可选项，而已成为必选项。只有将社会主义核心价值观有效融入初中历史教学，才能将学科教学与立德树人真正有机结合在一起，确保课程改革落到实处，做到既实现过程育人，又能够确保教学质量。

二、聚焦历史学科核心素养，提高历史教学培育和践行社会主义核心价值观的实效性

实现社会主义核心价值观在初中历史教学中的有效融入，必须聚焦历史学科核心素养。历史教学，无论从哪个角度，培养学生的历史唯物史观、时空观念、史料求证、历史解释、家国情怀都是重点。这些素养的培育不是靠说教，需在具体的课堂中综合运用以下教学策略，以提高历史教学中培育和践行社会主义核心价值观的实效性。

[①] 郭大维，北京市朝阳区教育研究中心教研员。
[②] 常晋军，中国传媒大学附属中学教师。

新时代的主题教育 课程

（一）创设历史情境，帮助学生深入历史现场，弘扬民族精神，传承民族文化，发扬传统美德，增强民族文化自信和价值观自信

创设历史情境是最常见也是最有效的方法。历史无法复制，更无法还原，历史情境的创设可以增强学生的在场感，学生可以置身历史之中，充分体会历史人物的情感，最大限度地激发出学生对社会主义核心价值观的认同和理解。

如何让学生鲜活地感受到历史发展过程中那些活生生的人们经历过的悲欢离合、喜怒哀惧，是一节历史课必须要关注的内容，让学生在感受历史的同时，获得深刻感知现实的能力。

日常教学中，可以通过借助图像、借助问题、借助历史故事等方式来创设历史情境。

历史中的故事往往在历史细节中表现得更加充分，学生也更容易被历史细节感染。例如，在台儿庄战役的讲述中，可以利用纪录片、图片呈现台儿庄战役的几个细节：肉搏战、激战后的敢死队拒绝30元大洋奖励……在讲到全民族抗战的时候，可以给学生讲述类似"父送子'死'"这样的小故事，在这些平凡小人物的身上，依然可以看到民族精神的闪光点。这样的历史细节给学生内心带来震动，对学生价值观和情感的影响是不言而喻的。由此我们也可以看出，在历史课堂中融入社会主义核心价值观是一个潜移默化、润物细无声的过程，在讲述过程中让学生自己去感受，自己去体会，而不是教师生硬地说教，这样的融入才是成功的，才不会引起学生反感。

（二）引入戏剧元素，设计角色扮演活动，帮助学生深度体验和感悟历史人物的杰出品质和伟大精神，引导学生心有榜样

《北京市中小学培育和践行社会主义核心价值观实施意见》要求，要切实将习近平总书记提出的"记住要求、心有榜样、从小做起、接受帮助"16字要求落到实处。要把社会主义核心价值观的要求转化为学生可学、可模仿的人物形象，用鲜活的事例引导学生理解和践行社会主义核心价值观。

教育戏剧，是通过想象与扮演的方式有意识地再现并传递善的人类经验的社会活动。教育戏剧的重点在于学员参与，从感受中领略知识的意蕴，将书本上的间接经验知识转变成学生的直接经验知识，进而让学生设身处地地体验历史上英雄人物和先进人物的杰出品质和伟大精神，从相互交流中发现可能性、创造新意义。当前我国基础教育领域开始广泛引入教育戏剧作为实施素质教育的重要手段。历史学科也可以积极引入戏剧元素，设计角色扮演活动，帮助学生深度体验历史，并在鲜活的历史故事情境中慢慢将社会主义核心价值观"内化于心，外化于行"。例如，设计一个小短剧《张骞通西域》，让几位学生扮演不同角色，可以充分调动学生的历史想象力，深度体验张骞通西域这一文明史上重大事件的历史意义，学习张骞敢于开拓、勇于探险的精神，为将来积极投身于我国"一带一路"建设打下思想基础。

（三）用正确的价值观和历史观设计并实施史料研读活动，培养学生唯物史观

史料教学带来历史教学方式的根本变革。技术地看，它是史料的选用、解读、分析、设问、对话、探究与评价等。

史料或历史材料本身有时是没有价值指向的，所以，运用史料或材料开展历史教学关键在于师生的历史解释。而师生是基于什么样的价值观、历史观来进行历史解释就很关键。历史教学不仅要教会学生求真，更加注重的是引人向善。特别是在当前我国社会开放程度不断加深、人们精神领域的价值观处在更加喧嚣与多元的大背景下，必须担当起弘扬社会主义核心价值观，旗帜鲜明地维护国家利益的责任。只有在日常教学过程中始终注重培养学生运用唯物史观研读史料，才能实现真善统一的历史教育。

例如，在《明朝的科学建筑和文学艺术》一课中，教师引导学生通过分析文字和图片史料，概括《本草纲目》《天工开物》《农政全书》三本科技著作记述的不同内容。通过对山药、红薯的分析，说出三本科技著作的成书特点是继承前人的成果，并在亲自实践后加以创新，感悟三位科学家脚踏实地、勇于创新的科学精神。通过阅读表格，概括三本科技著作对世界产生的深远影响，感受中华文明的科学成就。通过观察图片，描述明长城和秦长城相比的进步之处，以及明长城城墙之上各个设施的防御功能，感受明长城创新、防御功能的完善和先民的伟大创造力，感受中华建筑文明。通过分析表格等史料，知道长城的功能并不只是防御，还是各民族交往的纽带，感受长城作为民族之间的纽带，为多民族的相互融合起到促进作用，知道中华文明是由各个少数民族的文化汇集而成的，感受中华文明的多元性和中华文明源远流长、博大精深的原因，增强中华民族的自豪感、凝聚力和向心力。

（四）开展小组合作，提高学生合作能力，牢固树立集体主义道德观

我国作为社会主义国家，倡导集体主义道德观。通过小组合作活动的开

展，提供亲社会行为模板，提供可选择的历史观点，促进学生批判性思维的发展，帮助学生提高合作技能，并形成正确的情感态度和价值观，把个人利益和集体利益有机结合起来，牢固树立在处理个人利益和集体利益关系时的集体主义原则。这是很多一线教师在日常教学实践中获得的宝贵经验。

例如，将商鞅变法的学习任务按照政治、经济和军事分为3个小组进行学习，组织学生开展史料分析的小组合作学习活动，既实现了教学时间的复合式运用，又提高了学生的合作学习技能，还培养了学生的集体主义观念，一举多得。

（五）设计和实施跨学科研学实践活动，强化实践体验，积极探索培育和践行社会主义核心价值观活动的有效形式和长效机制

在博物馆、历史遗址和爱国主义教育基地给学生直观视觉冲击，也是融入社会主义核心价值观教育的一个很好的切入点。现在北京开展的"四个一"活动、学科实践活动给学生很多机会近距离感受历史。当学生在国家博物馆亲眼见证后母戊鼎之大、金缕玉衣之华贵、长信宫灯（"秦汉文明"展）之巧妙；当学生亲自登上长城，感受长城之雄伟壮观；当学生自己走进故宫，探究中华建筑之巧和美……民族自豪感和自信心就在这一次次的体验中建立了起来。抗日战争一课可以开设在抗日战争纪念馆，不仅有现成的历史情境，还有很多历史文物，当学生在纪念馆唱起抗战歌曲，在慷慨激昂的歌声中同仇敌忾、保卫祖国的爱国情感已悄然生根。

在组织跨学科研学实践活动过程中，我们还可以引导学生自己的事情自己做、集体的事情争着做、公益的事情积极做，主动承担家务劳动和学校劳动，积极参加学工学农生产体验劳动，开展多种形式的道德实践和法制教育活动，培养学生的公民意识。

三、借助《社会主义核心价值观融入历史学科教学评价表》，积极运用社会主义核心价值观引领课堂价值取向

初中历史学科教学的价值，并非仅仅是帮助学生在中考时取得好成绩。在学生学习历史知识的过程中，我们还需要唤醒学生的生命自觉，引发学生的深度思考，逐步树立正确的世界观、人生观和价值观，初步形成为共产主义事业奋斗终身的理想信念。

为此，我们需要自觉地遵循教育规律、学生成长规律和社会主义核心价

值观传播规律，以理想信念为核心，以养成良好行为习惯为重点，将培育和践行社会主义核心价值观融入教育教学全过程。这就要求我们必须重建初中历史学科课堂教学的评价观，用正确的课堂教学质量评价观引领初中历史教学。为此，我们初步研制了《社会主义核心价值观融入历史学科教学评价表》（图1），便于教师对照反思与自我评估。

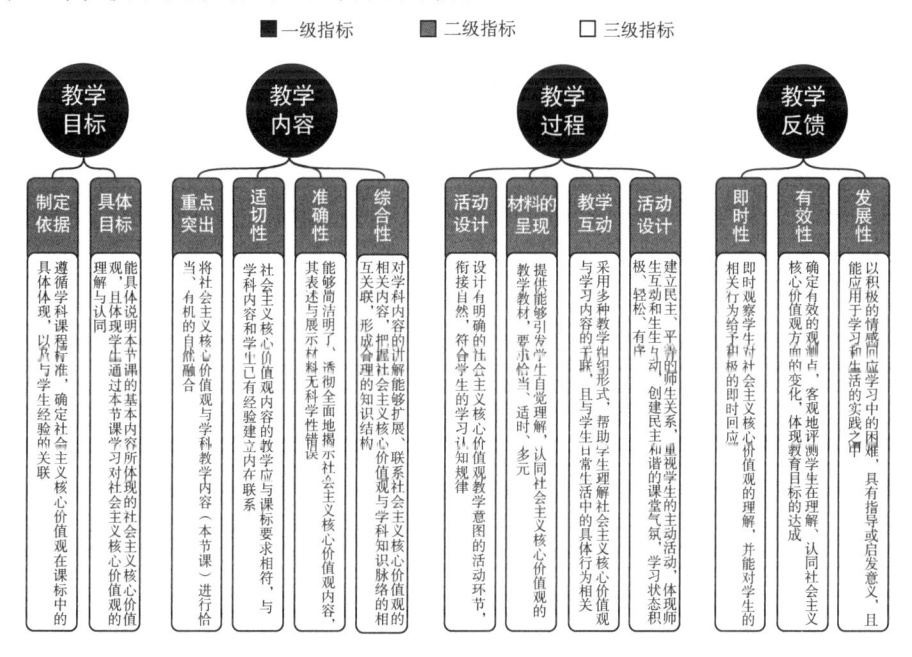

■一级指标　■二级指标　□三级指标

教学目标		教学内容			教学过程			教学反馈		
制定依据	具体目标	重点突出	适切性	准确性	综合性	活动设计	材料的呈现	教学互动	活动设计	即时性	有效性	发展性
具体体现遵循学科课程特有性，以具体与学生经验的关联，确定社会主义核心价值观在课标中的	能具体说明本节课所体现的社会主义核心价值观，且体现对认同理解与认同学生通过本节课学习对社会主义核心价值	将社会主义核心价值观与学科教学内容（本节课）进行恰当，有机的自然融合	社会主义核心价值观内容的教学应与课标要求相符，与学科全部内容的教学内容相关联	其表述与展示材料无科学性错误	能够简洁明了，清晰全面地揭示社会主义核心价值观与学科知识脉络的相互联系，形成合理的知识结构	对相关内容的讲解能够扩展、联系社会主义核心价值观与学科知识脉络的相	设计有明确的社会主义价值教学意图的活动环节，衔接自然，符合学生的学习认知规律	提供能够引发学生自觉理解、认同社会主义核心价值观的教材，要求恰当，适时，多元	采用多种教学组织形式，帮助学生理解与学习内容的关联，与学生日常生活中的具体行为相关联	建立民主、平等的师生关系，重视学生互动和生生互动，创建民主和谐的课堂氛围，学习状态积极、轻松、生动	即时观察学生对社会主义核心价值观方面的观察点，相关行为给予和相应的即时回应	确定有效的观察点，客观地评测学生在理解、认同社会主义核心价值观目标的达成	能应用于学习和生活的实践之中	以积极的情感后应学习中的困难，具有指导或启发意义，且

图1　社会主义核心价值观融入历史学科教学评价表

基础教育承担着为社会主义建设事业培养建设者和接班人的重要使命，这就要求我们创新育人理念和手段，运用学生喜闻乐见的方式，搭建实践平台，拓展教育渠道，积极争取社会各方面力量协同育人，使社会主义核心价值观成为每一名学生的精神追求和自觉行动。正因如此，围绕培养学生的历史学科核心素养重建初中历史教学的价值观、过程观和评价观势在必行。

地理教学中的社会主义核心价值观教育

林培英[①]　李文胜[②]　张婷婷[③]　刘　楠[④]

在地理教学中渗透社会主义核心价值观教育，首先需要厘清社会主义核心价值观与地理教学内容的联系。以"爱国"为例，根据地理课程内容要求，爱国教育主要体现在以下三个方面：一是充分了解我国国情，这是爱国的前提，这方面有大量的内容可以作为支撑；二是维护祖国统一、促进民族团结方面，地理课程也有相应的内容；三是以振兴中华为己任，培养学生将来报效祖国，将祖国建设得更加美好的雄心壮志。此外，关于祖国经济建设的重大战略、中国环境保护、经济建设中的人地协调等，也都是地理教学中重要的内容。

一、教学目标的制定

地理教学目标的制定主要有三个依据：初中地理课程标准、学生已有的经验、社会主义核心价值观的要求。

以"爱国"为例，我们梳理了课程标准中与"爱国"有直接关系的内容要求（图1），这一步骤有助于教师整体把握初中地理课程标准内容，并在教学中对社会主义核心价值观教育进行系统设计，同时也是设定具体教学目标的直接依据。

以《中国的位置和疆域》《西北地区开发与保护》两堂课为例。教师可根据课程标准和社会主义核心价值观的相关要求，确立具体的教学目标。

《中国的位置和疆域》一课主要是帮助学生了解我国面积和疆域方面的基本国情，不断激发学生热爱祖国的情感。具体目标为：一是运用地球仪和地图标出我国的地理位置，通过阅读地图和分析资料，描述我国位置的特点并进行简单评价；二是记住我国的陆地面积，知道我国是陆地面积大国；三是

[①] 林培英，首都师范大学资源环境与旅游学院教授、博士生导师。
[②] 李文胜，北京市朝阳区教育研究中心教研员。
[③] 张婷婷，北京市陈经纶中学分校教师。
[④] 刘楠，北京市第八十中学教师。

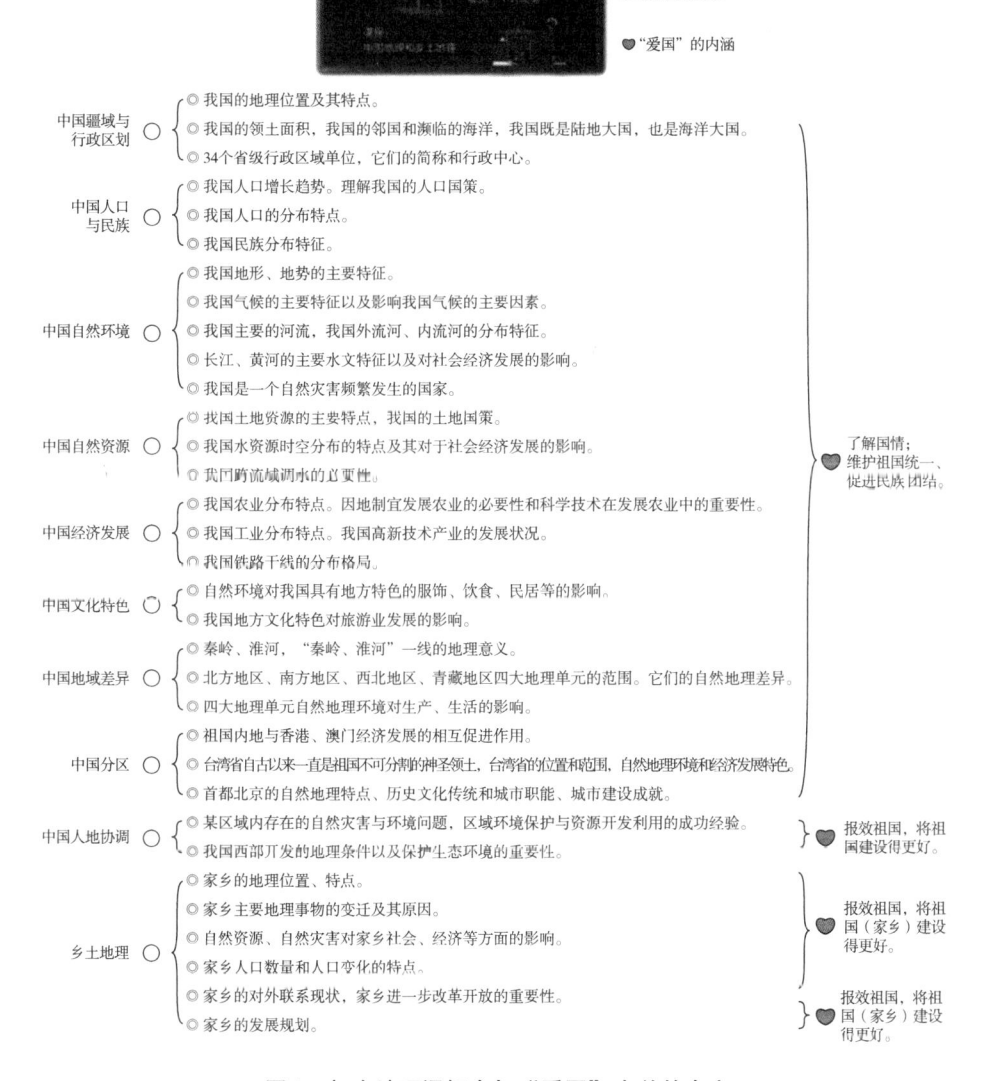

第一章 社会主义核心价值观在学校课程的融入

```
初中地理课标中与"爱国"有关的内容        ○ 课标主题
                                    ◎ 课标内容要求
                                    ♥ "爱国"的内涵
```

中国疆域与行政区划
- 我国的地理位置及其特点。
- 我国的领土面积，我国的邻国和濒临的海洋，我国既是陆地大国，也是海洋大国。
- 34个省级行政区域单位，它们的简称和行政中心。

中国人口与民族
- 我国人口增长趋势。理解我国的人口国策。
- 我国人口的分布特点。
- 我国民族分布特征。

中国自然环境
- 我国地形、地势的主要特征。
- 我国气候的主要特征以及影响我国气候的主要因素。
- 我国主要的河流，我国外流河、内流河的分布特征。
- 长江、黄河的主要水文特征以及对社会经济发展的影响。
- 我国是一个自然灾害频繁发生的国家。

中国自然资源
- 我国土地资源的主要特点，我国的土地国策。
- 我国水资源时空分布的特点及其对于社会经济发展的影响。
- 我国跨流域调水的必要性。

中国经济发展
- 我国农业分布特点。因地制宜发展农业的必要性和科学技术在发展农业中的重要性。
- 我国工业分布特点。我国高新技术产业的发展状况。
- 我国铁路干线的分布格局。

中国文化特色
- 自然环境对我国具有地方特色的服饰、饮食、民居等的影响。
- 我国地方文化特色对旅游业发展的影响。

中国地域差异
- 秦岭、淮河，"秦岭、淮河"一线的地理意义。
- 北方地区、南方地区、西北地区、青藏地区四大地理单元的范围。它们的自然地理差异。
- 四大地理单元自然地理环境对生产、生活的影响。

中国分区
- 祖国内地与香港、澳门经济发展的相互促进作用。
- 台湾省自古以来一直是祖国不可分割的神圣领土，台湾省的位置和范围，自然地理环境和经济发展特色。
- 首都北京的自然地理特点、历史文化传统和城市职能、城市建设成就。

中国人地协调
- 某区域内存在的自然灾害与环境问题，区域环境保护与资源开发利用的成功经验。
- 我国西部开发的地理条件以及保护生态环境的重要性。

♥ 了解国情；维护祖国统一、促进民族团结。

♥ 报效祖国，将祖国建设得更好。

乡土地理
- 家乡的地理位置、特点。
- 家乡主要地理事物的变迁及其原因。
- 自然资源、自然灾害对家乡社会、经济等方面的影响。
- 家乡人口数量和人口变化的特点。
- 家乡的对外联系现状，家乡进一步改革开放的重要性。
- 家乡的发展规划。

♥ 报效祖国，将祖国（家乡）建设得更好。
♥ 报效祖国，将祖国（家乡）建设得更好。

图1 初中地理课标中与"爱国"有关的内容

增进对祖国的情感，培养爱国情怀。

《西北地区开发与保护》一课的教学目标为：以西北地区为例，说明我国西部开发的地理条件，以及保护生态环境的重要性。培养学生应对人口、资源、环境与发展问题的初步能力，帮助学生树立人与自然和谐发展的观念。

两节课的目标有明显的不同，表现出对不同年龄的学生和不同课程主题

53

的契合。

二、有机融入社会主义核心价值观教育的教学策略

《中国的位置和疆域》一课致力于学生国家意识的培养，引导学生关心我国基本国情，增强热爱祖国的情感。《西北地区开发与保护》一课通过西北地区开发与保护问题的讨论，体现人与人、人与自然之间的和谐，培养学生应对人口、资源、环境与发展问题的初步能力，为国家乃至全球的环境保护和可持续发展培养活跃的、有责任感的公民。两堂课将地理知识教学、学生能力培养与学生情感态度价值观养成自然结合起来，关注学生已有的思维方式和已有的价值观基础，并在此基础上展开教学活动，努力帮助学生养成积极、健康的意识和行为方式。

策略1：判断正误

在《中国的位置和疆域》一课的导入阶段，教师设计了"是真是假"的活动，顺序提供3个有关中国位置和面积的基础知识，由学生采用竞猜的形式进行正误判断，由此激发学生的兴趣。

此策略主要针对初中学生年龄较小的特点，激发学生的学习兴趣。同时，让学生"暴露"自己在知识和认识上的不足，为后续教师有针对性的教学提供依据。

策略2：观察、发现、归纳

在《中国的位置和疆域》一课中，教师将学生分成几个小组，每人一本世界地图册，每组一个地球仪。先在地球仪上找到中国，然后对比不同尺度的参照物，分别描述中国的地理位置，并尝试提出学习国家位置的一般方法。各小组在全班汇报后，师生一起总结归纳。

此策略充分利用地理课程直观性的特点，培养学生运用资源、学具获取信息，以及总结归纳一般认识方法的能力，为后续教学增强学生对地理课程内容的直观印象和切身感受打基础。

策略3：对比分析

在《中国的位置和疆域》一课中，教师在三个点上使用了对比分析的策略。①在地图上进行对比。请学生在世界地图上找到俄罗斯和巴西并与我国位置进行对比，从纬度位置的角度了解我国位置的特点和意义，再找到蒙古和日本并与我国位置进行对比，从海陆位置的角度了解我国位置的特点和意

义。②对比不同国家的农产品和运输方式。学生对比了中国、俄罗斯及巴西的主要农产品，以及中国、蒙古和日本的货物分别运往法国可能会采用的交通方式，认识我国的纬度位置影响了生物的多样性和感受海陆位置对于我国对外交往的便利。③涂色对比。教师指导学生利用面积对比的方法，在方格图上根据不同国家面积的大小按比例涂色，直接对比中国与其他一些国家的面积。

此策略中根据地理课程内容和价值观教育的特点，教师引导学生用对比的方法进行学习，丰富他们对地理事物的直观感受，同时加深理解和记忆，有利于正确价值观的形成。在《中国的位置和疆域》一课中，教师用对比分析的策略，帮助学生了解我国位置、面积的特点及其意义，强化对我国位置和面积特点直观的感受。

策略4：作品创作和展示

在《中国的位置和疆域》一课中，教师提供纪录片《江山多娇》片头中富有诗意的文字，隐藏掉部分文字，让学生通过仿写或自己进行创作的方式完成并朗诵，赞美我们广阔美丽的祖国。在《西北地区开发与保护》一课中，教师安排学生通过绘画的方式展示自己设计的西北地区经济开发的方案。

此策略为学生提供抒发个人情感，展示个人创作能力的机会；帮助学生建立个人情感与祖国的联系，升华爱国主义情感，突出地理学习注重图像的特点。

策略5：设计决策

在《西北地区开发与保护》一课中，教师提供我国西北地区地形图、河流分布示意图等图片资料及相关的文字资料，学生以小组为单位，根据自己对西北地区的了解和上述图文资料，先行设计促进西北地区经济发展的方案；结合设计过程，分析、归纳西北地区各环境要素对经济发展的影响；学生通过绘画或语言描述的方式，展示各小组设计的西北地区经济开发的方案；学生在讨论、交流西北地区经济开发方案的基础上，与教师一起深入探究经济开发方案实施的合理性。

此策略通过模拟设计，引导学生学会分析、归纳特定地区环境要素对经济发展的影响，树立因地制宜发展经济的观念；让学生先行提出自己的看法和设计，教师再据此进行引导教学，使学生懂得经济开发也是注重环境保护问题。

三、对学生学习目标达成度的评价

评价学生学习获得的观察点主要有学生学习行为表现和学生学习作品质量两个方面。在学生学习行为表现方面主要有态度、积极性、参与程度、观点的表达、作品的展示等观察点；对学生学习作品质量方面主要有是否有效表达出自己的想法，是否科学、规范、容易理解；是否符合实际等。

对学生学习作品的观察要根据具体作品的种类，例如，对我国西北地区开发方案的设计，需要考虑方案是否符合实际，但对学习中国位置和疆域时完成的诗歌等作品，要着重看是否能有效表达出自己的想法。

对学生的学习行为进行评价，主要在现场观察。《中国的位置和疆域》一课，教师采用了判断正误、观察、发现、归纳、对比分析等教学策略，通过提问的方式了解学生是否能运用地球仪和地图说出我国的地理位置，是否能通过阅读地图和分析资料，说出我国位置的特点并进行简单评价。教师还采用了作品创作和展示的策略，在学生进行作品创作和展示时，教师可以观察学生参与活动的积极性和主动性，看是否激发出学生对祖国的情感。《西北地区开发与保护》一课采用了设计决策的教学策略，学生在教学的开始阶段，主要运用已学知识和自己的经验进行西北地区开发与保护的方案设计，这时教师可以观察学生的小组讨论和大班交流中的参与程度、态度、个人或小组的观点，进行初步的判断和评价，再根据学生的这些情况，引导学生进一步思考自己的已有想法，逐步接近教学目标。在后一阶段的交流中，教师可以发现和判断学生是否能够理解和说明我国西部开发的地理条件，以及保护生态环境的重要性；是否在回答应对人口、资源、环境与发展的具体问题时，能力有所提高；是否认识到在区域开发中应体现人与自然和谐发展的观念。从教学录像看，对比课堂教学的前后两个阶段，从开始的设计几乎没有考虑环境保护的问题，到最终的设计比较好地体现了经济开发与环境保护的关系，学生对人地协调知识的理解和相应观念的形成确实有了明显的提高。

除此之外，学生学习的目标达成度，还需要通过一定的纸笔测试或其他阶段性测试来获取信息，进行更多的评价。

第二章

中华优秀传统文化和革命传统教育

第一节 课程教材中的传统文化

提升中华优秀传统文化教育实效
——《中华优秀传统文化进中小学课程教材指南》解读

吴艳玲[①]

2021年初,教育部印发了《中华优秀传统文化进中小学课程教材指南》(以下简称《指南》)。这是新中国成立以来,教育部首次对中小学课程教材如何有效落实中华优秀传统文化教育进行的系统谋划。《指南》厘清了中小学中华优秀传统文化教育的内涵和边界,解决了"进什么、进多少、如何进"的问题,完善了中华优秀传统文化进中小学课程教材的相关标准要求。加强中小学生中华优秀传统文化教育,需要认真贯彻落实《指南》,不断探索新的举措,扎实推进中华优秀传统文化进中小学课程教材,增强中小学中华优秀传统文化教育的系统性、科学性和可操作性。

---

① 吴艳玲,教育部基础教育课程教材发展中心、课程教材研究所博士后,副编审。

一、准确把握核心要义 深刻理解本质内涵

中华优秀传统文化教育对于"培养什么人"具有重要指导意义。习近平总书记指出,"中华优秀传统文化是中华民族的精神命脉","要让中华民族文化基因在广大青少年心中生根发芽"。党的十九大报告强调,要"深入挖掘中华优秀传统文化蕴含的思想观念、人文精神、道德规范,结合时代要求继承创新,让中华文化展现出永久魅力和时代风采"。中共中央办公厅、国务院办公厅印发的《关于实施中华优秀传统文化传承发展工程的意见》提出,要将中华优秀传统文化传承贯穿国民教育始终。这一系列重要论述和文件精神体现了党和国家对中华优秀传统文化的高度重视,以及对以中华优秀传统文化涵养文化自信、培养能够担当民族复兴大任时代新人的殷切期盼。

《指南》着眼于文化传承和以文化人,明确了中华优秀传统文化的核心思想理念、中华人文精神和中华传统美德三大主题内容,并提出了坚持正确价值导向,强化经典意识;遵循学生认知规律,贴近学生实际;结合学科特点,注重有机融入;坚持整体设计,科学合理布局四项基本原则,将其贯穿始终,作为中华优秀传统文化进中小学课程教材的根本要求,引导学生以客观、科学、礼敬的态度对待中华传统文化,不复古泥古,不盲目排斥,坚持古为今用、推陈出新,有鉴别地加以对待、有扬弃地予以继承,取其精华、去其糟粕,根据新时代的特点和要求为中华优秀传统文化注入时代精神,丰富其内涵,促进中华优秀传统文化创造性转化和创新性发展,使之回归其本质要义,铸就中华优秀传统文化新辉煌。

贯彻落实《指南》,要以立德树人为根本,准确把握中华优秀传统文化的核心要义,深刻理解其本质内涵,从中华民族最深沉的精神追求、最基本的文化基因和独特的精神标识高度定位中华优秀传统文化,从实现社会主义现代化和中华民族伟大复兴的高度弘扬中华优秀传统文化,引导学生形成正确的历史观、民族观、国家观、文化观,强化中华民族的归属感、认同感、尊严感、荣誉感,坚定"四个自信"。

二、落实课程教材主渠道 推进一体化实施

课程教材是落实中华优秀传统文化教育的主渠道。近年来,中小学各学科课程教材不断强化中华优秀传统文化要求,取得显著进展,但是也存在一

些亟待改进的地方。如中小学课程教材中华优秀传统文化教育整体设计不够、系统性不强、课程定位与目标不清晰、内容存在碎片化倾向和重复交叉现象、与中央要求存在一定差距等。《指南》对中华优秀传统文化进中小学课程教材的重要意义、基本原则、总体目标、主题内容、载体形式、学段要求、学科安排等提出了明确要求。各学段各学科要在课程教材一体化落实上下功夫，实现中华优秀传统文化教育纵向衔接、横向贯通，推动形成中小学中华优秀传统文化教育的新格局。

一是要把握好学段要求。根据不同年龄学生身心特点和认知规律，细化确定各学段中华优秀传统文化教育的具体目标、学习内容、载体形式等。小学阶段以培育学生对中华优秀传统文化的亲切感和感受力为重点，初中阶段以增强学生对中华优秀传统文化的理解力为重点，高中阶段以增强学生对中华优秀传统文化的理性认识和践行能力为重点。各学段有机衔接、分层递进。

二是要把握好学科要求。基于各学科与中华优秀传统文化的内在联系，结合具体主题、单元、模块等，融入相应的中华优秀传统文化内容和载体形式，实现中华优秀传统文化教育所有学科全覆盖。各科各有侧重、突出重点，特别是要充分发挥语文、历史、道德与法治（思想政治）学科的核心引领作用，艺术（音乐、美术等）、体育与健康学科的重要支撑作用以及其他学科的辅助补充作用。克服学科本位主义思想，避免各自为战，形成中小学中华优秀传统文化教育学科协同育人合力。

三是要把握好地方课程和校本课程的目标定位。把《指南》作为重要遵循，明确地方课程、校本课程中华优秀传统文化教育目标定位，以当地民俗、民间艺术等独特教育资源为依托，因地制宜活化课程内容，与国家课程形成有益补充，提升育人实效。

三、优化教育教学方法 提升实践育人实效

当前，各地中华优秀传统文化教育取得了一定成效，但在教学实施上还存在一些有待改进的方面，集中体现为"三多三少"。第一，知识灌输多，内涵把握少。有些学校把中华优秀传统文化等同于国学经典，以机械记忆为主，不注重对其所蕴含的价值观念、思维品质等的把握。第二，外在形式多，内在体悟少。有的地方和学校虽然开展了一些中华优秀传统文化比赛、表演、展示等活动，但是整体设计、统筹实施不够，浅尝辄止，过于形式主义，存

在"有活动无教育"的倾向，使得学生对中华优秀传统文化蕴含的核心思想理念、人文精神等体悟不深。第三，被动模仿多，主动创新少。一些地方和学校盲目借鉴典型经验和做法，生搬硬套，反思、创新能力不足，不能够结合实际进行有效转化。如有的学校让学生全文背诵《三字经》《弟子规》，对其内容不加筛选。

贯彻落实《指南》，要在教学实施上积极探索，将传统教学方式与现代教学方式有机结合，显性教育与隐性教育综合运用，创新育人的方式途径，打造"课内＋课外、校内＋校外、线下＋线上"的教学新样态，让中华优秀传统文化教育动起来、活起来、亮起来。

学校要发挥主导作用，加强中华优秀传统文化教育整体设计，落实好课堂教学主渠道，探索跨学科主题教学，在劳动教育、综合实践活动中强化实践体验，将中华优秀传统文化教育与各种主题教育活动、社团活动、校园文化建设等有机融合，深入开展中华经典诵读大赛，戏曲、武术等非物质文化遗产进校园等活动，让学生在可听、可看、可触摸的中华优秀传统文化教育环境中接受熏陶。引导家庭将尊老爱幼、诚实守信、勤俭节约、文明礼仪等中华优秀传统美德潜移默化渗透到学生日常生活中，提升学生的参与感、认同感和获得感，巩固学校教育效果。调动中华优秀传统文化教育基地、研学实践教育基地，以及博物馆、纪念馆等公共文化机构履行中华优秀传统文化教育职能的积极性，举办中华优秀传统文化相关主题教育活动，积极搭建体验、展示、交流平台，丰富实践体验，为中小学生中华优秀传统文化教育提供常态化文化服务。

推动宣传、文化、广电等政府职能部门创新表达形式和传播渠道，打造一批有广泛影响的中华优秀传统文化特色网站，制作一批适合互联网、手机等新媒体传播的中华优秀传统文化精品，推出一批能够培根铸魂、启智增慧的中华优秀传统文化普及读物，丰富中华传统文化教育资源。多措并举使学生深化对中华优秀传统文化的内在体认，促使其知行合一，增强社会责任感。

四、完善考核评价机制 推动常态长效实施

中华优秀传统文化博大精深，内容广泛，涉及物质、行为、思想等层面。以往以学科考试的方式来考查中小学生中华优秀传统文化知识掌握情况的做法难免会以偏概全，影响学生健康发展。科学合理考查中小学中华优秀传统

文化教育效果，应以素养为导向，依据《深化新时代教育评价改革总体方案》，进一步规范学业水平考试，深化考试命题改革，完善综合素质评价，在初高中学业水平考试命题和高考命题中注重从多个维度加大对学生中华优秀传统文化素养的考查力度，加强学生人文底蕴、文化修养等素养考查，反映学生素养发展状况；以道德与法治（思想政治）、语文、历史、艺术等学科中中华优秀传统文化教育相关内容质量监测情况，反映区域和学校教育状况。此外，还应当把中华优秀传统文化教育情况纳入各地各学校教育综合质量评价指标。多措并举发挥教育评价导向作用，克服"五唯"顽瘴痼疾，建立常态化、长效化发展机制，推动中小学中华优秀传统文化教育取得新突破。

五、注重教师队伍建设 全面提升育人水平

教师是推动传统文化教育的关键因素，提升中小学教师中华优秀传统文化教育教学水平，使其自觉汲取中华优秀传统文化的思想精髓，将中华优秀传统文化核心思想理念、中华人文精神和中华传统美德内化于心，外化于日常教育教学行动中，做弘扬中华优秀传统文化坚定的践行者，着力破解中小学中华优秀传统文化师资短缺的瓶颈问题。

首先，选定部分师范院校组建中华优秀传统文化教育院系或专业，在部分高校相近专业的硕士、博士学位点增设中华优秀传统文化教育专业，分别为各个学段的中华优秀传统文化教育培养师资、培训骨干。其次，由教育行政部门主导，建立中华优秀传统文化师资培训基地，制订培训计划，针对全体教师、中华优秀传统文化教育相关课程教师和骨干教师实施分层分类培训，努力培养一支熟悉中华优秀传统文化教育的教师队伍，全面提升中小学教师群体中华优秀传统文化素养，让具备良好中华优秀传统文化素养成为新时代"四有"好教师的重要标准。最后，围绕《指南》中的主题内容和载体形式，结合各学科各学段学习特点，采取"请进来"与"走出去"相结合、线上线下齐上阵等方式，开展多渠道、多层次、多形式的培训，加强和改进中华优秀传统文化教育教研工作，为中小学中华优秀传统文化教育长远发展提供关键支撑。

传承和弘扬中华优秀传统文化事关社会主义文化强国建设和国家软实力提升。中华民族之所以能够成为伟大的民族、始终屹立于世界民族之林，一个重要原因就在于博大精深的中华优秀传统文化为其提供了丰厚的文化滋养。

《中共中央关于制定国民经济和社会发展第十四个五年规划和二〇三五年远景目标的建议》提出，到2035年基本实现社会主义现代化、建成文化强国等一系列宏伟目标，将文化发展问题提升至国家战略的高度。中小学生是中华优秀传统文化的重要传承者和弘扬者，是实现2035年远景目标的主力军，是建设社会主义现代化国家的中坚力量。

　　站在新的历史起点，贯彻落实《指南》精神，统筹考虑中小学课程教材落实中华优秀传统文化教育的各关键环节，强化责任落实，守正创新，精准发力，能够为全面建设社会主义现代化提供内生动力，有利于培养具有中华文化底蕴的社会主义建设者和接班人、培养能够担当民族复兴大任的时代新人。

历史·现状·问题
——中小学音乐学科中华传统文化教育的回顾与思考

王安国[①]

音乐具有艺术鲜明的人文属性，纳入国民教育体系的中小学音乐学科，理当是中华传统文化教育的重要载体，是传承民族优秀文化的重要渠道。

一、中小学音乐学科中华传统文化教育的历史回顾

自"新式学堂"在我国出现的20世纪初开始，在中小学音乐（起始名为"诵读诗歌""唱歌"）课中，重视民族传统音乐的教育意识即已显现。除了众多有识的学者、音乐教育家呼吁外，在民国政府1929年颁布的《小学课程暂行标准 小学音乐》及1932年的《小学课程标准 音乐》中，就明确要求"曲谱应尽量采用合于民族性的材料"。[1]

1932年，由我国第一代留美归来的作曲家、近现代音乐教育宗师黄自先生主编的《复兴初级中学音乐教科书》，集中选用了同时代中国作曲家（如黄自、陈田鹤、江定仙、应尚能、刘雪庵、廖辅叔、张玉珍等人）、中国题材和中国民族音乐风格的歌曲63首（这套分为六册的教材共选歌曲69首），其中一些歌曲至今仍在传唱，如《西风的话》《踏雪寻梅》《花非花》等，已成为中小学音乐教材的经典。但囿于20世纪上半叶我国特定的时代环境和教育发展水平，这些教学文件和教材成果，只是学校音乐教育在传承民族传统文化方面迈出的最初步伐，影响面有限。

新中国成立后，传统音乐文化的教育实践，在国家民族文化保护政策的引领下受到重视和鼓励。近二十年间，尽管我国教育发展历程中曾有过曲折，遭遇过"文革"的浩劫，但音乐教育界对民族音乐重视和倡导的努力从未停息，在传统音乐文化教育理论探讨和教学实践方面取得了很大成绩。经过广大音乐工作者的努力，中国传统音乐文化教育在中小学音乐课程教学中已有了一定的基础。

---

① 王安国，首都师范大学教授，义务教育及普通高中音乐课程标准修订组负责人。

1978 年，我国进入改革开放新的历史阶段，在这百废待兴的社会发展变革时期，我国传统音乐的奠基工程——中国民歌、民族器乐、歌舞音乐、戏曲音乐、曲艺音乐"五大集成"的收集、整理、编纂工作全面启动并相继完成，不啻为中国民族传统音乐建立了可资传承的"基因库"，为中华传统音乐文化教育的操作应用提供了有力的支撑。

二、中小学音乐学科中华传统文化教育的现状

21 世纪初开始的新一轮基础教育课程改革，中华传统文化教育的观念进一步凸显，从国家制订的教学指导文件（集中体现在课程标准）、教材建设到课堂教学，均不同程度地展现了中华优秀传统音乐文化教育的积极努力和丰硕成果。

如《义务教育音乐课程标准（2011 年版）》在"课程基本理念"中指出："应将我国各民族优秀的传统音乐作为音乐教学的重要内容。通过学习，学生熟悉并热爱祖国的音乐文化，增强民族意识、培养爱国主义情操。"在"课程资源开发"中要求："要善于将本地区民族民间音乐（尤其是非物质文化遗产中的音乐项目）运用到音乐课程中来，使学生从小受到民族音乐文化熏陶，树立传承民族音乐文化的意识。"

课程标准强调民族传统文化教育的理念，在现行的中小学音乐教材中得到体现。翻看 2001 年、2013 年版义务教育音乐教材（10 个不同版本）和 2003 年版普通高中音乐教材（3 个不同版本），我们即可见到大量鲜活、生动的中华传统音乐文化教育的课例。这批在基础教育课程改革大潮中推出的音乐教材，广泛而有效度地从中国五大类传统音乐（民歌、民族器乐、歌舞音乐、戏曲、曲艺）精粹中，发掘内容并将其转化为适宜中小学生循序渐进学习、理解、接受的生动活泼的教学材料，力图使蕴含于其中的中华传统音乐文化基因，通过教学活动，植根于广大青少年的听觉记忆和学习经历中。

在音乐课堂教学层面，从全国性的音乐公开课展示交流活动到常规的音乐课堂，中华传统文化的教学课例可谓全面开花、美不胜收。不少以本地区、本民族传统音乐为教学材料的音乐课广受好评。如北京的《京腔京韵》《京剧大师梅兰芳》，广东的《高山流水觅知音——古琴艺术》，海南的《竹竿舞》，山东的《看大戏》，江西的《斑鸠调》，江苏的《茉莉花》，河南的《编花篮》等。

随着我国基础教育课程改革的深入推进，应增强学生国家意识和培育文化自信的时代要求，中华优秀传统文化的教学实践已上升为国家的教育战略。这种教育自觉的树立，首先体现在党的十九大后颁布的《普通高中音乐课程标准（2017年版）》中，其在音乐"课程基本理念"中阐明："中国民族音乐历史悠久，博大精深，积淀丰厚，是中华优秀传统文化的重要组成部分，值得世代珍惜和忠实传承。中国各地区、各民族的民歌、器乐、歌舞音乐、戏曲、曲艺和民间舞蹈等传统艺术形式，汇聚了中华文化的精华，是民族音乐文化的根脉，理当是音乐课程的重要内容。"具体指出："教学中尤须突出强调学生熟知我国不同历史时期产生的经典音乐作品，增强自立于世界优秀文化之林的文化自信，确立自己的文化理解立场。"

三、音乐学科中华传统文化教育面临的理论和实践问题

在大力推进中华优秀传统文化教育的进程中，就当下中小学音乐学科而言，在理论与实践层面，面临着两个绕不开的基本问题，值得我们重视与思考。

（一）在实施中华传统文化教育中，如何界定"中国传统音乐文化"

一般而言，人们将19世纪中后期之前未大面积受到西方音乐浸染，流传或存见于民间、宫廷、寺庙、文人圈层和文化典籍中的中国音乐，视为"中国传统音乐"。这一基本定义，音乐学界广泛认同。1840年鸦片战争，西方列强的坚船利炮轰开了我国古老的国门，"西乐东渐"之风渐起，产生于新式学堂的"学堂乐歌"，成为我国近现代中小学音乐教育开启的标志。从此至今的一百多年来，中西、古今、雅俗三大关系的处理，一直是音乐界的热门话题。音乐理论界曾有过的一些不同看法和问题，直接影响着我国中小学音乐教育实践。如20世纪以来一些利用西方音乐表现形式（如歌曲、合唱曲、钢琴曲、管弦乐曲、歌剧、舞剧等），或借鉴西方音乐创作技法创作并在社会音乐生活中流传，经过历史积淀下来，具有中国风格气派的优秀音乐作品（如《义勇军进行曲》、大合唱《黄河》、歌剧《白毛女》、小提琴协奏曲《梁山伯与祝英台》等），是否看作是中国传统音乐文化的延续？

对于这一问题，《普通高中音乐课程标准（2017年版）》"教材编写建议"中，在强调"突出传承和弘扬中华优秀传统文化主线"时，特别写明"在选材上，中华民族五千多年文明所孕育的优秀音乐文化，包括近现代无数仁人

志士为民族复兴不屈不挠、前赴后继进行可歌可泣斗争题材的作品，以及当代植根中国特色社会主义伟大实践和多彩现实生活所创造的优秀音乐文化，应是教学的重要内容"。课程标准的表述，秉持"传统是条河"的历史唯物主义观点。一个国家、一个民族的文化传统，是随历史发展和社会生活变迁不断延续的。今天的传统，是既往的历史现实；今天的现实，经过时间筛选后，其中一些体现时代精神和发展方向的经典，就有可能成为明天的传统。课程标准征求意见和各级培训的结果表明，这一观点得到音乐教师的广泛认同和支持。

此外，在实施中华传统文化教育的过程中，一些音乐学者提出构建"中国音乐教育体系"（涵盖专业艺术院校和普通学校）的目标愿景，以传承、复兴和弘扬中华传统音乐文化。为构建这一独具中华文化内涵和艺术形式特点的体系，在音乐形态和传承方式上，主张系统梳理和总结中华传统音乐文化的美学特征，重建以十二律吕为基础的"基本乐学"理论，推广普及以古琴（七弦琴）、古琴谱（减字谱）和工尺谱为代表的（原生）民族乐器和乐谱，倡导"口传心授"的音乐传习形式，等等。这些产生自古代华夏大地的音乐内容和形式，是中华传统音乐"母语"的重要表征。显然，这种基于国家情怀和民族情怀、大力弘扬中华文化的主张具有十分积极的意义。尤其作为学术探究成果，如果能逐步在专业音乐教育领域实验推广，对改变"重西轻中"的音乐教学观念、改造照搬西方的办学体制，具有可期的重要价值。

但客观地看，如若希冀在当下中华传统文化教育的大平台上，将这些古代的音乐文化样式，放到今天的普通学校去推广普及，用以"全面改造"中小学音乐课程，这种设想和主张如果要付诸实施，则需要科学论证，慎重行事。因为自清末民初新式学堂诞生以来的一百多年间，中国社会经历了1919年"五四"新文化运动、1949年中华人民共和国成立、1978年以来改革开放等巨大的社会变革，从国家体制、意识形态，到社会面貌、文化生活，包括教育内容和形式，均发生了翻天覆地的变化。面向现代化、面向世界、面向未来的我国现代教育，当然不可能恢复到古代社会时的内容和形态。

我国普通学校音乐课程，自1912年初级小学设置"唱歌"课以来，经过数代音乐教育家和中小学音乐教师顺应不同时代发展和社会需要的努力和不断改革创新，时至今日，音乐课程的性质、目标、理念、教学领域、材料、形式和方法手段等，均已融入中小学以立德树人为宗旨的教育体系。试想，如果在中小学音乐课中，再以"工尺谱"的"上、尺、工、凡、六、五、乙"替换"do、re、mi、fa、sol、la、si"的唱名；用"黄钟、太簇、姑洗、仲吕、林钟、南吕、应钟"替代"C、D、E、F、G、A、B"的音名；用古琴取代音乐教室里的钢琴；将"口传心授"替代课堂教学等，已不现实且无可能。

关于民族音乐和民族化问题，毛泽东主席在1956年8月24日《同音乐工作者的谈话》中曾有过这样的论述："我们当然提倡民族音乐。作为中国人，不提倡中国的民族音乐是不行的。但是军乐队总不能用唢呐、胡琴，这等于我们穿军装，还是穿现在这种样式的，总不能把那种胸前背后写着'勇'字的褂子穿起。民族化也不能那样化。"[2]

（二）如何在中华传统文化教育中，处理中国传统音乐文化与学习、借鉴、吸收外国音乐文化的关系

"中国教育—文化特色音乐教育体系"的建设，从来不是封闭的，而是在继承民族文化传统的同时，不断借鉴、吸收世界不同国家、不同民族创造的文化成果而逐步形成和完善的。但从什么样的文化立场出发？借鉴什么？吸收什么？如何做到科学操作？在这些问题上如果立场或操作失当，结果不仅无益，反而会干扰自己的前进方向。这方面的具体问题涉及教材、音乐教育体系和音乐教育理论。

1. 现行中小学音乐教材中，中外音乐作品的选材比例有待准确定位，应鲜明体现传承和弘扬中华传统文化的教育立场。笔者曾对现行多套义务教育音乐教材中的中外音乐作品（歌曲、乐曲）的选材情况进行过一定范围的调研。以在全国范围内使用面最广、影响较大的三家出版社（人民音乐出版社、人民教育出版社和湖南文艺出版社）的音乐教材内容为样本进行分析，把上述这三套现行教材中的中外作品的选用数量和所占比例打通计算，其结果如下：三套教材音乐作品选用总数1900首；其中，中国音乐作品有1212首，约占63.8%；外国音乐作品有688首，约占36.2%。

从上述三套具有代表性的音乐教材作品的选用情况可以看出，现行义务教育音乐教材中外作品的选材比例，大致为16∶9。我认为，上述统计结果值得讨论与反思。2017年在国家教材委员会直接指导下统编的义务教育语文教材，所选用的外国文学作品，占全部入选作品的10%，中外文学作品的选用比例为9∶1，也许这是个可以参照的"标杆"。

2. 近一百年来，对具有国际影响力的外国音乐教育体系的持续引介，一直是我国音乐教育的热门课题。这些主要诞生在20世纪初中期、以西方音乐教育家命名的教学体系，在教学观念、方法、材料等方面，有许多基于少年儿童生理、心理认知特点和本国文化传统的创造，经过较长时间的大量实践，这些体系本身已相对成熟和完善。其中许多带有儿童音乐认知共性的教学经验，对于处于探索成长期的中国音乐教育，无疑具有启迪和借鉴作用。在助推我国中小学音乐教育发展、丰富音乐教学手段的同时，也存在一些值得思考的问题。首先，学习、借鉴这些诞生于彼时彼地的西方音乐教育体系时，应避免生搬硬套，照单全收。要对这些体系、方法的教学适应面和有效性加以分析，不能将一些主要适应小学中低年级，甚至学前教育的体系、方法，照搬到义务教育全学段或普通高中阶段中。其次，应从思想观念上消除"以洋为高"的盲从心理，不能以模仿、追随替代我们自己的文化创造，更不能以这些体系为蓝本去"构建"中国音乐教育体系。要潜心提炼中国音乐教育工作者（特别是广大一线教师）植根于中华文化沃土的实践创造，拿出具有中华音乐文化特色、有说服力的教学成果，以平等的文化身份与国外同行对话，改变中西音乐教育交流中单方面"听人说教"的状况。

3. 国外音乐教育理论的译介，对中国学校音乐教育的起步和在不同历史阶段的发展，均起到了十分重要的作用。直到当下，仍然是构建具有"中国教育—文化特色音乐教育体系"不可或缺的，亦是实施中华传统文化教育的重要参照，并将伴随国际社会经济文化交往的历史进程，长期对我国学校音乐教育产生积极影响。值得提出的是，在引介现当代欧美学者相关音乐教育论著时，部分学者对其中一些概念、定义、论点的文化语境未做深入分析，便引以为据，用来框衡中国的音乐教育。其中一度造成重要影响的例子，是在音乐教育哲学领域，以西方推行的"文化主义哲学"批评"审美教育"，主张以"多元文化"的教育观念主导我国基础音乐教育实践，扩展外国民族音乐教学内容。部分学者在阐释这一理论时，将"多元文化"理论引申为"文化主义"音乐教育哲学观，推崇"文化主义"哲学是当今国际音乐教育的大潮，是外国音乐教育的主流，亦是中国音乐教育改革与发展的方向，以此批判、贬损与"美育"同义的"审美教育"（认为"审美教育"是"狭隘"的和"过时"的）。

显然，上述理论立场和实践主张明显失当，有悖于我们国家包括音乐教育在内的美育方针和教学实际。新中国成立以来，第一个由国务院颁发的关于学校美育的政府文件《国务院办公厅关于全面加强和改进学校美育工作的意见》（国办发〔2015〕71号）开宗明义地指出："美育是审美教育，也是情操教育和心灵教育，不仅能提升人的审美素养，还能潜移默化地影响人的情感、趣味、气质、胸襟，激励人的精神，温润人的心灵。"文件中阐明的"审美"，绝不是某些外国学者所指的"审美主体对音乐事项的单向反映"，而是具有更为深刻的"以美育人"的思想内涵和更为宽广的教育和文化内涵。罔顾中国国情，不加分析地信奉和不加区别地套用外国话语，只能走向理论的误区。从实践层面看，在中国普通学校音乐课中实施"多元文化"教育，首先需正确理解"弘扬民族音乐，理解多元文化"的课程理念，准确把握文化传承中"源"与"流"、"弘扬"与"理解"的关系。事实上，我国各层次的音乐教学活动，对外国音乐一贯持开放、包容、学习、吸收的态度，重在培育学生的国际视野。在义务教育和普通高中音乐课程标准中，不仅将"理解多元文化"作为与"弘扬民族音乐"相对应的课程基本理念，还要求学生应学习、理解、尊重世界上其他国家、其他民族的优秀音乐文化，共享人类创造的文明成果。我国现行中小学音乐教材中的外国音乐曲目，即已包含世界各大洲（亚、非、欧、美、大洋洲）主要国家各具代表性的民族传统音乐，这是一个不争的事实。

上述对我国中小学音乐学科中华传统文化教育的回顾与思考，在充分肯定我们已取得历史性进步的同时，也针对在音乐学科教学中渗透中华传统文化面临的一些值得重视的理论和实践问题，提出了思考。对这些有可能影响或干扰中华优秀音乐文化传承的问题，是到了应该认真梳理的时候了。我深信，只要坚持从"坚守中华文化立场，立足中国当代现实"的根基出发，就能厘清我们的思想认识，克服一切困难和障碍，将中华优秀传统文化教育在中小学音乐学科中传承和弘扬得更好。

参考文献：

[1] 课程教材研究所编. 20世纪中国中小学课程标准·教学大纲汇编——音乐·美术·劳技卷[M]. 北京：人民教育出版社，2001.

[2] 中共中央文献研究室. 毛泽东文集（第七卷）[M]. 北京：人民出版社，1999.

赓续传统 固本开新

——改革开放 40 年体育课程教材中民族传统体育文化的变迁

耿培新[①]　潘建芬[②]

2017 年，中共中央办公厅、国务院办公厅印发《关于实施中华优秀传统文化传承发展工程的意见》，为建设社会主义文化强国，增强国家文化软实力，实现中华民族伟大复兴的中国梦指明了发展方向。在我国教育改革与发展进入新时代之际，追溯、探析改革开放 40 年来体育课程教材弘扬中华优秀传统体育文化的历史脉络和发展路径，对于我们在历史和现实、思想和实践层面找准文化的根脉，重拾对民族传统体育文化的理性与敬意，使民族传统体育文化鲜活起来、传承下去，具有重要意义。

一、体育课程教材弘扬中华优秀传统文化的简要历史回顾

改革开放以来的民族传统体育课程教材内容，涉及武术、养生、气功、舞龙、舞狮、民族民间体育等诸多方面。其中，武术最具代表性。武术是我国劳动人民在长期的社会实践中不断积累和丰富起来的一项经典运动，是中华优秀传统文化的宝贵遗产之一。体育课程教材是国家意志的体现，其中的武术和其他民族传统体育是具有鲜明特色的中华优秀传统文化的重要组成部分，也是对学生进行中华优秀传统文化教育的重要载体。

（一）武术正式列入课程教材，武术教材进课堂

中华人民共和国成立后，我国编订的第一部中小学体育教学大纲以当时苏联的体育教学大纲为蓝本，没有将武术列入教材。20 世纪 50 年代中后期，学界认为没有把武术列入我国中小学体育课程教材是一个缺憾，并曾经专门对如何将武术列入中小学教材进行了调查研究。其中包括总结我国武术各流派的共性特征，邀请我国著名武术教育家温敬铭、张文广和蔡龙云先生共同商讨，结合当时学校师资实际，请北京体育学院武术教研室整理编写了"武

[①] 耿培新，人民教育出版社体育编辑室编审，课程教材研究所研究员。
[②] 潘建芬，北京教育学院副教授，博士。

术操",以4—8拍一组的结构重复指导学生做武术基本手型、步法和基本动作,练习武术的基本功法等。

1961年,教育部颁布第二部中小学体育教学大纲,正式将武术列入体育课程教材,从此打破了体育课程以来自国外的体育运动项目为主的体系,得到广大体育教师的拥护。许多地区的教育行政部门组织举办武术学习班,提高体育教师的武术教学水平。武术教材进入了课堂,对强健学生身体,提高学生的民族自豪感,激发学生学习体育的兴趣,起到了积极的作用。当时,有相当一部分学生由此对武术产生了浓厚的兴趣,许多教师觉得体育课变得"有中国味了"。

(二)整合、改创课程教材,赋予中华优秀传统体育文化生命活力

1978年,国家发展迎来伟大转折。教育部在编写1978年版中小学体育教学大纲时,编写组认识到,我国中小学体育课程教材内容应该体现民族性,要继承发扬中华民族优秀传统文化。当时确定了编写武术教材内容的五个原则:(1)巩固武术教学成果,保留以往教学效果好、便于开展的教材内容,保留武术操的练习形式;(2)新编武术教材要减少动作数量、降低难度,要适合学生的生理和心理特点;(3)强调武术风格,加强攻防因素,增加双人对练和格斗素材;(4)学生高中毕业后,男生能学会一套棍术,女生学会一套剑术;(5)要大力宣传武术的真谛,继承民族文化遗产。

为了更有利于教师教学和学生学练,增加趣味性和攻防内涵,调动学生学习积极性,在借鉴、挖掘和整理的基础上,编写组对武术教材内容进行了整合、改造和创编,赋予武术教材以生命活力和继承发扬中华优秀传统体育文化的时代价值。根据1978年版中小学体育教学大纲编写的第三套教材,创编了小学武术操(第一套)和中学武术操(第二套);改编了小学少年拳(第一套)和中学少年拳(第二套);中学增加了棍术和剑术,还增加了具有明显技击性的武术打、踢、摔技法的单人和双人攻防动作,并首次把武术器械列入中学武术教材。1978年的中小学体育课程教材受到体育教师和学生的普遍欢迎。据调查,当时绝大部分小学都把武术操作为教学内容,绝大部分中学也开展了武术教学,中华传统体育文化焕发出应有的生命活力。

(三)课程教材深化改革,体现中华民族特色

1987年,国家教委开始启动研制九年义务教育中小学体育教学大纲,国家教委主管领导多次指示体育课程教材必须反映中华民族的特点,要把中华民族的传统体育特别是中国传统的养生、健身术等对强身健体行之有效的内容列入体育课程教材。研制组经过认真学习研究，主要做了以下改革：

一是明确概念，确立民族传统体育在中小学体育课程教材中的地位。根据《辞海》定义的"武术是民族体育的主要内容之一，是几千年来我国人民用以锻炼身体和自卫的一种方法。运动形式有套路和对抗等"，研制组确定了武术只是我国民族传统体育内容之一，还有许多项目，如摔跤、射箭、养生、健身术等都不包括在武术之内。另外，将武术改为民族传统体育，也就是在武术的基础上拓展有利于学生身心健康的民族传统体育内容；同时，明确武术是所有民族传统体育项目中最主要的内容。

二是处理好我国各民族传统体育的关系。我国是统一的多民族国家，民族传统体育项目丰富多彩。为此，将教材中经过长期实践检验、行之有效的内容，精选后作为"必选"课程内容，将各民族独特的传统体育形式和内容，作为"任选"课程内容。

三是明确了从小学到高中各学段民族传统体育的课程目标。中华民族传统体育文化是中国独有的文化，民族传统体育课程目标要在体育课程总目标下突出"强体、健身、弘扬武德、礼始礼终、以德为先"，不是单纯强调"高、难、新、美"，而应该是更巧、更美、更雅，使学生具有良好身体行为的文化，使学生在武术的学习中从拙到巧，从笨求美，从美求雅，这也是中国优秀传统文化承载的重要核心价值。各学段的具体目标是：

小学：从小学三年级开始，重点学习中华传统养生健身的"五禽戏"，以及武术基本功、动作组合和少年拳套路。教学要活泼有趣，以集体练习为主，注重基本知识的教学和锻炼效果，激发儿童体验练功的乐趣，突出武术的风格特点，激发儿童民族自豪感。

初中：优选我国传统的养生和健身术，以武术基本功、动作组合和少年拳（第二套）为主。通过加强攻防意识和实用技能的培养和训练，强健学生的身体，提高学生的民族自豪感，向学生进行武德教育和爱国主义教育。

高中：以武术基本功、动作组合为主，增加攻防动作和实用技能，注重学习初步的健身功法。加强民族自豪感、武德教育和爱国主义教育。

启动研制九年义务教育中小学体育教学大纲，将武术拓展为民族传统体育，进一步丰富了中华民族传统体育的内涵和外延，中小学体育课程教材弘扬中华优秀传统体育文化有了新的发展。

（四）形成中国特色民族传统体育课程教材体系，丰富中华优秀传统体育文化

改革开放以来，经过几轮课程教材的不断实践，中小学体育课程中的中华优秀传统体育课程内容不断丰富、完善，初步形成了具有中国特色的中小学体育课程教材体系。例如，1993年根据九年义务教育体育教学大纲编写的第六套体育教材，初中增加了青年拳、健身拳、对六拳、三连腿、对练拳内容；1996年根据全日制普通高中体育与健康教学大纲编写的第七套体育教材，增加了形神拳和太极十二动；2000年根据全日制普通高中体育与健康教学大纲编写的第八套体育教材，重新编写了健身拳，其动作融汇了南拳、长拳、少林拳等不同拳种，新编了一套"剑术"和"健身短棍"，增加了散打的"攻防对练"内容；2011年根据义务教育体育与健康课程标准编写的第九套体育与健康教材，在初中健身长拳套路中吸收了少林拳、查拳、潭腿、八极拳、戳脚等常见的传统拳种特色动作。中小学体育课程将武术拓展为民族传统体育以后，丰富了民族传统体育的内涵和外延，突出了以武术为核心内容的重要文化遗产。同时，在高度重视、继承我国悠久的传统体育和养生经验的基础上，增加了五禽戏、八段锦、太极拳以及中国传统养生知识，如"十叟长寿歌""黄帝内经"以及我国各民族传统体育项目等内容，强化了教材的民族性，形成了具有中国特色的民族传统体育课程教材体系，博大精深的中华民族传统体育文化在中小学课程教材中进一步发扬光大。

二、挖掘中华民族传统体育文化遗产内涵，立德树人，培养学生民族认同感与民族精神

改革开放以来的民族传统体育课程教材内容，都是我国各族人民在长期的生产和生活实践中积累起来的优秀传统体育文化，这些内容对于促进学生身心健康、全面发展有着重要的教育价值。仍以武术为例。武术是一项身心兼顾、内外兼修的肢体活动，是以人体运动形式表现的中国文化形态，也是由攻防动作符号构成的民族文化载体。武术强调礼始礼终、以德为先的武德教育，注重诚信、正义、公平、爱国等个人的道德修养。中华武术的教与学，包括动作的基本功和深厚的功夫，包括鲜明的技击技术和技击方法，包括搏击对抗和格斗对打，对于培养学生的自信、自尊、胆识、竞争、气力、耐挫、责任、控制、勇敢、尊重他人、规则意识等有着非常积极的促进作用。武术承载着中华民族的传统美德，显现着良好的身心修行以及精忠报国、自强不息、勤劳勇敢等民族精神，是我国重要且宝贵的文化遗产。修习中国传统体育，不仅能帮助学生强身健体，发掘学生内心的道德良知，还有助于学生品性的修养和锤炼，有助于学生健康向上的人格促进。也就是说，武术是以中华民族特定的运动技术和教育形式为载体，对学生进行的一种文化传承教育，学生经过中华优秀传统体育文化的熏陶和浸润，有利于树立民族自豪感和自信心，从而成为一名更加自信、自尊、自强的中国公民。

三、新时代体育课程弘扬中华优秀传统体育文化的拓展趋向

中华优秀传统文化的传承，体育是重要载体之一，努力继承与发扬中华优秀传统文化，是体育课程理应承担的责任与使命。当我们把民族传统体育文化的"过去"放到"未来"考量，我们就有了继承和发展的要义，就有了让中华优秀传统体育文化鲜活起来和传承下去的方向。

（一）在指向中华优秀传统体育文化的目标要素中明确核心要义

中共中央办公厅、国务院办公厅印发的《关于实施中华优秀传统文化传承发展工程的意见》和有关学校体育的重要文件，是新时代弘扬中华优秀传统体育文化的行动指南。为此，我们梳理了相关权威文件中对"中华优秀传统体育文化"教育的主要目标与要求要素（表1），以帮助教师把握"挖掘整理、保护传承、推进创新、法制建设、特色活动"这些核心要义，将体育作为弘扬中华优秀传统文化的重要教育内容和教育载体，推动当代体育课程教学可持续发展。

表1 有关重要文件中对"中华优秀传统体育文化"的目标与要求表述

文件名	文件时间	目标与要求
国务院办公厅《关于强化学校体育 促进学生身心健康全面发展的意见》（27号文件）	2016年4月	鼓励依据民族特色和地方传统大胆探索创新，广泛开展武术等优势项目，进一步挖掘整理民族民间体育，充实和丰富体育课程内容
中共中央办公厅、国务院办公厅《关于实施中华优秀传统文化传承发展工程的意见》	2017年1月	推动民族传统体育项目的整理研究和保护传承；推进传统体育进校园；把传统体育项目纳入全民健身工程；将中华优秀传统文化传承发展内容融入体育法律法规的制定修订中
体育总局等7部门《青少年体育活动促进计划》	2018年1月	将民族传统体育项目作为重点项目之一；促进在青少年中的推广与普及，如积极开展民族传统体育项目的挖掘、保护与传承工作，鼓励各地举办武术、健身气功、民族式摔跤、赛马、赛龙舟等项目的青少年比赛、交流、展示等活动，发展具有民族特色的传统体育项目

（二）在增强中华优秀传统体育文化自信中守土尽责

在全球化的时代背景下，我们更需要进一步振兴我国民族传统体育，改变民族传统体育低水平的状态。作为学校体育工作者，弘扬中华优秀传统体育文化要守土有责、守土尽责。在体育课程、学校体育活动中，实实在在地安排科学可行的内容，安排时间和空间，实实在在地让更多的学生去接触、去熟识、去感受民族传统体育的独特魅力，让更多的学生从小对民族传统体育文化耳濡目染，把它融入自己的血脉，并能引以为荣。

（三）在承载中华优秀传统体育文化担当中固本开新

作为学校教育的必修课程之一，体育课程需要肩负起我国优秀传统体育文化"立起来""走出去"的历史责任和时代担当，展示中华优秀传统体育文化的独特魅力，扩大影响力。为此，我们需把握好新时代中华优秀传统体育固本开新的方向，要秉持客观、科学、礼敬的态度，对我国现有体育课程中的中华传统体育内容消除成见和顾虑，对经教学实践证明是科学可行的内容坚定地予以继承，在继承的基础上创新，在创新的过程中发展；按照时代特点和要求，对至今仍有借鉴价值的中华传统体育的表现形式加以现代化的改造，激活其生命力；按照时代发展需要，对优秀传统体育的文化价值和内涵加以补充、拓展和完善，拓展新内容，完善新精神，增强影响力，使中华优秀传统体育最基本的文化基因与现代社会相协调，与当代文化相适应。

（四）在突出中华优秀传统体育文化优势中文以载道

习近平总书记指出，中华优秀传统文化是中华民族的突出优势，是我们最深厚的文化软实力。中华优秀传统体育文化作为中华优秀传统文化体系的一部分，在传承和弘扬中华民族优秀传统文化方面有着独特的优势。体育课程作为载体，其"文以载道"是指通过中华优秀传统体育，特别是武术等课程的教学，让学生在运动学习实践中立德树人，不仅强身健体，还能感受到中华优秀传统体育的价值，生成民族自豪感，同时，促进中华优秀传统体育的传承和发展。

以美育人 以文化人

——改革开放以来美术课程教材中传统文化的蕴含与体现

段 鹏[①] 刘云丽[②]

2018年9月10日教师节之际,习近平在全国教育大会上强调"要全面加强和改进学校美育,坚持以美育人、以文化人,提高学生审美和人文素养",明确指出了美育的目的与方向。此前,中共中央办公厅、国务院办公厅在2017年印发了《关于实施中华优秀传统文化传承发展工程的意见》,从中华民族伟大复兴和文化软实力的角度提出了中华优秀传统文化传承发展的重要性及其路径。结合二者来看,通过美育的方式"以美育人、以文化人",传承中华优秀传统文化应该是学校教育的一个核心要旨。那么,传统文化在课程教材中的具体体现如何?如何传承和发展?如何实现"育人、化人"之宏旨?这成为摆在我们面前亟须解决的问题。

对此,我们可以尝试把这系列问题向前回溯,通过梳理改革开放以来学校美术课程中传统文化的蕴含与体现,找到历史的坐标和未来发展的方向。

一、40年来美术课程教材中传统文化的内容承载

(一)作为传统文化代表的中国经典美术在课程教材中的突出体现

作为传统文化在美术课程教材中的体现,有着辉煌灿烂历史的中国经典美术是重要的代表性内容。对它们的了解和认识,始终是美术课程教材编写的重点,其中尤以美术欣赏课型为主。

1979年6月,中华人民共和国教育部颁布《全日制十年制学校中小学美术教学大纲(试行草案)》,在"文革"后将我国中小学美术教学拉入正轨。其中就特别指出"美术教学要提高对中外优秀艺术作品的欣赏能力"。在此精神的指引下,中小学美术教材不断增加、扩展中国古代经典美术在课程教材中的呈现比重,并以此提升学生对经典艺术的审美感受能力和对民族文化的

[①] 段鹏,首都师范大学美术学院美术教育系副主任。
[②] 刘云丽,人民教育出版社美术编辑室副编审、主任编辑,课程教材研究所副研究员。

认同。

从实际的教材编写和课程学习内容的角度看，当时的美术教材中，中国古代经典美术的分量占比很大。例如，1992年人民教育出版社组织编写的小学和中学美术教科书中，欣赏图片共计197幅，其中介绍有关中国民间工艺、中国古代工艺美术、中国古代优秀绘画作品、中国现代优秀绘画作品的图例共有102幅，约占51.78%；介绍外国绘画、雕塑作品的图例共有37幅，仅占18.78%。通过数字的对比可以看出，中国古代经典美术作品在欣赏中占有绝对重要的分量。可以说，这正是根据当时的教学大纲试用稿"选择教学内容的原则"中所规定的"教学内容应体现民族特点，充分发扬我国民族、民间优秀的艺术传统，增强学生的民族自豪感"而编写的。因此，该版本的教科书在课题选择和内容呈现方面，特别重视培养学生对中华民族优秀美术文化的认识和感知能力，培养民族的自信心，在培养审美意识的同时也形成高尚的爱国主义情感。

2001年，教育部《义务教育美术课程标准（实验稿）》正式颁布。据此，人民教育出版社也编写了实验版的美术教科书，在不同学段和年级的课程中，都深化和凸显了中国优秀传统文化艺术。例如，在七年级下册《劳动——人类创造力的源泉》这一课中，为了传达"劳动创造世界"这个基本的价值观念，教材精心选择了相关主题的多幅中国经典美术作品，如甘肃嘉峪关魏晋墓砖画《牛耕》、唐代张萱的《捣练图》、宋代张择端的《清明上河图》等。这些古代美术作品的选择，重在引导学生分析和思辨这些美术作品中所表现的劳动的性质和情节，尤其培养了学生的民族认同感与文化归属感。

可以说，辉煌灿烂的中国古代经典美术，是中华优秀传统文化的重要遗产，它不仅有着重要的欣赏价值，其画中之情、画外之意还特别蕴含着中国人特有的思维方式、价值取向与文化传统。由此可见，中国古代经典美术可以成为美育教学的一个重要"抓手"，学生可以以视觉观看、心灵悟对、实践表现的方式，去感知中华优秀传统文化的博大精深。

（二）中国画——中华优秀传统文化在美术课程内容中的集大成者

中国画，作为我国传统的造型艺术，其在世界美术领域中自成体系，且孕育和展现了中国人特有的审美情趣及美术表现方式方法，在学校教育（尤其是美术教学）中，理应是课程教学的重要内容。例如，与1956年《小学图画教学大纲（草案）》《初级中学图画教学大纲（草案）》中过强的"政治性"相比，改革开放之初的《全日制十年制学校中小学美术教学大纲（试行草案）》就特别强调了"中国画"的教学内容，对传统文化和艺术的本体规律有了进一步的回归。它指出，在小学三年级至初中一年级，中国画的教学内容应"贯穿其中"，涉及的题材可以有蔬菜瓜果、树石、花卉、白描人物等，且含花鸟画、山水画和人物画三大画科，这特别反映出当时的课程教学注重继承中华民族传统文化的价值观。基于此，在1981年全国通用版的中小学美术教材中，特别加强了中国画的教学。其在中学阶段系统介绍了花鸟、山水、人物画基础技法，要求学生通过实践，对我国传统绘画的基本面貌有初步的认识，并掌握一些入门的方法，例如用笔、用墨、用色等。

此后，在近二三十年的课程教学实践过程中，中国画一直都是重要的教学内容。在欣赏课型中，重在让学生感知中国画的审美意蕴、独特的材料和表现形式；在创作课型中，则重在让学生进行初步的中国画体验，掌握基本的笔墨技巧。在高中阶段，对中国画的学习要求更高，学生可以进行适度的专业练习与提升，并在此基础上进行创作尝试。

（三）教材中的书法、篆刻、工艺、民间美术等内容愈加凸显，使得传统文化在美术课程中愈发趋于多样化

中华优秀传统文化，是伴随着文明演化而汇集成的一种反映民族特质和风貌的复合体，其思想意识、制度、精神等往往外化为有形的"物质形态"。我国是多民族国家，传统文化在美术层面的体现有不同形式和内容，其中书法、篆刻、工艺、民间美术等是主要的文化形貌。改革开放以来，中小学美术课程中这部分的内容和含量逐渐增加，成为传承我国优秀传统文化艺术的主体。这主要表现在以下几个方面：

1. 教材中逐渐增加了书法、篆刻和治印方法的介绍；书法、篆刻还正式以"模块"的形式出现在高中课程内容中供学生选修、选学。

2. 工艺始终是中小学美术课程教学的重要学习内容，如其中的纸工、泥塑、编织、民间剪纸、传统图案纹样等设计制作内容有很强的民族审美趣味，其材料多样、实操性强的特质很容易引发学生的学习兴趣。

3. 民间美术是改革开放以来我国中小学美术课程教材中不可或缺的内容。面具、刺绣、木版年画、泥塑、木偶、石雕、蜡染、剪纸、宫灯等中国民间美术作品散布在小、初、高不同学段的不同课程教材内容中，从多个角度增进了学生对传统民间美术文化的认知与体验。学生在学习与了解这些作品时，自然会对"中华民族文化艺术的博大精深"有更为直观、感性和全面的认识。

4. 课业的选材内容尽量贴合民族风格。例如，学生可以描绘或制作有着浓郁乡土气息的器物，如宫灯、风筝、脸谱等，丰富多样的艺术体验途径让学生感受到传统艺术的美，增强学生的民族自豪感。

二、美术课程教材层面传统文化的价值导向

文化是一个复合体，除了表现文化的实物外，还有思想、意识、观念的层面，其中"思想意识中最重要的有两个方面：一是价值观念，一是思维方式"[1]。基于此，中华优秀传统文化在美术课程教学中，除了让学生关注文化的"表"（即各种器物造型、知识技能）外，亦需要关注文化的"里"（思想、情感与价值观），这才构成了较为完整的文化维度。改革开放40年的中小学美术课程教材，在后者方面也有重要和突出的专门性呈现与教学指导。

教材方面，1992年人民教育出版社美术室组织编写了义务教育四年制初级中学美术教科书。这套教材的指导思想和原则是："弘扬我国民族民间的优秀美术传统。在美术教学活动中，引导学生初步运用历史唯物主义和辩证唯物主义观点，认识和理解民族民间的美术传统，激发其学习积极性，并增强其民族自豪感以及爱国主义情感。"虽然当时还没有"情感、态度和价值观"的正式表述，但事实上也鲜明地指出了美术课程教学在学生思想引领方面的方向——通过对民族民间美术的了解和认识，激发民族自豪感和爱国主义情感。这凸显了学校美术教育"育人""化人"的重要特质——不单是美术方面知识和技能的传递，还担负着培养社会主义新人和建设者的重要职责和天然使命。

20世纪90年代初，全国教育界开展"素质教育"大讨论。当时，学界一些人士已认识到"审美素质作为一种国民素质，是一个比文化、道德素质更高、更综合的文明进步的标志。没有美育的教育是不完全的教育"[2]。由于中小学美术教育肩负着培养学生健康审美情趣和审美能力的任务，是对学生进行审美教育的主要渠道，故以人民教育出版社为代表的各出版社最新版本中小学美术教科书的陆续出台，意义重大。宏观方面，对当时素质教育在学校中的贯彻和落实，起到了推波助澜的作用；微观方面，其更多是通过美术的方式，对学生进行积极的价值引导，使其能够在丰富的人文情境中认识美术。

时任教育部艺术与体育卫生司艺术教育处处长章瑞安，曾指出此前中小学美术教育界忽视德育和思想的问题，"美术教学中自觉地把德育当作教学目

的任务而身体力行的，还不是普遍现象"。因此，当时的美术教科书内容均非常重视利用美术学科的特点，寓德育于美术教学活动之中。如人教版小学教科书每册均设1—2个单元以培养学生民族审美意识为教学目的的课业，或与绘画结合，或与工艺搭档，或融于"欣赏—体验课"之中。中学教科书则是通过学习画中国山水、花鸟、人物画，了解中国画的笔墨情趣，体会中国传统艺术的独特魅力；通过学习剪纸艺术、蜡染扎染艺术、民间彩塑艺术，了解中国民间艺术的特点，以及民间艺术与中国民俗文化之间的关系。尤其在美术欣赏内容方面，有关对中国传统绘画、工艺、雕塑、建筑、民间艺术类的欣赏图片，所占比重很大，以此让学生了解我国民族、民间优秀的艺术传统，增强学生的民族情感和爱国主义精神。

三、核心素养时代中国传统文化在美术课程教材中的延伸与发展

2001年，全国第八次课程改革随着各学科课程标准的颁布，正式进入实施阶段。美术学科在新课改的东风下，亦不断明晰了"以美育人、以文化人"的教育方向。《全日制义务教育美术课程标准（实验稿）》更是开宗明义地指出了"美术课程具有人文性质，是学校进行美育的主要途径"；《普通高中美术课程标准（实验）》也在课程性质中指出美术教学需要"引导学生热爱祖国，理解美术文化，形成人文素养"。在具体的课程教学内容方面，民族传统美术文化成为教学的应有之义。在高中美术模块中，"绘画·雕塑"内容系列中设有中国画的内容，"书法·篆刻""设计·工艺"又使得"民族""传统"成为课程教学的关键词，并日渐由"隐性"状态趋向于"显性"。各地各校也纷纷展开了"开发地方文化艺术资源"的教学尝试或相关方面的校园文化建设，"民间艺人进课堂"成为当时学校课堂美术教学中的一种新形式。

2014年末，为了进一步落实立德树人的教育根本任务，教育部组织各个学科修订高中课程标准。对于《普通高中美术课程标准（2017年版）》来说，注重"对中国传统文化的学习，培养学生深厚的民族情感和人文精神"是此次美术学科课程内容调整过程中最大的亮点和突破。依据教育部印发的《完善中华优秀传统文化教育指导纲要》的通知和相关精神，美术学科课程将"中国画""书法"和"篆刻"整合为"中国书画"，这强化了"中国书画"内容，凸显了对传统文化艺术的传承和弘扬；在"工艺"模块教学中，特别提出了让学生"加深对手工艺的理解，形成对中国传统手工艺，尤其是非物

质文化遗产的兴趣和认同"。上述举措都从国家标准的层面对未来的基础学校美术教育进行了方向的指引。学校美术课程将愈发凸显中华优秀传统文化中的核心价值，并尝试尽可能通过美术学科核心素养中图像识读、文化理解、审美判断等方式进行传承和发扬。

承续历史，面向未来。在新的历史机遇及国家重视传统文化的大环境下，核心素养时代中国传统文化在美术课程教材中的延伸与发展还可以从以下方面着力和深入推进：

1. 守正创新，丰富传统文化在美育课程中的表现形式。文化的传承与创新相辅相成。在美术教学中，既要守文化之"正统"，亦要在新的时代与社会、生活、科技相结合，在处理好"经典""民间"与"流行"的基础上，丰富文化的外在呈现形式。通过美育传承中华优秀传统文化，文化才能够真正地"活化"，走进学生心灵与生命经验中去。

2. 进一步拓展、深化对美术传统文化的理解。通过美术传承中华优秀传统文化，既要关注美术文化的外在表现形式（如建筑、服饰、农具、日常生活用品等），还要深入探析文化的实质与内涵。在常规的美术造型知识技能的呈现外，课程教材更需要指引学生深入了解美术与文化的关系，能从文化的角度观察和理解美术作品、美术现象和观念，进而认识到中华优秀传统文化的内涵和独特的艺术魅力，坚守中华文化立场，坚定文化自信。

3. 在教学方式上和核心素养美术教学进一步契合。基于核心素养本位的美术教学，是学校美术教育课程改革的方向。因此，美术课程教材中传统文化的传承，在与之相契合的同时，还需进一步探索教学的方式方法。例如，倡导主题性研究型美术教学，经历"像艺术家一样创作"的过程，联系生活进行跨学科的美术学习等。这些课程标准所倡导的教学方式，可以有效地为学校美术课程中的文化传承提供教学辅助，进而真正实现以美育人、以文化人。

参考文献：
[1] 张岱年，程宜山. 中国文化论争 [M]. 北京：中国人民大学出版社，2006.
[2] 曾天山. 20世纪的中国——教育事业卷 [M]. 兰州：甘肃人民出版社，2000.

幼儿园教育传承传统文化的内容与方式
——基于政策文本的研究

高宏钰[①] 霍力岩[②] 谷 虹[③]

一、问题提出

中华优秀传统文化教育是落实立德树人根本任务的重要基础，也是近年来教育研究和实践领域的重要问题和热点话题。2017 年，中共中央办公厅、国务院办公厅发布的《关于实施中华优秀传统文化传承发展工程的意见》（以下简称《意见》）明确提出，中华优秀传统文化传承发展应"贯穿于启蒙教育、基础教育、职业教育、高等教育、继续教育各领域"，对幼儿园教育传承中华优秀传统文化提出了十分明确的要求。"文化自信从娃娃抓起"，学前教育阶段是幼儿了解和认同中华优秀传统文化的关键期，此时的文化环境和文化熏染能够奠基幼儿一生的精神血脉和精神家园。中华优秀传统文化理应成为幼儿园教育的重要内容。在幼儿园教育中应该传承哪些中华传统文化？应该采用何种方式传承中华优秀传统文化？唯有厘清这两个核心问题，才有可能在幼儿园中贯彻落实中华优秀传统文化教育。

聚焦这两个核心问题，我们建立了由教育内容、教育方式与教师发展构成的"一体两翼"框架。"一体"即分析幼儿园教育应该传承什么，明确适宜幼儿园教育的中华优秀传统文化的内容体系，这是幼儿园教育传承中华优秀传统文化的目标系统和逻辑起点。"两翼"即解答幼儿园教育应该如何传承中华优秀传统文化，一方面要研究幼儿园教育传承中华优秀传统文化的途径、方式等，另一方面因为教师是中华优秀传统文化教育活动的承担者和实施者，负责引导幼儿向政策所要求的方向发展，因此也要研究如何通过教师发展落实中华优秀传统文化教育。此"两翼"是幼儿园教育传承中华优秀传统文化的路径系统和主要策略，可以保障幼儿园教育传承中华优秀传统文化的效果

[①] 高宏钰，首都师范大学学前教育学院讲师，博士。
[②] 霍力岩，北京师范大学教授，博士生导师。
[③] 谷虹，北京师范大学教育学部博士生。

达成和质量优化。

二、中华优秀传统文化教育的政策文本分析

(一) 教育内容

1. 多份政策文本从不同层面确定了中华优秀传统文化的内容框架。例如，《意见》第一次以中央文件形式阐述中华优秀传统文化传承发展工作，从宏观角度根据中华优秀传统文化的本体结构，划分了由核心思想理念、中华传统美德和中华人文精神三方面构成的内容框架；而2014年教育部发布的《完善中华优秀传统文化教育指导纲要》（以下简称《纲要》）则从中观层面将教育内容划分为以天下兴亡、匹夫有责为重点的家国情怀教育，以仁爱共济、立己达人为重点的社会关爱教育和以正心笃志、崇德弘毅为重点的人格修养教育三个方面；一些专项政策文本则从微观角度，对中华优秀传统文化的内容做出具体规定，如《中小学书法教育指导纲要》明确了书法教育的内容，《中小学文明礼仪教育指导纲要》规定了文明礼仪教育的主要内容等。

2. 明确了结构要素。中华优秀传统文化具有十分丰富的内涵，划分中华优秀传统文化结构的一种典型做法是将其划分为精神层面的价值信念（"道"）和现象活动层面的有形事物（"器"）两方面。如，《意见》中"核心思想理念、中华传统美德、中华人文精神"均属于"道"的层面，中华经典、传统节日、音乐、舞蹈、戏剧、曲艺、民间美术和传统手工技艺等具体文化形式则属于"器"层面的内涵表达。中华优秀传统文化内容结构中的"道"和"器"并非简单的二分关系，如《关于运用传统节日弘扬民族文化的优秀传统的意见》指出："传统节日是中华民族文化的优秀传统的载体""要紧紧围绕节日主题，突出传统节日的文化内涵"。可见，器是道的载体，道是器的内核，二者互相交融、互相支撑。

(二) 教育方式

1. 融入课程与教学

《纲要》指出："在课程建设和课程标准修订中强化中华优秀传统文化内容。结合教学环节渗透中华优秀传统文化相关内容。"《意见》强调构建中华优秀传统文化课程体系，并进一步指出："按照一体化、分学段、有序推进的原则，把中华优秀传统文化全方位融入思想道德教育、文化知识教育、艺术体育教育、社会实践教育各环节。"

2. 开发传统文化教学材料和资源

教学材料和资源是学校开展中华优秀传统文化教育的重要依托，具体包括：构建和完善中华优秀传统文化的教材体系；开发中华优秀传统文化读物、绘本、童谣、儿歌、动画等多元化教学材料；此外，应充分发挥现代信息技术优势，构建中华优秀传统文化教育网络资源平台，支持学校开展传统文化教育。

3. 坚持学校教育、家庭教育与社会教育相结合

《纲要》指出："要充分发挥家庭在中华传统文化教育中的重要作用。"中华优秀传统文化教育需要学校教育与家庭教育相互结合、互为补充。同时，中华优秀传统文化教育需要与社会教育相结合。例如，鼓励学生参与多种形式的中华优秀传统文化社会实践活动，包括参观爱国主义教育基地、革命圣地和遗址，开展革命传统教育，利用博物馆、文化馆等公共文化机构开展传统文化教育，组织学生参观名胜古迹了解祖国历史文化，以及参与校外社会实践基地活动等。

（三）教师发展

1. 融入教师职前培养课程

将中华优秀传统文化融入高校、师范院校课程中，是学校实施中华优秀传统文化教育的重要保障。例如，《纲要》指出："在师范院校开设中华优秀传统文化课程。"《意见》指出："推动高校开设中华优秀传统文化必修课，在哲学社会科学及相关学科专业和课程中增加中华优秀传统文化的内容。"

2. 加强教师职后培训

《纲要》指出："加强面向全体教师的中华优秀传统文化教育培训……提高教师开展中华优秀传统文化教育的能力。"《意见》《教育部办公厅关于在中小学开展创建中华优秀文化艺术传承学校活动的通知》《中华经典诵读工程实施方案》等政策均提出了有关教师培训的要求。

3. 纳入教师评价体系

一方面指将中华优秀传统文化融入教师资格考试中，如《纲要》指出，"在中小学教师资格考试内容中增加中华优秀传统文化的比重"；另一方面指建立中华传统文化融入教师教学工作的评价体系，如《中小学开展弘扬和培育民族精神教育实施纲要》中指出，"加强督导评估，建立表彰奖励机制。对工作实绩突出的学校和教育工作者要定期进行表彰奖励"。

三、已有政策对幼儿园开展中华优秀传统文化教育的启示

已有政策对幼儿园阶段开展传承中华优秀传统文化教育虽然缺乏针对性的规定，但为回答幼儿园阶段传统文化教育传承什么与如何传承两个核心问题提供了重要启示。

（一）"传承什么"：制定适宜幼儿教育的中华优秀传统文化内容体系

1. 坚持国家立场，关注儿童立场

坚持国家立场。幼儿园教育传承中华优秀传统文化必须以国家立场作为基本立场，这是思考"传承什么"的价值取向和逻辑起点。国家立场是指站在国家整体利益的角度，从国家治理和国家发展的角度来思考问题。[1]《意见》指出："实施中华优秀传统文化传承发展工程，是建设社会主义文化强国的重大战略任务，对于传承中华文脉、全面提升人民群众文化素养、维护国家文化安全、增强国家文化软实力、推进国家治理体系和治理能力现代化，具有重要意义。"中华优秀传统文化教育与国家治理与国家发展紧密联系，必须坚持国家立场，从政策导向审视传统文化教育的基本精神和内容标准。我国政策文本中规定的中华优秀传统文化内容框架具有很强的指导意义，《意见》提出的内容框架为制定适宜幼儿园教育的中华优秀传统文化内容体系明确了价值取向、逻辑定位和坚实基础。

关注儿童立场。在幼儿园教育中传承中华优秀传统文化还应关注儿童立场，这是思考"传承什么"的重要考量和基本遵循。目前，我国政策文本中的中华优秀传统文化内容框架还比较高位、抽象，很难直接用于幼儿园教育，有必要在结合幼儿思维特点、学习方式以及学前教育教学规律的基础上，加强对抽象内容的转化，研制适宜幼儿学习的中华优秀传统文化的具体内容。已有政策强调中华优秀传统文化教育需始终"遵循学生认知规律和教育教学规律"，唯有关注儿童立场，才能有利于中华优秀传统文化内容体系的真正落地和实际操作，才能真正应用到幼儿园的实际教育活动中，从而切实发挥传统文化的内容体系对幼儿园教育活动的目标设计、教育方式与教育评价的引领作用。

2. 坚持全面性，把握关键性

坚持全面性。已有政策文本中的中华优秀传统文化包含了"道"和"器"两个层面的内容，既包含了精神层面的核心思想理念、中华传统美德、

中华人文精神，又包含了现象层面的传统文学、传统艺术、传统习俗等，幼儿园教育传承中华优秀传统文化的内容体系也应坚持全面性这一原则。现状调研发现，一些地区的幼儿园在传统文化教育实践中存在"偏而不全"等突出问题，即幼儿园里的传统文化教育以形式方面的内容居多，相对缺少精神文化层面的传承，造成一些活动存在形式大于内容、缺乏文化内涵等问题。为此，在制定幼儿园教育中的中华优秀传统文化内容体系时，既要重视现象活动层面的文化内容，更要重视挖掘中华优秀传统文化精神层面的内容，从而引导幼儿园教师建立起对中华传统文化的全面认识，全面涵养幼儿的传统文化素养。

把握关键性。中华优秀传统文化的内容十分丰富，但并非所有的内容都适合在幼儿园教育中传承，因此在教育内容的选择上还应把握关键性。关键性指向内容的必要性、重要性。关键经验不是一般的经验，是幼儿发展过程中必不可少的、幼儿必须学习和掌握的内容，对幼儿来说是重要的、不可或缺的[2]，对幼儿的终身发展具有奠基作用的传统文化内容。关键性还指对幼儿园教育具有切实指导作用，这些内容要能够切实转化成幼儿园的教育教学活动，能够转化成幼儿可以获得的学习经历与经验。例如，近年来对儿童"读经"的大讨论就牵扯到读什么经、用传统文化中的哪些内容来教育儿童的问题[3]，争论的一个焦点就在于这些传统文化内容是否符合现代儿童生活的需要，是否适合作为现代教育的内容。因此，坚持国家立场与儿童立场相结合、全面性与关键性相结合的思想，对中华优秀传统文化的内容做出审慎选择，才有可能构建适宜幼儿园教育的中华优秀传统文化内容体系。

（二）"如何传承"：确定中华优秀传统文化融入幼儿教育的适宜路径

1. 将中华优秀传统文化自然融入幼儿园教育活动

政策研究表明，将中华优秀传统文化融入原有的课程与教学体系是主要的路径。"蒙以养正，圣功也。"在幼儿教育中传承中华优秀传统文化，并非是对学前儿童进行中华优秀传统文化的直接传授和灌输，而应以"养"的方式融入幼儿教育中。幼儿园教育应该以自然渗透为原则，将中华优秀传统文化的思想理念、传统美德、人文精神有机融入幼儿的一日活动中，促进幼儿对中华优秀传统文化的认识，帮助幼儿形成对中华优秀传统文化的亲切感和认同感，培养有中国根、中国心、中国情的快乐中国娃[4]。目前，幼儿园的一日活动主要包括综合主题活动、区域活动、生活活动、阅读活动、户外活动等活动形态,幼儿园应该充分研究在一日活动中如何融入中华优秀传统文化,形成典型实践模式和实践范例,以点带面,推动中华优秀传统文化传承的有效实施。例如,主题活动是幼儿园的一种主要活动形式,是教师支持幼儿围绕一定主题展开的集体探究活动。幼儿园可以充分利用中华优秀传统文化,拓展主题活动的内容来源、强化主题活动的文化特征,组织幼儿开展"我们的节日"主题活动,帮助幼儿了解传统节日的文化内涵,也可以组织幼儿进行"爱我中华"主题活动,利用重大历史事件和中华历史名人纪念活动以及各类爱国主义教育基地、历史遗迹等,展示爱国主义深刻内涵,培育幼儿的爱国主义精神等。

2. 开发以玩教具和图画书为代表的中华优秀传统文化教学材料

游戏是幼儿的基本生活,玩教具和图画书等教学材料均是幼儿亲密的"精神伙伴",是保障幼儿游戏权利、促进幼儿学习与发展的重要手段;玩教具和图画书是幼儿"看不见的教师",能够引导幼儿开展有目的、有价值、有意义的学习。以玩教具和图画书为代表的教学材料和自然的游戏材料不同,它是人类社会的文化产物,凝聚着人类社会的文化历史经验和价值观,是社会文化传承的重要途径和工具。[5] 玩教具和图画书承载着教育目标和教育内容,幼儿在直接感知、实际操作和亲身体验的过程中,其所传达的审美趣味和价值观在潜移默化地影响着儿童,它们是中华优秀传统文化传承和传播的重要方式。在开发和选择玩教具和图画书等教学材料时,应该支持和引导幼儿园结合中华优秀传统文化的内容,挖掘节庆活动、传统习俗、民间游戏等文化资源,"充分利用当地自然和文化资源,为幼儿提供有利于激发其学习探索、安全、丰富、适宜的玩教具和游戏材料",例如,端午节的布老虎、清明节的风筝、元宵节的花灯、春节的舞龙等节庆玩教具;《我是花木兰》《香香甜甜腊八粥》《方脸公公和圆脸婆婆》等展现中华优秀传统文化的原创图画书,都是开展中华优秀传统文化教学的良好材料,当教师为幼儿提供了这些带有文化特征的"有准备的材料"时,当幼儿在教师引导下与这些材料进行亲切而有趣的互动时,幼儿就能在积极的情绪中认识和理解我国的节日文化、生活习俗和优秀传统文化,幼儿的中华优秀传统文化精神也从中得到滋养。

3. 幼儿园与家庭、社会合作共同落实中华优秀传统文化教育

在幼儿阶段传承中华优秀传统文化依赖于幼儿园与家庭、社会共同协作。家园共育是幼儿园教育的重要组织与实施方式,即通过家长与幼儿园教师的

合作，双方互通信息、互相支持与配合，改变幼儿教育以幼儿园为主、家庭为辅的弊端，使家庭教育和幼儿园教育在教育目标上一致、教育内容上互补、教育方法上共通，从而实现最佳的教育效果，真正促进幼儿的全面发展。[6]将中华优秀传统文化融入家园共育，既是指引导家长积极参与幼儿园组织的各项传统文化教育活动，与幼儿共同体验中华优秀传统文化魅力，践行中华优秀传统美德，弘扬中华优秀传统文化；也是指家长在家庭教育中应注重言传身教，以爱国守法、遵守公德、珍视亲情、勤俭持家、邻里和睦等良好的家风家教，营造传承中华优秀传统文化的家庭教育氛围。除此之外，幼儿园还需要与社会紧密联系。社会中蕴含着丰富的中华优秀传统文化教育资源，幼儿园可以充分利用文化馆、图书馆、美术馆、名胜古迹、文化遗产等社会公共教育资源，与社会形成推进中华传统文化教育的合力。

（三）"如何传承"：将中华优秀传统文化融入幼儿园教师教育的路径

幼儿园教师是幼儿教育传承中华优秀传统文化的实施者，有必要将中华优秀传统文化融入幼儿园教师教育和教师评价，以此提高幼儿园教师传统文化教育能力。

1. 融入幼儿园教师教育

我国幼儿园教师仍存在文化素养整体偏低、中华文化底蕴不足的问题，因此必须将中华优秀传统文化融入幼儿园教师教育中，并对中华优秀传统文化融入幼儿园教师教育的目标、内容、方式与评价进行统筹规划与顶层设计。幼儿园教师教育应以提高幼儿园教师的关键岗位胜任力为根本目标，而不是为了提高传统文化素养而彻底改变目前教师教育的思路和格局。教师教育学校应该结合综合主题活动、区域游戏、生活活动、阅读活动以及户外活动这五种幼儿园基本活动，也就是教师日常工作要胜任的关键岗位任务，认真分析这五种关键岗位任务对幼儿园教师的能力要求，在此基础上设置由理论型课程（如中华优秀传统文化知识）、实践型课程（如中华优秀传统文化融入的综合主题活动设计与指导）与反思型课程（如文化观、教育观、儿童观等）构成的三位一体课程体系。开发系统的课程资源和教学材料，采取理论培训、实践反思、专题教研、参观体验、研学旅行等多元化方式对教师展开培养培训，并联合幼儿园、政府部门建立自评与他评相结合的中华优秀传统文化融入的教师教育评价体系，从评价方法、工具与技术等方面多方位协调，科学有效评估中华优秀传统文化教师教育效果。总之，融入中华优秀传统文化的幼儿园教师教育应以岗位胜任为导向，全面增强教师教育目标的针对性、内容的适宜性、方式的有效性以及评价的系统性，以此提高教师的中华优秀传统文化教育能力。

2. 纳入幼儿园教师评价

将中华优秀传统文化教育能力纳入幼儿园教师评价体系，是指将其融入幼儿园教师资格准入标准和幼儿园教师工作评价体系。一方面，通过将中华优秀传统文化教育能力融入教师资格准入体系，加大中华优秀传统文化内容在幼儿园教师资格考试中的比重，有利于从源头上解决幼儿园传统文化教育的师资缺乏问题；另一方面，有利于激发教师在日常教育教学中主动承担中华传统文化教育的职责。

参考文献：

[1] 王燕飞, 周平. 中国边疆研究的国家立场的坚守者——人类学学者访谈之八十 [J]. 广西民族大学学报（哲学社会科学版）, 2017, 39 (03): 30–35.

[2] 霍力岩, 高宏钰. 关键经验：基本内涵与主要特征 [J]. 幼儿教育（教育教学版）, 2015 (11): 16–18.

[3] 廖军和. 儿童"读经"问题引发的争论 [J]. 中国教育学刊, 2006 (3): 14–17.

[4] 霍力岩, 胡恒波. 构建有中国底蕴的启蒙教育体系 [N]. 光明日报, 2017–11–09 (02).

[5] 刘焱. 幼儿园自制玩教具活动的意义、指导思想和评价标准 [J]. 学前教育研究, 2007 (09): 24–30.

[6] 胡碧霞. 试论家园共育的实践模式 [J]. 连云港师范高等专科学校学报, 2013 (2): 84–87.

第二节 革命传统教育

红色基因传承的"临沂样板"

刘金松[①]

山东省临沂市是全国著名的革命老区、沂蒙精神发源地、红色基因富集区。2013年11月，习近平总书记视察临沂，就弘扬沂蒙精神发表重要论述，深刻揭示了沂蒙精神"水乳交融、生死与共"的鲜明特质，强调"沂蒙精神与延安精神、井冈山精神、西柏坡精神一样，是党和国家的宝贵精神财富，要不断结合新的时代条件发扬光大"。如何传承、弘扬沂蒙精神这一宝贵精神财富，让革命老区立足新时代、展现新作为、焕发新风采？近年来，临沂市落实立德树人根本任务，以实施红色基因传承发展工程为抓手，通过以"市域统筹、项目引领、分层实施、整体推进"为主要特征的育人举措，形成了"四融入四结合"红色基因传承的"临沂样板"，让学生系统化地学习、体验和感受沂蒙精神，有效解决了青少年学生理想信念缺失、知行合一能力不足等问题。

一、加强顶层设计，架构红色教育体系

早在2014年，临沂市就立足区域红色资源优势，逐步构建起"政府重视、学校推进、社会支持、家长参与、学生喜爱"的红色教育格局。临沂市委先后印发《沂蒙精神发扬光大工作方案》《"弘扬沂蒙精神·传承红色基因"十大行动实施方案》，在市级层面宏观架构体制机制，为弘扬沂蒙精神、传承红色基因提供政策遵循。市委教育工委出台《临沂市教育系统实施红色基因传承发展工程工作方案》，创新实施"716"工程，以"课程深化工程""示范课堂工程"等7大行动为纲，深入推进"举办沂蒙精神文艺展演""组建教育系统沂蒙精神宣传队"等16项活动；深度挖掘红色史料，组织编纂了

---

① 刘金松，山东省临沂市教育科学研究与发展中心。

《沂蒙红嫂志》《八路军第一一五师在沂蒙》《沂蒙革命根据地全史》《中共中央山东分局在沂蒙》等重点图书；创新开展了"不忘初心、军魂永驻"口述历史视频拍摄，完成了对199位老革命战士的拍摄采访，极大地丰富了史料库。

临沂市注重全学段、一体化设计红色教育地方课程。小学阶段围绕政治思想与道德启蒙，注重选择革命故事、革命文物、革命歌曲等，激发学生对革命领袖、英雄人物的崇敬之情和学习意愿，体现出具体性、形象性、灵活性的特点；初中阶段围绕政治觉悟提高和品德锤炼，注重选择各个历史时期的重大历史事件、伟大成就，使学生了解中国共产党领导中华民族从站起来、富起来到强起来的历程，做到知史爱党、知史爱国、知史爱军，努力用实际行动把红色基因传承下去，展现奋发进取的精神面貌；高中阶段围绕政治认同和精神升华，注重选择诠释革命精神的作品，引导学生厚植爱国主义情怀，增强国防观念和忧患意识，坚定"四个自信"，坚定为中华民族伟大复兴而奋斗的理想。

2019年，为深入推进红色教育工作，扎实推动沂蒙精神往深里走、往实里走、往心里去，临沂市教育局等6部门联合印发《临沂市创建传承红色基因示范市三年行动方案》，建立联席会议制度，明确提出以创建山东省中小学传承红色基因示范市为动力，以传承红色基因为主线，以弘扬沂蒙精神为重点，建设符合中小学生身心发展特点、教育教学方式丰富的红色基因传承发展体系，为新时代青少年理想信念和爱国主义教育提供"临沂样板"，确定了2020年为"梳理规范年"、2021年为"深化提升年"、2022年为"总结推介年"。2020年11月，全国基础教育课程综合改革实验区红色文化教育现场会在临沂召开，临沂市、县、校三个层面传承红色基因的经验做法，受到与会人员的高度评价和认同。

二、注重深度融合，打造红色教育样板

为了系统推进红色教育，让广大中小学生成为沂蒙精神的传承者、实践者、验证者，临沂市通过深挖资源、重点攻坚、项目突破，做深、做实了深度融合文章。

（一）将沂蒙精神融入教育教学，做到课内与课外相结合

1. 以思政课程为抓手，充实学校红色教育资源。自2012年起，临沂市通过将沂蒙精神纳入学校教育教学计划、设计专题性课程、编写《沂蒙精神教育读本》等形式，按照"小学讲故事、初中讲历史、高中讲精神"的思路进行一体化设计，要求全市各中小学每学期安排沂蒙文化课程不少于5课时，班、团、队会不少于3个红色文化专题教育，做到有课时、有教案、有主题，将以"沂蒙精神"为代表的红色教育资源融入思政课教学，实现红色基因传承与新课程改革相结合、相促进。制定《关于沂蒙精神教育融入小学、初中、高中思想政治课教学的指导意见》，对每个模块的教学实施提出具体方案，推出教学案例，推动沂蒙精神进学校、进课堂。

2. 以课外活动为载体，丰富学生红色情感体验。临沂市把握重要节庆日以及国家公祭日、烈士纪念日和重要人物纪念日等时间节点，挖掘重要节庆日、纪念日蕴藏的丰富教育资源，先后开展各项展示活动80余场，各类主题宣传教育实践活动2600余场次，引导广大中小学生抒发热爱党、热爱祖国、热爱家乡的真挚情感。例如，临沂市推选的大型校园情景剧《沂蒙红嫂颂》在山东省"齐鲁情"艺术大赛中获得优异成绩并进京演出；临沂第二中学原创的《八女投江》《沂蒙颂》《春知沂蒙》等系列舞蹈作品，多次参加省级、国家级舞蹈大赛和文艺展演并取得优异成绩。各中小学通过现场教育，开展走访红色文化建设模范村、"老革命"、老党员等爱国主义教育活动，感受革命战争年代"120万人拥军支前、20万人参军参战、10万人血洒疆场"的壮丽史诗，"最后一块布做军装、最后一口饭做军粮、最后一个儿子送战场"的沂蒙佳话在学生中间传唱不绝。

（二）将沂蒙精神融入学生生活，做到校内与校外相结合

作为沂蒙精神的发源地，为满足不同阶段学生的多元化发展需求，临沂市将校内阵地建设与校外研学有机结合，充分整合校外教育资源和社会资源，将全市68处红色教育基地、907处校外教育实践基地全部纳入红色教育校外实践版图。

1. 在校内探索红色教育多样化。临沂市紧抓校内红色教育主阵地，科学设计并开发红色教育和研学课程，编写适应不同学段使用的红色研学用书，鼓励学校探索红色教育研学新模式。例如，沂南县教育和体育局研发的《沂蒙红色研学旅行课程》被山东省教育厅评为全省第一批研学旅行示范课程；《沂蒙精神教育（高中）》填补了山东省沂蒙精神教育高中学段的空白，《青少年党史国史教育读本》《谁不说俺家乡好》《沂蒙精神》《将军精神》等也

是很好的学材；临沂第十八中学成立"新时代思想学习社"，引导学生学习习近平新时代中国特色社会主义思想，追寻习近平成长足迹等，在学生和社会中引起很大反响。

2. 在校外探索研学实践特色化。临沂市充分利用区域红色教育资源丰富的优势，发挥全国研学实践教育基地（营地）的引领示范作用，先后开发了以"传承红色基因、弘扬革命精神""红嫂精神永不息"等为主题的6条精品红色研学线路。一方面，积极推动沂蒙精神"走出去"，接纳全国20多个省市3190余名师生开展研学实践活动。另一方面，带领学生"走出去"，共组织"弘扬沂蒙精神 传承红色基因"沂蒙行研学实践活动55期，61所学校30357名学生参加；"美丽齐鲁"齐鲁行研学实践活动15期，29所学校934名学生参加；"美丽中国"华夏行研学实践活动5期，4所学校853名学生参加。

3. 分层推进红色教育课程化。临沂市紧盯育人目标不放松，结合实际，充分挖掘，全面构建"弘扬沂蒙精神、传承红色基因"系列化课程，进行全员育人、全程育人、全方位育人。发挥道德与法治、语文、历史三门课程的主阵地作用，突出综合实践活动课程的独特优势，并在其他学科课程中渗透落实。注重校本课程地域特色，充分挖掘文化名城、沂蒙精神、乡土文化等地域资源，全市中小学已开发《追寻红色记忆》《沂蒙精神伴我成长》等近2000门具有临沂特色的校本课程，在立德树人课程体系中融入临沂元素，彰显沂蒙本色。

（三）将沂蒙精神融入校园文化，做到线上与线下相结合

临沂市坚持以文化人、以文育人，充分发挥网络传播优势，推动红色教育工作和信息技术高度融合，使红色精神通过线上线下两个维度融入校园文化。

1. 打造线下教育平台。临沂市注重把沂蒙精神贯穿融入文明校园、文明城市建设全过程，从细节处发挥"以文化人、以文育人"作用，连续两年在全市各级文明校园内部及周边建设一批以"沂蒙精神"为主要元素的雕塑小品、文化走廊、地标小筑等户外宣传阵地，全市共打造沂蒙精神雕塑小品13处，沂蒙精神专题宣传栏300余处。例如，沂南县换于红军小学打造的革命传统文化展室，将人民子弟兵将帅、"沂蒙红嫂""沂蒙母亲"等英雄模范人物以及能体现战争年代的遗存物品一一展现出来，让学生不出校门就接受了

浓浓的革命传统教育。

2. 拓展线上宣传途径。依托校园网站、"两微一端"、智慧教育云平台创建传承红色文化的名站名栏，定期创作发布优秀网络作品。依托微信公众号平台开设《我的家乡沂蒙山》栏目，编发《沂蒙山小调诞生记》《乳汁救伤员》等"红色有声故事"50余篇、优秀课例100余个，利用全市1000余个校园广播站和市级宣传媒体常态化传播红色革命故事。开展沂蒙红色故事网上答题，吸引全国近百万青少年参与，社会各界好评不断。

（四）将沂蒙精神融入教育发展，做到理论与实践相结合

1. 以课题研究丰富红色教育文化内涵。立足临沂市高等教育资源，按照"大学+"模式，探索红色教育课题研究新思路。在临沂大学成立沂蒙文化研究院，承办"三山一坡"革命精神研讨会等全国性学术会议；在临沂大学正式挂牌成立山东省大中小学红色文化传承研究指导中心，协助山东省教育厅组织实施全省教育系统红色文化传承工程的研究、指导、服务工作。先后获批省部级课题40余项，出版专著30余部，发表论文200余篇，获批国家社科、教育部人文社科项目及山东省社科规划重大项目。

2. 以项目引领拓展红色教育实践形式。临沂市围绕"办好老区人民满意教育"的目标，以弘扬沂蒙精神为灵魂，推进红色教育项目化。坚持重点项目集中突破，将"校外+红色交互融合"列为全市弘扬沂蒙精神十大行动之一，将"传承红色基因"列为市委教育工委书记突破项目，构建"红色+学校党建""红色+学生德育""红色+劳动教育""红色+传统教育"四模块建设，集聚优势力量对重点项目进行重点突破。2019年，《红色基因代代传：小学红色教育课程群的构建策略与实施路径的研究》《沂蒙精神教育融入高中思想政治课教学研究》《小学阶段沂蒙红色基因课程的开发与实施》三个项目，被山东省基础教育教学改革项目批准立项并获资金支持。2020年，《五育融合视域下沂蒙文化课程开发研究》被教育部基础教育课程教材发展中心立项为基础教育课程改革实验区重点课题。

三、坚持全面育人，整体提升师生素养

"培养什么人、怎样培养人、为谁培养人"是教育的根本问题。临沂市通过实施"四融入四结合"育人策略，形成了"校校有项目，班班有特色，师生齐参与"的立体化红色教育格局，改变了学校在落实社会主义核心价值观

教育内容和方式方法上普遍存在的单调呆板、资源配置不足等问题，促进了学校铸魂育人能力、师生核心素养和教育教学质量的全面提升。

红色教育资源的有效整合，不仅使学生也使教师实现了由传统、单一的封闭式学习向跨时空、跨学科的综合性学习转变，在国家课程的深度融合、地方课程的一体化设计、校本课程的地域特色方面做出了成效，研学课程的沂蒙内核以及红色教育的项目化、活动化等使核心价值观教育得到了有效落实，促进了学生个体生命的健康、和谐成长。在弘扬沂蒙精神、传承红色基因的过程中，师生更多地了解了沂蒙故事，接受了沂蒙精神的熏陶和红色教育的洗礼。教师在授课过程中做到了"三会"：一是会讲理想信念，把理想信念的要求具体化，融入教案设计、课堂授课中，当好学生健康成长的指导者和引路人；二是会讲沂蒙故事，熟知沂蒙历史，把不同时期的100个先进人物故事用喜闻乐见的形式讲给学生听，让学生了解并以其为榜样、偶像；三是会讲传统文化，对孔子72贤徒中的13位、24孝中的7位临沂人都能如数家珍，并根据不同教育教学情境适时讲给学生听，收到了意想不到的效果。正是有了沂蒙精神的激励，广大学生敢于拼搏、勇争一流。例如，郯城第一中学女子足球队先后荣获2017年中国中学生足球锦标赛冠军、2018年中国中学生足球协会杯冠军，沂蒙山区的足球还走出国门代表国家参加世界中学生足球锦标赛。正是有了沂蒙精神的激励，广大学生踊跃参军、报效祖国，近三年来就有4600余名应届毕业生参军。正是有了沂蒙精神的激励，从临沂走出去的学生诚信为本、敢为人先，每年都有近万名毕业生投入市场大潮中，仅习近平总书记视察过的临沂商场每年就能吸引约1500名学生就业创业。

当然，临沂市在推进红色基因传承教育的过程中，仍存在一些不足。例如，由于资源配置和师资水平的限制，红色教育氛围不浓、长效机制和内容系统性缺乏、红色教育活动单一等问题还比较突出，这些在今后工作中都有待进一步研究和解决。

统编语文教材革命文化选文与教学策略

许 丹[①]

统编语文教材在编排选文时从立德树人的战略高度出发,加大了对革命传统教育文章选篇的力度。作为统编语文教材的重要内容,革命文化在很大程度上承载着新时代语文课程以文化人、全面育人的重任。然而,一段时间以来,一些人认为革命文化离新时代生活太遥远,已无法满足在新时代环境中成长起来的人的精神需求和价值选择。面对现代文明的冲击,革命文化的价值遭到消解,革命传统教育面临严峻挑战。习近平总书记强调,"革命传统教育要从娃娃抓起……使红色基因渗进血液、浸入心扉,引导广大青少年树立正确的世界观、人生观、价值观",这为加强和改进革命文化教育指明了方向。立足新时代,需要挖掘与激活革命文化选文及其教学潜力,体现革命文化教学在精神塑造与价值导引方面的价值,在促进革命文化传承的立德树人实践中构建有效的教学策略。

一、统编语文教材革命文化选文简述

革命文化是中国共产党领导中国人民在长期革命实践中创造的具有中国精神、中国力量和中国价值的独特文化形态。新时代,革命文化作为精神塑造与价值导引或培育的重要资源,为实现人的美好精神生活提供了丰富的教育内容。课堂教学是革命文化精神传承的重要渠道。从革命精神维度对革命文化选文进行梳理,挖掘和激活其内蕴的育人资源,对学生理解并传承革命文化精神、将其内化于自我的精神世界和价值观念,引导学生追求有意义的生存与发展方式、塑造美好生活,具有重要的理论意义与现实意义。

统编语文教材中,革命精神的内涵主要体现在革命理想主义、革命英雄主义、革命乐观主义和革命集体主义四个方面。

革命理想主义。革命理想是对共产主义全部事业的科学信仰和坚定信念,在现实中,它表现为对共产主义实践的各种具体目标的追求和奋斗。这在统

---

① 许丹,安徽省池州市东至县胜利中心学校语文教师。

编语文教材中多以诗歌的形式体现。如统编语文七年级上册的《天上的街市》、九年级下册的《月夜》、高中必修上册的《立在地球边上放号》《红烛》等，体现了五四前后知识分子对民族自由的向往和对理想社会的企盼；七年级下册的《土地的誓言》《黄河颂》、九年级上册的《我爱这土地》、九年级下册的《祖国啊，我亲爱的祖国》《风雨吟》等，展现了不同革命时期文人志士对祖国深切的眷恋或忧思；也有表现在"文化大革命"后对中国走出黑暗、摆脱封闭、走向开放心怀迫切愿望的统编语文高中必修上册的《哦，香雪》，以及毛泽东主席呼唤树立马列主义新文风的《反对党八股（节选）》等，这些选文集中体现了以热爱祖国、热爱人民、热爱祖国文化与政治制度为内容的革命信仰。

革命英雄主义。中国历史不乏解黎民于倒悬、救国家于危难的英雄豪杰，革命英雄主义正是继承了中华民族精神的民族禀赋，在革命实践中又赋予这一民族基因新的时代内涵的表现。这集中体现为中国共产党及其领导的人民军队为了救国救民，以一不怕苦、二不怕死，勇于担当，敢于牺牲为核心内容的革命精神。教材中，表现革命英雄主义内容的选文不在少数，如统编语文四年级下册的《小英雄雨来（节选）》《黄继光》、六年级上册的《狼牙山五壮士》、七年级下册的《说和做——记闻一多先生言行片段》《邓稼先》、八年级上册的《消息二则〈我三十万大军胜利南渡长江〉〈人民解放军百万大军横渡长江〉》与下册的《最后一次讲演》以及九年级下册的《梅岭三章》等，通过具体的人物事迹表现出革命英雄人物无论是在生活态度还是在政治觉悟与献身精神上，都是高度的统一，具有敢于压倒一切敌人、战胜一切困难、不屈服于一切倒行逆施，为共产主义事业甘于奉献、敢于牺牲的革命精神，他们用实际行动生动地诠释了共产党人对革命理想的坚贞。

革命乐观主义。革命乐观主义是党和人民用精神状态诠释对革命事业的坚定信念，具体表现为对革命胜利始终具有积极进取的向上心态和奋发有为的革命热情。毛泽东作为中国共产党的领袖人物，面对艰窘困厄的征途，他靠着笔杆子和枪杆子，从艰苦卓绝的井冈山斗争到千难万险的长征路，从硝烟弥漫的抗日战争到解放战争，打一路写一路，其诗词洋溢着革命乐观主义豪情，鼓舞和引领人民军队一路向前，直到胜利。教材中，体现革命乐观主义内容的选文除了统编语文六年级上册的《七律·长征》、九年级上册的《沁园春·雪》与高中必修上册的《沁园春·长沙》，还有八年级上册的《白杨礼赞》、九年级上册的《中国人失掉自信力了吗》等，其中蕴含的气魄、胸怀和境界不仅仅是创作者革命精神的体现，更是革命时代广大人民群众革命理想和革命乐观主义的折射。

革命集体主义。中国共产党是无产阶级政党，始终代表着中国最广大人民的根本利益，全心全意为人民服务，它所创造和领导的革命文化必然以集体主义为根本原则，即"共产主义道德的基本原则只能是忠于共产主义事业的集体主义原则"[1]。革命集体主义是共产主义道德的核心，以符合人民群众利益为行动出发点，以顾全大局、友爱互助、自我牺牲的奉献精神为表现形态。教材中，体现革命集体主义的如统编语文五年级下册的《清贫》、六年级上册的《灯光》及下册的《为人民服务》《金色的鱼钩》、七年级上册的《纪念白求恩》与下册的《太空一日》、八年级上册的《"飞天"凌空——跳水姑娘吕伟夺魁记》以及高中必修上册的《喜看稻菽千重浪——记首届国家最高科技奖获得者袁隆平》与下册的《青蒿素：人类征服疾病的一小步》等，选文所写人物无不将集体利益放在第一位，以为共产主义事业而奋斗作为人生追求，坚持集体利益高于个人利益的原则。又如七年级下册的《驿路梨花》中的解放军、梨花姐妹和老人，为方便过路人依次照料小茅屋，他们处处为他人着想，说明了集体主义精神已经在军民中发扬光大。

二、统编语文教材落实革命文化教学策略

挖掘革命文化选文内蕴的精神内涵，深化与激活革命文化教学的更多责任、活力，将精神塑造和价值导引或培育有机寓于课堂教学全过程，不仅是统编教材在新时代的必然要求，而且有利于更好地解答"为谁培养人""培养什么人""怎样培养人"的根本问题，实现革命文化的现代传承。为此，在革命文化教学中，须坚持古今转化和课内外转化、文化育人与美好生活育人的策略，以更好地继承并发展革命文化，实现立德树人。

（一）坚持古今转化和课内外转化

革命文化形成于战火纷飞的年代，其时代环境离当代青少年已比较久远，生活在和平年代的青少年很难感同身受，并且随着时间的流逝，有人认为革命文化与现实生活的联系已断裂，代际隔阂造成人们对革命文化的漠视，这在一定程度上给革命文化教学带来了挑战。要推动革命文化的创造性转化、创新性发展，其核心意蕴就是要按照时代发展的特点，赋予其新的时代内涵

和现代表达形式，激活其生命力，使之适应现实社会发展的需求，继续散发出强大的号召力。

首先，坚持古今转化。古今转化实质上就是要处理好文化发展过程中古与今的问题，当革命文化进入课堂时，教师要做的主要包括内容转化、方式转化与形式转化。具体来说，就是要在实际教学中建立文本中蕴含的革命精神内涵与当今时代发展需要、与社会主义核心价值观的联系，使青少年意识到革命精神中蕴含的民族独立、国家富强与人民幸福的理想信念依然是新时代实现中华民族伟大复兴的不竭动力，并且与社会主义核心价值观在国家、社会、个人层面的践行有着高度一致性，通过内容上的古今转化消除对革命文化的代际隔阂，产生认同与亲近。例如，面临世界百年未有之大变局，中国在全面深化改革进程中定会遇到难啃的骨头、难越的高山、难涉的险滩，新时代需要英雄，而革命英雄主义正是滋养时代新人的精神之钙。此外，革命文化选文讲述的多为革命时期的重大历史事件或英雄人物事迹，如统编语文七年级上册的《纪念白求恩》，为了表现白求恩在革命时期做出的卓越贡献，内容往往需要去生活化，话语表达具有浓厚的政治色彩，所蕴含的情感态度价值观体现出崇高性，"共产主义""无产阶级事业""浴血奋战""反抗压迫""解放斗争"等话语与当今中学生的现实生活存在一定距离。语文课堂上，教师要注意将选文中的英雄人物与学生生活世界的人物相对接，如将白求恩与我国援外医疗队建立联系，把抽象的白求恩精神放置在具体社会环境之中并结合生活中的实际案例进行体悟，领会白求恩精神在新时代的新内涵；要注意将文本话语转换为学生愿意听、听得懂、感受得到的表达方式，如将战争年代的崇高性话语转换为当代学生为实现美好生活而勇敢追求的价值性和激励性话语，以呼应新时代追求公平正义、民主法治的"中国梦""民族复兴"的时代主题。最后，还要实现形式上的古今转化，与时代发展语境相结合。在"互联网+"时代，革命文化文本的呈现形式不能再局限于传统、单一的文本形式，教师可以将其转化为"微故事""微视频"等，如学习统编语文八年级上册的《白杨礼赞》一课后，引导学生发现身边具有"白杨精神"的人物，用图文并茂的形式写一写他们的故事，或者拍摄能体现他们精神的微视频并配以文字说明，借助网络媒体、移动客户端等媒介在班级交流平台进行展示、交流，转静态文字为形象画面，使具有革命精神的人物立体地展现出来，以当代学生喜闻乐见的形式让他们在"默会"中受到革命精神的感染，在不知不觉间传承与弘扬革命文化精神。

其次，坚持课内外转化，打通课堂与社会生活的联系。一方面，可以结合本地革命文化资源开展相关活动，鼓励学生走出课堂，通过实地走访革命遗址或人物故居，在访问与调查、资料收集与整理、撰写读书心得中潜移默化地接受革命精神的熏陶；还可以结合语文学科特点组织一些与语言文字相关的活动，如诗歌朗诵、读书交流、原创作品征集等，深入了解、体会革命历史背景及英雄人物的精神品质。另一方面，可以将课内学习主体向课外生活主体转化。例如，一位小学教师在教学四年级上册的《为中华之崛起而读书》一课结束时说了这样一段话："这个故事发生在1910年，距今110年，而我们学校自建校以来已有145年，作为这所百年老校的学子，此刻我们是不是也应该问问自己'我是在为什么而读书，我的读书志向又在何处'？我们生在和平年代，或许从未思考过这样一个严肃的问题，但其实每个时代都面临着新的挑战，我们也有自己的使命。"这位教师在结课时由学习课文引向自我反思，引导学生带着思考走向课外，让价值引领自然渗透、润物无声，给了我们有益的启示。

（二）坚持文化育人

文化之于人的发展有着重要意义。文化是由人创造的，但又反作用于人，影响并制约着人的思想观念与行为方式，成为文化的创造物，实现"人化"与"文化"。在某种意义上，教育教学的本质就是实现人与文化之间的双向建构，发挥着以文化人的功能。

革命文化作为中华文化的重要构成部分，蕴含着深厚的民族精神与社会核心价值。教师在课堂教学中，要注重挖掘、彰显革命文化选文蕴含的精神要素，将教学根植于文化精神、文化价值观之中，而不是作为冰冷的知识进行简单处理，将相关结论直接灌输给学生。对选文进行深入思考与分析，引导学生自主探究并体会文本所传递的文化意蕴，由浅表的知识学习走向深度的文化体悟，进而促进其对文化的理解与认同，是革命文化教学的关键。

语言、文字既是人类文化重要的组成部分，又是文化的载体，学生阅读语言文字的过程，就是体验、内化其中的文化因素以建构自身的文化心理结构，涵养丰富精神世界的过程。就革命文化教学而言，为拉近学生与文本的距离，教师要有意识、有目的地唤醒学生的感知觉并引导学生走进作者的语言世界，通过与文字背后潜藏的革命文化精神、价值观念对话、交流，在文化理解与文化反思中建立起自我与社会的价值关系和意义关系，促进对革命文化精神的认同与内化。

此外，教师还要意识到文化育人是一个复杂的过程。首先，它需要各种因素协同作用，如教学主体（主要指教师）的素养、教学方法的运用与教学环境的创设等；其次，与显性的知识教育不同，文化育人是价值、精神的隐性教育，能够起到润物无声的教育效果，对学生的人格完善、思想净化、行为规范与情操陶冶具有深远而深刻的意义；最后，文化育人的最终目标在于"成人"，即促进学生成长为一名合格的中国人，成长为能够为国家富强、社会和谐、人民幸福，为中华民族伟大复兴而奋斗的时代新人。

（三）坚持美好生活育人

中国革命的胜利与社会主义建设、改革开放时期取得的伟大成就，反映出革命主体具有崇高的人物形象与价值追求，彰显着一种美好的生活方式。在新时代，教师要引导学生理解革命时期英雄人物对自我生存与发展方式的思考与选择，感受他们赋予艰苦生活以"美好"的向度，追求一种发现美好生活、创造美好生活、共享美好生活的人生理想。

在革命文化教学中坚持美好生活育人，具体而言，一是革命文化教学要培养学生自主选择美好生活的能力。人虽然具有趋乐避苦的本能，但这并不代表人天生就具有实现美好生活的能力，教师在教学中要帮助学生形成或提升追求美好精神生活的能力。例如，要多了解学生的思想困惑和心理需要，注重以"反思—对话"式教学让学生围绕文本进行多重深度对话与反思，用革命英雄人物高尚品格唤醒学生的崇高感，鼓励学生通过自省摆脱享乐主义的影响，促进对自我生命价值与生活意义的思考，辨别何谓好的人生、好的生活、好的价值，从而在世俗的生活中发现真善美，自觉追寻美好生活。

二是革命文化教学要回归本真生活，鼓励学生积极创造美好生活。革命文化文本内容孕育于艰苦的时代环境，思想内容彰显出一种崇尚美，同当下和平安逸的社会生活相去甚远，与平庸鄙陋的日常生活相互排斥。目前，虽然没有遇到饥寒交迫、枪林弹雨的困境，但在实现中华民族伟大复兴中国梦的过程中，我们依然面临严峻的国际意识形态环境与迫切的国家发展需要。教学时，教师可将革命精神嵌入当下生活，引导学生处理好奋斗与享受的关系，明白一代人有一代人的责任与担当，新时代同样需要我们继续发扬艰苦奋斗、无私奉献的革命精神去创造更美好的生活。

三是革命文化教学要面向生活实践，用美好生活鼓励学生树立远大理想。教学时，教师可以崇高的人物事迹激发学生对有意义的精神生活的追求，并在日常生活中有意识地去践行，由课内走向课外，由文本走向生活，深入开展社会实践活动。

总之，革命文化教学要立足新时代语境，回归日常生活，贯穿于追求美好生活的全部实践之中，调动学生的主体创造性与能动性去追寻值得过、有意义的生存与发展方式，塑造美好生活。

参考文献：
[1] 罗国杰. 马克思主义伦理学［M］. 北京：人民教育出版社，1982.

统编语文教材革命文化理解向度及其实践路径

刘 飞[①]

习近平总书记在庆祝中国共产党成立 95 周年的大会讲话中指出:"在 5000 多年文明发展中孕育的中华优秀传统文化,在党和人民伟大斗争中孕育的革命文化和社会主义先进文化,积淀着中华民族最深层的精神追求,代表着中华民族独特的精神标识。"[1]党的十九大报告中再次点明:"中国特色社会主义文化,源自于中华民族五千多年文明历史所孕育的中华优秀传统文化,熔铸于党领导人民在革命、建设、改革中创造的革命文化和社会主义先进文化,根植于中国特色社会主义伟大实践。"[2]祖国语言文字不仅是中华儿女的精神家园,还是中华文化的重要组成部分。以学习祖国语言文字为旨归的语文课程对"继承和弘扬中华优秀传统文化、革命文化、社会主义先进文化,培养文化自信,推动文化的创新发展,具有不可替代的优势"[3]。可以说,革命文化不仅是中国特色社会主义文化的重要组成部分,也是新时期我国语文课程的重要价值取向。语文教育场域内,作为培育时代新人的主要载体的统编语文教材自然也要对革命文化加以强调和体现。为此,本文重点就革命文化的内涵价值、理解向度以及实践路径三方面略做思考,以便更好地实现语文课程在革命文化教育方面的特殊价值及其应然使命。

一、革命文化:新时期语文课程文化素养发展新取向

(一)革命文化的基本内涵

"革命文化",顾名思义,即有关"革命"的"文化",而非"文化"的"革命"。前者侧重"革命"二字,后者侧重"文化"二字。早在 20 世纪初新文化运动时期就有"革命文化"一词,但那时主要用来表达对"文化"的革新之意。有研究者考察,"革命文化"最早由瞿秋白于 1923 年 6 月在《东方文化与世界革命》一文中提出,第一篇专门研究现代语境中"革命文化"的文章是秦至于 1993 年撰写的《民主革命时期宁波革命文化的特点》(《宁波

[①] 刘飞,南京师范大学课程与教学研究所博士研究生,淮阴师范学院教师教育学院讲师。

大学学报（人文科学版）》1993年第2期）。[4]2006年胡锦涛同志在党的第十六届六中全会提出"建设和谐文化是构建社会主义和谐社会的重要任务"之后，革命文化开始被人们广泛关注。2011年中国共产党第十七届中央委员会第六次全体会议通过《中共中央关于深化文化体制改革推动社会主义文化大发展大繁荣若干重大问题的决定》，其中重点强调文化生产创作要"弘扬民族优秀文化传统和五四运动以来形成的革命文化传统"，进一步加快了人们对革命文化的研究。而到了党的十八大后，"文化自信"助推了革命文化研究的深度与广度。到党的十九大后，革命文化已正式成为新时代中国特色社会主义文化的重要组成部分。因此，革命文化不是从来就有的，而是人们基于对历史的审视与反思，逐渐形成的一种价值观念和民族信念。

在思想政治教育领域，对革命文化的理解几已达成共识。人们普遍认为"革命文化就是中国共产党自成立以来，领导中国人民在激励中华儿女实现民族独立、人民解放，争取国家富强、人民幸福的过程中，将马克思主义基本原理同中国各个时期的具体实际相结合所形成的凝聚中国精神、汇集中国力量、展现中国风格的文化形态"[4]。据此可知，革命文化是马克思主义中国化的具体成果，是中国共产党及其领导的中国人民进行革命实践的结晶，具体可分为民主主义和社会主义两个时期，具有强大的社会凝聚力和精神维系力，是中华民族优秀的文化基因和特殊的文化形态。

（二）语文课程中革命文化的突出特点

《普通高中语文课程标准（2017年版）》在"修订工作的基本原则"第一条"坚持正确的政治方向"部分明确指出"继承和弘扬中华优秀文化、革命文化，发展社会主义先进文化"，并在"修订的主要内容和变化"中再次提及革命文化教育内容，这些无疑为统编教材编写和语文教学实践提供了文化取向的依据。然而，革命文化并非是语文课程的独担之任，中小学历史、道德与法治等课程中都有关于革命文化的学习内容。那么语文课程中的革命文化有何独到之处？其基本特征如何呢？

一般而言，从革命文化的革命本质来看，其具有鲜明的时代性、严格的科学性、深刻的人民性以及强烈的创新性。[5]而从生成演进历程来看，其彰显了继承性和发展性、民族性和世界性、科学性和政治性、群众性和创造性的内在辩证统一规律。[6]结合我们对革命文化的概念阐释，其还应具有阶段性、内生性、包容性和实践性等特点。

语文课程是围绕发展学生语文学科核心素养而展开的综合性、实践性课程。语文学科核心素养中的"语言、思维、审美、文化"是"一体三翼"的结构,其中"语言"是"体",主要表现在它不仅是语文学科素养核心中的核心,更是语文课程有别于其他课程的本质属性;"思维、审美、文化"为"翼",主要表现在它们是学生语文素养整体提升的重要支撑和关键依托。可以说,"三翼"以"一体"为核心,"翼"推动并促进"体"的有效发展的同时,"体"又反过来激励并维持"翼"的更好发展。换言之,四种核心素养"并非各自为政、单独推进,而是围绕'语言建构与运用'形成一个有机整体,协调推进"[7]。因此,作为"文化传承与理解"重要内容的革命文化自然也应紧密关联学生的"语言能力、思维品质、审美情趣"等要素来培育。

综上,语文课程中的革命文化除了具有一般特点外,还具有语言性、思维性和审美性,它们不仅是语文课程革命文化的独特品格,也是有别于其他课程革命文化的重要表征。

二、理解向度:统编语文教材中的革命文化多维阐释

(一)语文课程中革命文化的三种理解维度

语文课程中的革命文化作为一种具体的文化观点、文化理念、文化形态、文化精神、文化实践等,我们理应对其类型、价值进行理解维度的区分与剖析,这有利于我们更有条理、更有层次地进行课程阐释和教学实践。

首先,从"文化"内容指向来看,一般可分为物质文化、制度文化和精神文化三种形态。[8]因此,作为"文化"下位概念的"革命文化"也可据此进行划分。其中物质性革命文化属于革命文化体系的外在表现,主要是指中国共产党和中国广大人民在革命实践中所创造的物质产品及其使用的手段、方法等;制度性革命文化主要指在民主主义和社会主义两个时期中有关"革命"所形成的一套有组织的规范体系;精神性革命文化是一种深层次表现,主要指人们在长期的革命斗争中所形成的一种革命心理、革命观点、革命思想和革命理论。

其次,从个体学习进阶过程来看,"革命文化"还可从"知识—能力—素养"三个层面来区分。其中革命文化知识主要指那些被革命实践验证过且被人们所相信的、以编码后的既定陈述呈现的经验总结或认识结晶;革命文化能力主要指人们基于革命文化知识对相关革命文化事物进行观察、感受、判

断以及行动时所表现出的稳定的心理素质；革命文化素养主要指人们在进行革命文化理论思考或相关实践活动时自发或自觉地运用自身所具备的革命文化知识、技能、方法的总和。这三个层面有序相接、逐次递升，可看作是学生革命文化培养目标的三级质量标准。

最后，从语文课程基本特点"工具性和人文性的统一"的角度来区分，人文性革命文化主要侧重革命理想、革命精神、革命道德或革命信念等，其课程价值往往以无形渗透的方式呈现；工具性革命文化主要指革命实践范畴内的概念体系、认知特点、思维方法或行动策略路径等，其课程价值往往以亲历或行事的方式呈现。如果说人文性革命文化是一种"应知"角度的理解，工具性革命文化则是一种"能做"角度的阐释。前者靠滋养，后者靠践履，两者合一，成为语文课程革命文化的"应知能做"价值体系。

当然，以上三种视角及其具体划分，只是初步为我们构建了语文课程革命文化的理解维度及其分析框架，其中第三种视角最能体现语文学科的特点。

（二）统编语文教材中革命文化内容梳理

教材不仅需要透视社会文化，还要彰显国家意识形态。因此，作为中华文化"优质基因"的革命文化不仅在课程标准层面加以强调，还在统编教材中有所侧重。统编小学语文教材执行主编陈先云先生认为："革命文化题材可以分为四个领域，即国家、政党、榜样和民族精神。"[9]下面从教材选文角度按照学段前后顺序略作梳理（小学12册，初中6册，高中必修上下2册）。

首先，"国家"领域主要包括国土、国事、民族、节日等。对此，统编教材收录了如《难忘的泼水节》《冀中的地道战》《圆明园的毁灭》《开国大典》《黄河颂》《土地的誓言》《消息二则（〈我三十万大军胜利南渡长江〉〈人民解放军百万大军横渡长江〉）》《沁园春·雪》《我爱这土地》《沁园春·长沙》等。

其次，"政党"领域主要包括革命领袖、组织机构、政党制度等。对此，统编教材收录了如《吃水不忘挖井人》《朱德的扁担》《邓小平爷爷植树》《不懂就要问》《为中华之崛起而读书》《军神》《青山处处埋忠骨》《清贫》《为人民服务》《国行公祭，为佑世界和平》《红星照耀中国》《梅岭三章》《反对党八股》等。

再次，"榜样"领域包括英雄模范、仁人志士、时代楷模等。对此，统编教材收录了如《雷锋叔叔，你在哪里》《手术台就是阵地》《我不能失信》

《梅兰芳蓄须》《小英雄雨来》《黄继光》《灯光》《十六年前的回忆》《纪念白求恩》《邓稼先》《回忆我的母亲》《太空一日》《最后一次讲演》等。

最后,"民族精神"领域包括"五四"精神、延安精神、长征精神等。对此,统编教材收录了如《延安,我把你追寻》《七律·长征》《狼牙山五壮士》《老山界》《回延安》等。

此外,还有一些也可反映革命文化内容,但不太好归入以上四个领域的篇目,如《少年中国说》《小岛》《金色的鱼钩》《驿路梨花》《白杨礼赞》《中国人失掉自信力了吗》《红烛》《百合花》《拿来主义》等。

(三) 对统编语文教材中的革命文化进行框架分析

从以上内容不难看出统编语文教材对革命文化的重视。就小学阶段,12册教材共收录约320篇文章,其中近10%为革命文化题材,较以往各版本语文教材有显著提升。根据不同理解维度,可将上述内容重新整理如下:

第一,从"物质—制度—精神"视角分析,物质性革命文化主要有"地道战""圆明园""狼牙山""老山界"等革命遗址和"井""扁担""小岛""鱼钩"等革命遗物;制度性革命文化主要有"国庆节""公祭日""反对党八股""拿来主义"等;精神性革命文化主要有"敢于担当""勇于奉献""不怕牺牲""甘于平凡"等。

第二,从"知识—能力—素养"视角分析,革命文化知识主要有"圆明园的毁灭""开国大典""黄河颂""解放战争""为人民服务""领袖人物"等;革命文化能力主要体现为一种心理倾向,如"缅怀""感恩""诚信""奉献""崇高"等;革命文化素养主要体现为"革命精神的感染和践行""领袖人物的认知和效仿""英雄事迹的理解和传播"等。

第三,从"工具性—人文性"视角分析,工具性革命文化主要有"奉献国家""服务社会""维护和平""待人和善""年少立志"等,兼涉国家、社会和个人三个层面;人文性革命文化主要有"革命诗歌"(《沁园春·雪》《我爱这土地》《沁园春·长沙》《黄河颂》《七律·长征》等)、"革命故事"(孙中山、毛泽东、周恩来、邓小平等伟人故事和雷锋、雨来、黄继光、白求恩、狼牙山五壮士等英雄故事)和"革命精神"(长征精神、延安精神、雷锋精神、航空精神等)。

从上述框架分析来看,统编教材中的革命文化不但意涵丰富,而且具有极强的感召力和生命力。它们从不同角度展现了特殊时期先烈们在革命求索中前进的艰难历程，同时也昭示了新时期人民群众在不断奋进中体会革命文化和继承革命精神的优良传统。

三、实践策略：指向革命文化的教学方法体系构建

（一）明确语文课程中革命文化培育原则

语文课程革命文化的学习，不同于历史课程和道德与法治课程。如历史课程中分别有旧民主主义革命、新民主主义革命、社会主义革命的专章学习，尤其对各时期革命人物、事件及其影响等都有史实性记载和陈述，学生对相关革命文化的感受是较为直接的。道德与法治课程中也有革命文化的内容，但更多的是将之作为一种素材资源进行道德引导和思想培育。而语文课程中的革命文化，既是学习对象，也是学习手段，还是学习目的。因此，对应着需要注意以下三条实践原则。

1. 坚持语言思维与文化审美相一致

法国结构主义人类学家列维—斯特劳斯对语言与文化的关系作了三种概括：语言作为文化的一个结果，语言作为文化的一个部分，语言作为文化的一个条件。[10]语文教育专家倪文锦教授对此曾解释："语言不仅可以理解为是文化的产物，或者是文化的组成部分，语言还可以理解为是文化的一种基础、一种条件，语言是比文化更基础的东西。人类文化活动和文化成果，就是建立在语言的基础之上的，是由语言提供基本成分和结构的。如果说，语言是文化的产物，强调的是文化对语言的决定作用；语言是文化的一个部分，强调的是语言对文化的从属关系；那么，语言是文化的一种条件这一观点，强调的则是文化对语言的依赖性，强调的是语言对文化的决定作用。"[8]无论从哪个角度看，语言和文化都息息相关，语言学习就是文化学习。另外，从语文学科核心素养培育的角度看，语言具有思维性，文化具有审美性，也因此，语文课程中的革命文化学习，必须要紧扣语言、思维和审美要素，在语言思维和文化审美中或通过语言思维和文化审美去感受并体验革命文化。

2. 坚持话语实践和思想精神相统一

"工具性与人文性的统一"是语文课程的基本特点。其中"工具性"主要指"语文是学习的工具，是与生活密切相关的工具，是传承文化的工具"[11]。数学、物理、化学等课程实则也有工具属性，但语文的工具属性主要表现为话语实践性。正如美国语言教育家 C. Kramsch 所说："话语是意义载

体与反映,它具有表达双重声音的作用,既表达说话者个人想法和意向,又代表说话人所属语言群体的期望。两者形影不离,相互依存。"[12]作为国家意识形态之一的革命文化自然应具有话语经验或话语实践的特征。"人文性"主要指人文思想或人文精神,具体表现在文学教育方面,是对工具理性的一种批判和纠正,意在还语文课程以情感、思想、价值观等特征。革命文化显然具有精神指引和思想熏陶的价值,但语文课程中的革命文化学习不能仅局限于人文性价值,还要关注其工具性价值,这有利于学生德智齐飞,学用结合。

3. 坚持课堂内外或校园内外的双向互动

课堂内或校园内有关革命文化的学习,更多地表现为一种"识知",即"认识—知道"层次,如英雄人物事迹、革命精神内涵等。然而语言学习的终极目标始终是为将来的继续学习、工作、生活做准备[13],因此,对革命文化,除了"识知",更应注重"行知",即"理解—运用"层次。正如伽达默尔所认为的那样,理解、解释、运用犹如一个事物的不同侧面,是有机共存的。如果"识知"主要存在于课内或校内,那么"行知"就应该拓展到课外或校外,在社会生活行为中去践履革命文化精神,如穿着简朴、交友诚挚、为人诚实、勤做家务、乐于助人等;或者研学旅行目的地选择以具有红色经典文化的革命遗迹为主,通过直观认知和具身体察,进而加深对革命文化的内涵理解,强化对革命文化的道德实践。这也有利于勾连课堂内外,架起语文通往社会生活的桥梁。

(二) 构建指向革命文化的教学方法体系

结合革命题材选入内容和分析框架维度,大体可将统编语文教材中的革命文化汇总为四大类:坚定的革命理想信念(为中华之崛起而读书等),崇高的革命精神风范(不怕牺牲、艰苦奋斗等),高尚的革命道德情操(为人民服务、集体主义等),激昂的革命艺术形式(革命文学、音乐等)。但就校内课堂教学而言,前二者主要是依托具体的革命艺术形式(如革命题材的诗歌、小说、散文等)来显性直陈或隐性渗透。针对不同类型的革命文化内容,可构建如下教学方法体系:

1. 革命理想信念方面

革命理想信念是革命文化萌发的理论基底,主要指人们内心对革命事业形成的一种观念或怀有的一种信仰。"为中华之崛起而读书""星星之火,可以燎原""不忘初心,方得始终"等都是革命理想信念的具体表现,其中折射着中国人民对革命必将胜利、社会必将光明、祖国必将复兴的一种希冀和祈盼。这种类型的革命文化应该成为学生内心的一粒种子，随着年龄的增长逐渐发芽、开花和结果，教学方法主要以案例分析为主，案例可以来源于教材，也可以是教师补充的素材资源，重在引领学生达到"理解"的目标。

2. 革命精神风范方面

革命精神风范是革命文化成熟的核心标志，主要指人们在革命实践中形成的一种稳定的心理状态，表现为一种精气、神貌。勇于创新的"五四精神"、敢为人先的"红船精神"、不怕牺牲的"长征精神"、乐于奉献的"雷锋精神"等都是革命精神风范的具体表现，其中透露着革命实践的光辉岁月，积淀着伟大崇高的精神力量。这种类型的革命文化应为学生的日常学习和生活提供精神动力和行动指南，教学方法主要以"情境体验"为主，情境可以是文本情境或社会情境，重在引领学生达到"化用"的目标。

3. 革命道德情操方面

革命道德情操是革命文化发展的内在要求，主要指无产阶级的道德情感和革命坚定性的结合，表现为坚定的无产阶级立场、深厚的无产阶级情感和为实现共产主义理想不惜牺牲、坚强不屈的奋斗精神。"全心全意为人民服务""集体利益大于个人利益""劳动最光荣"等都是革命道德情操的具体表现，其中表达了对私有观念、个人主义思想彻底抛弃的意思。这种类型的革命文化能够为学生人格品质的良善发展助力，教学方法主要以"对话反思"为主，师生围绕文本或素材，以实践反思者状态进行多重对话与意义阐释[14]，重在引领学生达到"自省"的目标。

4. 革命艺术形式方面

革命艺术形式是革命文化传播的主要依托，主要指有关革命题材的文艺作品，如诗文、音乐、剧作等。语文教材中主要以有关革命题材的诗歌、小说、散文为主，如诗歌《七律·长征》《黄河颂》，小说《驿路梨花》《百合花》，散文《纪念白求恩》《反对党八股》，消息《我三十万大军胜利南渡长江》《人民解放军百万大军横渡长江》等，都是革命艺术形式的具体表现，其中展现了革命文化的多元主题和多样表达方式。此种类型的革命文化有利于培养学生的语言文字运用能力，更有利于学生通过语言文字去体会革命思想、感受革命精神、养成革命道德情操，从而以身作则地在社会生活中进一步继承和弘扬革命文化，教学方法主要以多种阅读后的"分析—体验—对话"为主，重在引领学生达到"理解继承—实践弘扬"的目标。

综上，可将语文课程中的革命文化及其教学方法体系构建如下（图1）：

革命艺术形式（诗歌、小说、散文等）｛革命理想信念——安全分析法（重在"理解"）；革命精神风范——情境体验法（重在"化用"）；革命道德情操——对话反思法（重在"自省"）｝ 理解继承 实践弘扬

图1

当然，语文课程实施革命文化教育，除了教材这个主要载体外，还需要一系列外在条件的保障，如进一步统筹规划三科统编教材中革命文化的教育内容和实施进度，进一步加强学校硬件设施建设（如多媒体、移动客户端、校园文化等），进一步将革命文化教育融入学生学业成就评价体系之中等。

总之，我们希望在语文课程中，通过革命文化教育的渗透，提升学生的文化自信，增强学生为中华民族伟大复兴而奋斗的光荣使命。

参考文献：

[1] 习近平. 习近平在庆祝中国共产党成立95周年大会上的讲话［N］. 人民日报，2016－07－02（02）.

[2] 习近平. 决胜全面建成小康社会 夺取新时代中国特色社会主义伟大胜利——在中国共产党第十九次全国代表大会上的报告［N］. 人民日报，2017－10－28（05）.

[3] 中华人民共和国教育部制定. 普通高中语文课程标准（2017年版）［S］. 北京：人民教育出版社，2018.

[4] 王晓丽，王俊飞. 改革开放40年来关于革命文化概念、价值、发展的研究［J］. 湖北社会科学，2018（7）：19－24.

[5] 徐利兰. 论中国"革命文化"的内容和特点［J］. 广东省社会主义学院学报，2003（3）：36－39.

[6] 张健彪，田克勤. 革命文化的历史地位及当代价值［J］. 中国延安干部学院学报，2017（5）：54－59.

[7] 刘飞. 高中语文新课标"课程内容"解读——兼与2003年版课标对比［J］. 教育研究与评论（中学教育教学版），2018（2）：27－32.

[8] 倪文锦. 文化强国与语文教材改革［M］. 北京：语文出版社，2015.

[9] 陈先云. "文道统一"原则下教材选编特点及教学建议——以统编教材中革命文化题材类文本为例［J］. 江苏教育（小学教学版），2019（10）：7－10，13.

[10] 克洛德·列维－斯特劳斯. 结构人类学［M］. 谢维扬，俞宣孟，译. 上海：上海译

文出版社，1995.

[11] 贡如云. 语篇阅读教学论［M］. 南京：南京大学出版社，2019.

[12] 邹工成. 华文教材编写研究［M］. 北京：商务印书馆，2015.

[13] 刘飞. 语文核心素养与课堂教学实践［M］. 南京：南京大学出版社，2019.

[14] 刘飞. 后现代课程观视野下的"学习任务群"解读［J］. 天津师范大学学报（基础教育版），2020（1）：26-30.

用红色基因点亮生命底色

——统编教材红色经典的导读策略

季雪娟[①]

战争年代所形成的优良革命传统是中华民族宝贵的精神财富,革命先辈们在客观条件十分艰苦的恶劣环境中,表现出的不畏艰险、百折不挠、视死如归的坚强意志和自强不息、努力奋进的精神风貌,都是青少年成长的宝贵精神养料。统编初中语文教材在推荐书目中,以必读或选读的形式推荐《红岩》《红星照耀中国》《长征》等红色经典,恰逢其时,对青少年的精神成长意义重大。

整本书的信息量远远大于单篇课文,如何在阅读中继承和发扬优秀的革命传统,让学生真正获得情感的认同和思想的教益?如何让爱国、理想、信仰、正义、真理等红色基因点亮学生生命的底色?在红色经典的导读中,引导学生使用合宜的阅读策略显得尤为重要。

一、快速阅读把握重点

整本书阅读信息量大,利用提取要点策略可以尽快把握主要人物和主要事件,把厚书读薄。例如,在阅读《红岩》时,可以让学生根据各章节的重要内容,概括主要人物、事件以及人物的共性。《红岩》是一曲充满浩然正气的英雄赞歌,学生可以快速把握许云峰、江姐、成岗、华子良、余新江、刘思扬等主要人物的重要事件,归纳概括出人物的共性,为下阶段感悟"红岩精神"打下基础。可以用表格形式,清晰直观地呈现要点,也可以用思维导图梳理某一个人物的情节脉络,完成聚焦人物的内容重构。

又如,在阅读《红星照耀中国》时,让学生列表呈现作者进入红区之前的问题;用线型图标注一路遇到的人和事,了解作者进入红区的方式和路线;画出周恩来的人生轨迹图,了解周恩来的成长史;列表概括贺龙的相关事件和人物性格等,都是提取要点的策略。除了以图表形式提取要点,还可以用

---

① 季雪娟,中国人民大学附属中学翠微学校高级教师。

文字概括主要内容，例如通过主要人物、主要事件分析红岩人物的共性特点，概述"红岩精神"的内涵；以"毛泽东，一个……的人"为基本句式，用一组排比句概括毛泽东的特点；等等。

无论是用图表呈现还是用文字概括，"提取要点"策略可以帮助学生快速捕捉重要信息，形成对整本书重要枝干的整体把握。使用"提取要点"策略，可以让学生快速了解那个时代，了解人物的生平经历、斗争历史。

二、深度阅读探究异同

在使用"提取要点"策略通读全书之后，可以根据图书的特点和学生阅读中的难点，确定重点突破的专题。随后通过"对照阅读"自觉地将具有一定关联的人物对比参照，区分差别，找出共性，探究其产生的原因。

例如，阅读《红星照耀中国》时，可以运用"对照阅读"策略比较红军领袖们的异同，以此了解毛泽东、周恩来、朱德、贺龙等红军领袖的成长史，感悟红军精神。首先，通过比较四位领袖的人生轨迹，分析人物经历的差异。明确这些经历对每个人成长的重要作用。然后，总结归纳这些红军领袖身上的共同点，从个性到共性的分析，由点到面，感悟红军集体的精神力量。通过对红军领袖个性的分析，我们可以看到一个个对中国历史起着重要作用的领袖人物独特的成长历程。通过对红军领袖共性的归纳，我们更可以看到一个生活简朴、不畏艰险、信念坚定的人物群像，甚至可以由此分析出红军最终取得胜利的根本原因。

三、再现历史体会情感

《红岩》《红星闪耀中国》等红色经典的内容与学生有一定的时代差距，恰到好处地使用"融入"策略，可以让学生身临其境地感悟历史。在阅读《红岩》时，可以开展课本剧展演活动，选择书中精彩片段进行表演，让学生通过塑造人物、亲历事件，更好地融入红色经典所表现的时代。还可以开展"红岩诗会"，用朗诵烈士诗歌的方式，感悟英雄的精神。

又如，阅读《长征》时，可以通过标注红军长征的路线图，明确时间、地点和主要事件，让学生更快地融入长征的情境，想象与红军一起共走长征路。也可以让学生交流印象最深的一次战斗，对敌我双方的表现发表看法。复述的过程又是一次"融入"的体验，交流的过程也是"融入"中的思维碰撞。除了正向融入，还可以反向畅想：如果没有长征，历史将会怎样改写？这样的设计旨在让学生结合当时社会环境假设畅想，融入当时的情境，真切感受长征的价值，领悟长征对于红军取得最终胜利的重要意义。

使用"融入"策略阅读的过程，就是学生真正身处其中、感同身受的过程，经由文字游历那些历史事件，由此生发的感悟和评价就要真切得多。

四、以手写心情感认同

学生阅读红色经典之后的情感认同，是继承和发扬优秀革命传统的前提，也是阅读红色经典的价值观目标。

阅读完《红星照耀中国》后，可以让学生以"得道多助"为题写一篇演讲稿，一方面是对原著相关内容的梳理，另一方面也可以帮助学生形成客观评价。学生独立完成演讲稿之后，小组内交流，取长补短，整合素材，集中成一篇最终版的演讲稿，推荐一名同学进行演讲。小组成果的口头"输出"，可以在全班形成一个交流场，实现更为广泛的思想碰撞，让全班同学对"得道多助"的主题有更为深刻的认识。

"输出"策略的使用，让红色经典的思想精华经由学生自己的笔、自己的口表达出来。这样的情感认同和思想成长，并非外部灌输，而是由阅读主体自然而然生发的，因此也更加真实可贵。

阅读红色经典，需要教师有目的、有侧重地进行阅读策略的引领，帮助学生达到更好的阅读效果。"提取要点""对照阅读""融入""输出"等阅读策略的使用，能让学生在阅读红色经典时，通读全书，快速了解主要人物和主要事件，走进特定的历史时期，生成自己独特的阅读体验和评价，由此实现把握内容、"亲历"事件、亲近人物、主题认同等阅读目标，让红色经典真正走进学生的精神世界，让爱国、正义、真理、理想、信仰等红色基因，点亮他们生命的底色。

第三章

法治教育

第一节 走近法治教育

法治教育的定位及其核心内容

陈大文[①]

一、如何理解中小学法治教育

党的十一届三中全会以来,学校法治教育(党的十八届四中全会以前都是以"法制教育"和"法制宣传教育"来表述)的目标或功能在不同阶段有不同的侧重,"普及法律常识""预防和减少青少年犯罪""增强社会主义法律意识"等表述,都曾经出现在有关指导性文件中。而在"增强全民法治观念,推进法治社会建设"的背景下,应该将学校法治教育的目标定位于"帮助学生增强社会主义法治观念"。社会主义法治观念以广大公民的高度自觉性为基础,要求人们对现行法律持尊重、信赖并积极认同的态度。它直接决定人们的法律态度,也制约着人们的法律行为。而社会主义法治观念的内涵十分丰富,包括依法参与管理国家和社会事务的观念,依法规范生产、生活,

---

① 陈大文,上海理工大学教授。

即依法办事的观念,依法监督国家权力行使的观念,依法维护自己合法权益的观念,依法履行法定义务的观念等。帮助学生增强社会主义法治观念,就要提高他们对社会主义法律制度的认同度,增强他们对全面推进依法治国、建设社会主义法治国家的信心,同时引导他们通过合法途径正确处理在政治权利与自由、受教育权、财产权和人身权等方面的问题。

围绕这个目标,我们要根据全面推进素质教育的要求,努力创建以"行为规范"为基础,以"思想观念"为核心,以"相关权利与义务"为重点的学生法治教育教学内容体系。力图改变以知识教育为主的现状,构建知识传授、观念引导、能力培养"三位一体"的学生法治教育教学新模式。同时要突出教育重点,寻求法治教育核心内容。法律以权利义务为核心内容,法治思维以权利义务研判为主线。既定的法律规范使人们知道可以做什么、应当做什么、不能做什么,并对行为后果有明确预期,在遇到纠纷时,当事人与裁判者都能找到共同的评判标准。法治思维的实质就是不断研判、衡量权利义务关系,确定谁有权利、谁有义务及其权利和义务的限度。因此,学校法治教育的核心目标就是帮助和引导学生树立正确的权利和义务观念。

为了帮助和引导学生树立正确的权利和义务观念,学校的法治教育实践工作,不仅要在课堂教学中,联系学生的生活实际,讲清楚权利和义务的科学含义、权利和义务的关系、学生有哪些权利和义务、如何依法行使权利、如何依法履行义务等;还要在学校管理工作中,以权利和义务为线索,不断追问学生是否有权利做出这种行为,学校是否有义务满足学生的权利请求,学校是否有权利这样管理,学生是否有义务配合,等等。要不断平衡各种权利义务关系,切忌利用学校的权力资源优势,轻视甚至漠视处于相对弱势的学生权利保障。只有这样,学生才能感受到法律的庇荫,感悟自身的责任,在潜移默化中培养社会主义法治观念。

二、探寻法治教育与道德教育的结合点

法治教育与道德教育的关系是法治教育改革面临的难题。我们认为,破解这些难题的努力方向是实现法治教育与道德教育有机结合。应该进一步明确学生道德教育与法治教育有机结合的理论依据,探寻若干个学生道德教育与法治教育的结合点。例如,"诚信"是社会主义核心价值观的重要内容,诚实守信既是道德规范,也是法律原则,诚信教育一直是道德教育和法治教

的重点。在对学生进行诚信教育时，首先要说明"诚实守信"是中华民族传统美德的一个重要规范，也是革命传统道德的一个重要内容，并随着时代的不断发展和变化，不断被赋予新内涵。党的十六大在阐述加强思想道德建设时提出，要"弘扬爱国主义精神，以为人民服务为核心，以集体主义为原则，以诚实守信为重点，加强社会公德、职业道德和家庭美德教育"，党的十六届三中全会通过的《中共中央关于完善社会主义市场经济体制若干问题的决定》中也指出，"增强全社会的信用意识，政府、企事业单位和个人都要把诚实守信作为基本行为准则"。在此基础上，着重论述在道德建设中为何要以"诚实守信为重点"，为什么要将诚实守信作为社会主义荣辱观的内容之一，为什么党的十八大要将"诚信"纳入社会主义核心价值观。接着，引用我国《中华人民共和国民法通则》《中华人民共和国合同法》和《中华人民共和国物权法》等法律法规条款，说明诚信本是社会生活中形成的一种道德规则，后上升为法律原则，而且其适用范围逐步扩大，不仅适用于契约的订立、履行和解释，而且最终扩展到一切民事权利的行使和民事义务的履行，成为民法的基本原则。诚信原则作为民法的一个基本原则，是道德的法律化，反映了人类社会生产协作和经济发展的本质要求。在经济活动中，诚信功能的发挥离不开相应的道德观念，诚信道德观念的形成是民法诚信原则发挥作用的重要条件。我们要帮助学生进一步认识道德和法律的互补关系，从而实现道德教育与法治教育的有机结合。

九年一贯制学校法治教育的有效整合

张莉莉[①]

在依法治国思想的指导下，法治教育被纳入国民教育体系。中小学道德与法治课程中增加了法治教育内容，法治教育成为小学和初中道德与法治课程的重要组成部分。那么，如何贯彻实施习近平总书记提出的"思政课一体化"，提高思政课合力育人的成效？笔者认为，可以在课程的有效整合上下功夫。所谓整合，其主要精髓在于将零散的要素组合在一起，最终形成一个有价值、有效率的整体。九年一贯制学校在教学研究、师资建设、教学管理等方面有着得天独厚的统整及调配能力，针对小学和初中都要开展的法治教育，九年一贯制学校可以在如下方面进行整合，以强化法治教育的一致性、连贯性和实效性。

一、法治教育目标的整合

"人的成长、成熟、成才是一个渐进的过程。这就要求我们既要整体规划思政课的总目标，还必须科学设定不同学段的阶段性目标，并将总目标和阶段性目标有机结合起来。"[1]九年一贯制学校小学和初中的法治教育，如果作为一个整体进行规划，同样也需要整合设定总目标，并在总目标的引领下梳理制定分阶段目标。教育目标的整合不代表小学和初中学段的教育目标没有阶段性和顺序性，相反，恰恰是通过教育目标的梳理整合，清晰地呈现了两个学段目标和总目标之间的整体性以及学段与学段目标之间的连续性，便于九年一贯制学校统筹安排及合理规划法治教育内容。

依据《青少年法治教育大纲》的要求，结合课程标准内容，通过整合，可以形成九年一贯制学校法治教育的总目标："以宪法精神为主线，以基本的行为规则教育和法律意识教育为主要内容，培养学生知法守法、尊法护法的意识和行为习惯。"在总目标的引领下，分别结合小学生和初中生的身心发展

[①] 张莉莉，江苏省苏州工业园区金鸡湖学校师训处主任，湖南大学教育科学研究院兼职硕士生导师。

水平、认知特点和知识经验，形成小学和初中两个学段的分阶段目标。小学阶段的目标可以是："以学生的现实生活为主渠道，让学生通过感知生活中的法、联系身边的法，着重普及宪法常识，培育学生的国家观念、公民意识、规则意识以及知法守法的行为习惯。"初中阶段的目标可以是："深化小学阶段开展的宪法教育。了解国家基本制度，进一步加强国家认同和身份认同教育。了解政府依法行政的基本原则，了解重要国家机构的职权。进一步加深对公民基本权利和义务的认识。"从整合过的法治教育总目标和学段目标看，二者是整体和局部的关系，紧紧围绕法治教育这条主线，一以贯之、循序渐进。从学段与学段目标看，小学阶段重在"普及"和"感知"，初中阶段是在小学阶段基础之上的"深化"和"强化"，目标层次上由低到高、由浅入深，体现了事物发展的螺旋上升和循序渐进的规律。

二、法治教育内容的整合

为了有效达成法治教育的目标，有必要对小学和初中两个学段法治教育的内容进行提炼、整合。通过梳理、归纳，将各个零散的要素串联起来，可以发现，两个学段法治教育的内容框架具有极强的一致性和连贯性。

（一）以宪法精神为主线

《青少年法治教育大纲》中明确提出以宪法教育为核心，要将宪法教育贯穿始终。不管是小学还是中学的法治教育，都以宪法教育为主要教育内容。小学阶段通过引导学生对社会现象进行观察与思考，了解生活中的法律及其作用，认识宪法的法律地位，学习关于宪法的基本知识。初中阶段通过引导学生了解"一切权力属于人民""国家尊重和保障人权"等宪法原则，帮助学生认同宪法价值，理解宪法精神，增强宪法意识。

（二）以增强学生的国家观念和公民意识为主旨

小学和初中的法治教育都以培养和增强青少年的国家观念和公民意识为主旨。小学阶段安排了"公民与法""国家与法"两个学习领域，让学生初步知晓公民身份、公民的基本权利和义务、国家公权力从哪里来。中学阶段则引导学生感受国家对个人成长的影响，深刻体会公民身份的含义，更深入地思考公民和国家的关系，落实宪法教育，培育公民意识。

（三）以生活逻辑与知识逻辑相结合为原则

小学阶段主要采用简洁易懂的语言和贴近学生生活的案例，将宪法的根本大法地位、公民的权利和义务、国家机构的组成、法律对未成年人的保护等深入浅出而又层层递进地讲述出来。让学生联系生活中的法和身边的法，感受到法律的存在。到了初中，依然从法律和生活的关系入手，帮助学生在小学阶段法治教育的基础上，进一步感受和认识法律在社会生活中的作用、宪法的权威地位、国家公权力的来源等。两个学段都遵循了知识和生活相结合的逻辑。

（四）以螺旋式上升为编排方式

小学和初中的法治教育注重内容上的有效衔接，"总体内容的设计注意学段衔接……具体内容的分析也有衔接和内容的延展"。[2]以六年级上册法治教育专册为例，所有的教育内容都与初中阶段的教育内容有关联和对应。该专册分为四个单元，第一单元第1课对应七年级下册第四单元，第2课对应八年级下册第一单元；第二单元对应八年级下册第二单元；第三单元对应八年级下册第三单元；第四单元第8课对应七年级下册第四单元第10课，第9课对应八年级下册第二单元。即便是同一主题的法治教育内容，在小学和初中两个学段，其教育的深度和广度也是不断延展的。如图1，以"公民的基本权利"这一教育主题为例，小学设置了三个板块的内容——"基本权利的含义""基本权利的内容""权力行使的界限"，一共3页教材，一课时可以完成教学任务；而到了初中，整整用了13页教材，需要四课时才能完成教学任务。针对这一主题，教材设置了两部分内容，一是公民基本权利，一是依法行使权利。"公民基本权利"又设置了三个目的内容：政治权利自由、人身自由、社会经济与文化教育自由；"依法行使权利"设置了两个目的内容：行使权力有界限、维护权利守程序。如此详细的教学内容，全面、系统、完整地介绍了我国宪法规定的公民基本权利，帮助学生了解自己所享有的基本权利，懂得珍视权利，依法行使权利。通过对教育内容和教育主题的梳理、整合，可以看出，小学与初中《道德与法治》教材对法治教育内容的编排，既体现了学段特点，又做到了相互衔接和螺旋式上升。

三、法治教育实施的整合

九年一贯制学校在教学管理、师资调配、资源共享等方面优于单独建制的小学或初中。通过对人力资源、教学空间、教学课时的调配和整合，利于形成教育合力，密切法治教育内容与学生生活实际的联系，真正做到课堂育

```
                    公民的基本权利
           ┌────────────┴────────────┐
         小学                       初中
    ┌─────────┐                ┌─────────┐        ┌──────────────────┐
    │基本权利的含义│                │          │───────│   政治权利自由    │
    └─────────┘                │          │        └──────────────────┘
                    ─────────→ │公民基本权利│        ┌──────────────────┐
    ┌─────────┐                │          │───────│     人身自由      │
    │基本权利的内容│                │          │        └──────────────────┘
    └─────────┘                └─────────┘        ┌──────────────────┐
                                                  │社会经济与文化教育自由│
                                                  └──────────────────┘
    ┌─────────┐                ┌─────────┐        ┌──────────────────┐
    │权力行使的界限│ ─────────→    │依法行使权利│───────│   行使权力有界限   │
    └─────────┘                └─────────┘        └──────────────────┘
                                                  ┌──────────────────┐
                                                  │   维护权利守程序   │
                                                  └──────────────────┘
```

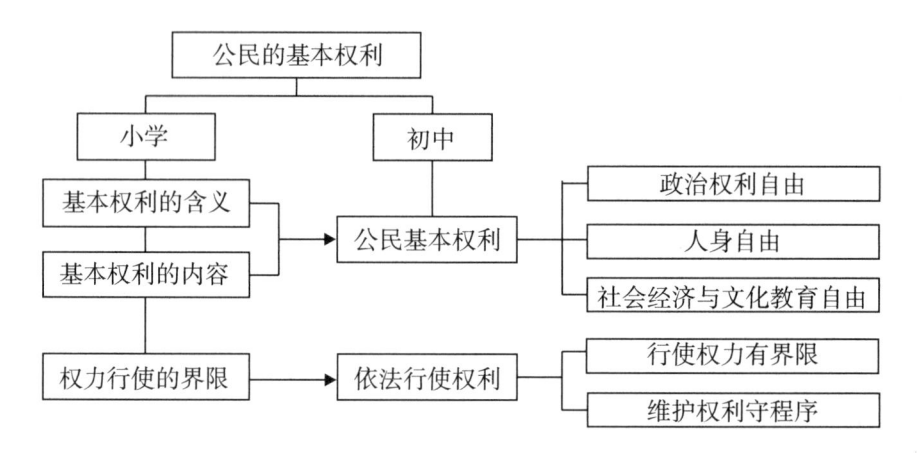

图1　整合后的小学和初中"公民的基本权利"内容

人、学科育人、实践育人，确保法治教育的实效性，帮助学生"扣好人生的第一粒扣子"。

（一）整合师资力量

法律知识具有鲜明的专业性，法律概念、法律术语要在特定的法律事件、法律情境中，严格按照法律规定的程序使用，法治教育在教学上一定要科学严谨，容不得半点模糊不清。因此，法治教育对专任教师配置、教师的专业化提出了更高的要求。就小学和初中的《道德与法治》教材而言，教材中出现了大量的法律、法规、条例，引用了大量的宪法和法律条文，还涉及一定的法学基础理论和宪法学基础理论。这无疑给教师的教学带来了巨大的挑战，教师需要花费大量时间进行相关专业知识的学习，以及备课、磨课、钻研教材，唯有这样才能准确解读其含义，进而举重若轻、游刃有余地进行教学。但是在现实的教学实践中，教师各种事务性工作繁杂，再加上小学的道德与法治课多由语文教师兼任，根本无暇顾及法治教育的备课、研磨。九年一贯制学校，可以发挥教师统一调配的优势，不拘泥于是小学还是初中的教师，选配专业基础好、相对精通法律知识的教师，明确其为专门的法治教育教师。尤其是对于要求更高的法治教育专册（小学六年级上册和初中八年级下册），可以调配专任法治教师进行跨学段教学。这些专任教师组成教研组，专门就法治教育的各个主题进行研磨，做到术业有专攻，可以在一定的理论高度和学科视野下，准确理解和把握教材内容，进而服务于课堂教学。

（二）整合学科教学

统编《道德与法治》，是对学生进行法治教育的主要教材。然而，法治教育内容庞杂繁复且与社会事件、生活热点等紧密联系，仅仅依托教材显然不够，还要挖掘整合语文、数学、科学、音乐、体育等各科教材中可资利用的法治教育内容，形成合力对学生进行法治教育。如初中语文《斑羚飞渡》一课，描写的是一群被猎人逼至绝境的斑羚，为了赢得种群的生存机会，它们用牺牲一半挽救另一半的方法摆脱困境。语文教师在教学时，可借机渗透《中华人民共和国野生动物保护法》的内容。再如初中数学在介绍圆的集合性定义的时候，启迪学生：个人就像圆上一个个孤立的点，所处的班集体乃至整个社会就好比一个圆，若不能正确处理个人与集体的关系，就会像不在圆上的点一样，游离于集体之外，于无形中渗透《中华人民共和国宪法》中有关公民与国家关系的教育。科学课中，在生态环境的探究内容中渗透《环境保护法》《海洋环境保护法》等教育；体育课中的规则教育、秩序教育等，也属于法治教育内容。学校应对相关教育内容提前做出整体规划和设计，调动多学科力量，挖掘学科资源，统整相关内容，强化法治教育。

（三）整合实践活动

法治教育不是单纯的知识教育，是为解决学生现实生活中的问题服务的。所以，法治教育不能"纸上谈兵"、悬浮于现实生活之外，而要扎根于社会生活之中。九年一贯制学校，既有小学学生，又有初中学生，小学生和初中学生生活经验不同、思维方式不同、认知发展阶段不同，初中是小学下一步的进阶学段。正是这些因素，决定了初中和小学可以互补、贯通，相互促进和带动。学校可以通过整合时间和空间的方式，不必拘泥于一课时的40分钟，跨越学段和年段，发掘社会资源，走进社会大课堂，进行实践体验式、合作探究式的主题实践教学活动。在同一法治教育主题的统领下，不同学段、年段的学生，完成经过整合后的渐进式的教学内容，最终达成不同梯度的教学目标。下面以合作探究式实践活动"'黑网吧、老虎机'问题的研究"为例，说明如何对六年级和七年级各一个班的学生进行实践活动的整合。

该探究活动目标直指《中华人民共和国未成年人保护法》，其间还涉及一些其他法律法规。探究活动的步骤一是制定方案，可由七年级为主导，六年级为辅助，合作进行设计。步骤二是确定小组分工，由两个年段的学生共同进行，根据实际需要，各小组成员可能全部是六年级学生或七年级学生，也可能是六年级学生和七年级学生的相间，总之是适切匹配。步骤三是深入社区，寻访探究。具体分工：（1）小组一实地调查，七年级学生负责提前踩点，制作调查问卷，六年级学生负责记录、收集、整理资料和数据。（2）小组二寻求对称的法律法规，采访文化广电系统、司法系统、律师事务所等相关人员，以七年级带领六年级的形式进行，文献搜集由六年级组员负责。经过梳理，涉及的法律法规大概有《中华人民共和国未成年人保护法》《文化部、公安部关于严禁利用电子游戏机进行赌博活动的通知》《文化部、公安部关于加强台球、电子游戏机娱乐活动管理的通知》《互联网上网服务营业场所管理条例》等。（3）小组三提出解决问题的建议。这一组任务由七年级学生为主导完成，形成的建议有：建议政府部门修订加大电子游戏厅管理力度的文件；建议主管部门加大执法力度；建议学校强化教育职责，将诸如法治教育、健康教育、网络教育等关系到学生自身权益和身心健康的内容作为教育的重要内容。（4）小组四编制行动计划。这一组任务由六、七年级学生共同完成，如做义务监督员、从自身做起文明上网、给家长开宣传讲座、向市或区人大代表反映该问题等。这一探究实践活动不是在一课时内、仅仅在教室可以完成的，也不是一个年级的一个班学生可以完成的，需要整合时间和空间，整合社会教育资源，整合不同学段和年段的学生。

四、法治教育评价的整合

整合的目标设计、内容与教学，需要与之匹配的评价系统，法治教育的评价体系可以从评价指标、评价主体、评价方式等方面进行整合。教学评价的最根本追求是"能确定学习者的学习程度及了解学习者经过学习后产生的变化"。现代教学评价具有教育作用，教师可以充分发挥评价本身的教育作用，以评价促进学生法治精神、法治意识的形成，以评价推动学生尊法护法、知法守法行为习惯的养成，以评价提高学生依法解决实际生活问题的能力。

（一）评价指标的多样性

评价导向要正确、科学，之所以将法治教育纳入道德与法治课中，是强调德法兼修，"在突出法治教育主题的前提下，强调法治教育与道德教育相结合，"[3]把法律的约束力量与道德教育的感化力量紧密结合。法治教育旨在教会学生更智慧地生活，会依法保护自己过更美好的生活，不是一言不合就打官司、两句话不悦就对簿公堂。所以，评价的指标不可单一，既要有对法律知识掌握程度的评价、知法守法行为习惯的评价，也要有对在生活情境中依法维权、智慧生活的评价。

（二）评价主体的多元化

法治教育的主线是宪法精神，宪法保障了人权。评价也应该是体现人权的一部分，在评价主体上要反对"一言堂"，主张让更多的人成为评价主体。同伴、家长都可以是评价主体，尤其是评价对象本身——学生，更应该参与到评价中来。具体来说，就是在制定评价内容、评价标准、评价资料的收集、得出评价结论等各个环节，教师都应该听取学生的意见，与学生密切配合。教师与学生共同协商，使评价成为促进学生自我反思、自我激励、自我调整和自我教育的工具。

（三）评价方式的民主性

在传统的教育教学中，对学生的评价方式主要是"确认式"。"确认式"评价是权威强加于评价对象的，体现了评价者对被评价对象的控制。而法治教育本身是教育学生信守民主、平等、公平、正义的，因此法治教育的评价也应该具有民主性。评价主体如教师、学生、家长之间，双方或多方进行充分沟通，就某一评价进行质疑讨论、征求意见，在实现彼此对信息的分享过程中，对评价对象有更为客观、全面的认识，进而做出科学合理的判断。

参考文献：

[1] 何益忠，凌红梅. 大中小思政课一体化的"胜负手"[N]. 光明日报，2020－01－21（14）.

[2] 金利. 统编《道德与法治》六年级上册教学建议[J]. 课程·教材·教法，2019，39（10）：37－40.

[3] 初中法治教育专册编写组. 初中法治教育专册的编写逻辑及教学建议[J]. 人民教育，2017（18）：28－32.

从《品德与生活》到《道德与法治》

陈明燕[①]

2016年秋季，小学从一年级开始统一使用统编《道德与法治》教材。本文尝试将统编《道德与法治》一、二年级教材与原《品德与生活》教材进行研究分析，明晰新教材的特点与变化。

小学《品德与生活》教材秉承鲁洁教授的"生活教育"理念，以儿童生活为中心，以儿童生活中遇到的重要事件或者问题为线索，以培养品德良好、乐于探究、热爱生活的儿童为目标，取名《品德与生活》也突出了此意。该课程作为小学低年级儿童道德形成与发展的启蒙课程，强化课程的活动性和综合性，是一门活动型课程。在全面推进依法治国背景下，把法治教育纳入国民教育体系，从青少年抓起，在中小学设立法治知识课程等要求，编写一套与时俱进的新的德育教材势在必行。

我们应该用道德滋养法律，用法律支撑道德。法律是制度化的，道德是生长于人的内心的。道德与法治具有高度的内在一致性，相辅相成。因此道德与法治教育要双向渗透。这样的相互渗透，道德教育才会有力度，法治教育才会有境界。除相互渗透外，鉴于法治教育长期以来薄弱的状况，国家在儿童生活教育基础上，增加社会主义核心价值观和传统文化教育，以及法律的启蒙教育内容，将课程名称也更名为《道德与法治》，系统设计了从小学到中学完整的体系性课程。

小学《道德与法治》教材的编写以社会主义核心价值观教育为核心，落实立德树人根本任务，坚持正确的政治方向。注意从儿童实际出发，充分关注启蒙性，合理选择适合儿童发展的德育和法治内容，以培养具有爱心、责任心和法治观念，具有良好行为习惯和品质的儿童为根本方针，使社会主义核心价值观得到扎扎实实落实。

---

① 陈明燕，河北省唐山市开平区教育局道德与法治教研员，中小学高级教师。

一、教材内容更加突出核心与重要内容

《品德与生活》教材遵循儿童生活的逻辑，以儿童的现实生活为教材内容的主要源泉。《道德与法治》教材除了继续传承儿童生活的逻辑外，在开发教育资源、丰富德育内涵、改进道德与法治融入方式等方面做了有益探索。如《青少年法治教育大纲》明确指出，一、二年级学生重在初步建立"规则"意识。在《品德与生活》教材中，也有"了解班级、学校及公共场所活动中的规则"内容，现在新教材不仅要求了解，更要"理解和遵守规则"，这样使原来置于道德行为之下的规则教育，突出了其法治教育的意义。

此外，《道德与法治》教材内容在以下方面做了强化。

（一）进一步加强了对学生的价值观教育

新教材为体现社会主义核心价值观的"和谐"理念，在一年级下编排了《我爱我家》《我们在一起》《我认识您了》《拉拉手做朋友》，以及《我和大自然》等内容，引导学生从家庭、校园、师生关系、人与人以及人与自然等角度关注建立和谐的相互关系。

（二）加强了法治教育和生命教育内容

新教材致力促进从"法制"教育向"法治"教育转变。随着课程改革的推进，那种认为法治教育就是背法条、讲案例的观念逐步被摒弃。比起那种以讲授犯罪的可怕性让青少年不敢违法犯罪的所谓"法制"教育的模式，把传播法的理念、精神、价值贯穿于儿童的生活之中的潜移默化的教育更加深入人心。

考虑到小学生认知水平的局限，新教材中法治教育内容在小学低年段是采用隐性形式来体现的。如教材通过一年级下《花儿草儿真美丽》《可爱的动物》等内容，目的是落实《青少年法治教育大纲》中"初步了解自然，爱护动植物"，让学生懂得"遵守环境保护规则"等内容；通过一年级下《我和我的家》《家人的爱》的教学帮助学生"初步建立对家庭关系的法律认识"[1]。

（三）加强对中华优秀传统文化的传承教育

加强中华优秀传统文化教育是培育和践行社会主义核心价值观，落实立德树人根本任务的重要基础。低年段的《道德与法治》教材通过《大家一起过春节》和《团团圆圆过中秋》等内容渗透中华传统节日教育，使学生为我

国民间有丰富多彩的传统节日民俗感到自豪，增强传承中国传统文化的意识，由此培养爱国主义情感。

（四）关注学生的心理历程

新教材尝试创作或改编了"微绘本"故事，配图活泼明快，文字言简意赅，富有童趣，启迪智慧。新教材中原创、改编或选用了大量儿歌童谣和歌曲，让教材成为儿童的欢乐世界。例如，《拉拉手，交朋友》里的儿歌《网到一个新朋友》，《认识你真好》里的《找朋友》。教材中这些浓浓的童心童趣的呈现，把德育目标化难为易，化繁为简，让低年级学生容易理解和接受，使儿童获得了润物无声的道德情操与法治意识的熏陶。

（五）要求学生有开阔的视野

与原教材相比较，统编教材涉及的内容更多，范围更广，因而视野也更为开阔。如在原教材中，呈现新年到了时，各地的人们以不同的方式过新年，提示的问题是：新年到了，看看人们是怎样过春节的？指向的是人们过新年的方式。新的教材改为：在很多国家，元旦是新年的第一天。在这里突显了不同国家和国际视野，有助于提升儿童对多元文化和地球一家人的认识。

二、教材表现形式更加多样

（一）对话中学习

新教材虽然每一单元、每一课的主题都有明确的内在教育目的与要求，但这些目的与要求都是隐含的，呈现出来的是儿童感兴趣、有话可说、有话想说的话题。这些话题，犹如一个个充满趣味的邀请，邀请学习者进入其中，与教材一起去实现一个对话与动态建构的过程。这一指导思想旨在克服教材自上而下训导的惯例，使学习者能够真正参与到学习过程之中，在与教材对话中敞开自己的心扉。

教材通过多种方式引导儿童与教材中的"我"实现生活经验和情感体验的融合。如富于情感的美文、动人的故事、震撼人心的事件等往往能使作为学习者的"我"自然融入到教材中的"我"之中；在探究和问题讨论方面，教材中的"我"不时对教室中的"我"发出探究的邀请，通过这种邀请将教室中的"我"引进教材所设定的生活情境之中，共同解决其中的问题。两个"我"或多个"我"在讨论中成为交往主体，达到某种视域融合。

这种对话有的是通过标题带入，如《我和我的家》，把孩子们带入自己的家庭生活中；有的是通过问题带入，如《风儿吹呀吹》，"我们还可以与风儿一起玩儿什么呢？"把孩子们带入自然中去学习。

（二）绘本中学习

统编教材一个明显的变化就是绘本的融入。绘本或在教材正版中出现，构成正文的一个栏目或环节，或以主附页的形式呈现，作为对正文的补充。绘本故事有说明式和讲述式两种形式。说明式叙述的基本特征是通过绘画的方式说明一个活动情境或者过程，讲述式叙事的基本特征是通过绘画讲述一个简短的故事或者道理。

例如，第一课《爱新书，爱书包》栏目和第二课《网到一个新朋友》栏目属于说明式叙事；第一课《上学啦，真高兴》栏目讲述王晓第一天上学的心路历程，第二课《交朋友》栏目讲述小兔子、小猴子等动物交朋友的故事等，属于讲述式叙事。

绘本教学突破单纯的说教、阅读的教学方式，引导学生进行表演、续编、小游戏等，让静态的书本知识在学生心中"动"起来。学生通过一系列的活动体验绘本人物的情感历程，同时教师引导学生回到自己的生活，以绘本中的人物的做法为参照，使之成为学生道德成长的榜样。

总之，"品德与生活"变成"道德与法治"不仅仅只是名称的改变，而是从内容到理念上都有新的改变和突破。贯彻社会主义核心价值观，传承中华优秀传统文化，对学生进行依法治国的宣传与教育，引导学生从小树立学法、遵法、守法、用法的意识，应该是道德与法治课程所追寻的目标。

参考文献：

[1] 鲁洁，孙彩平. 义务教育教科书教师教学用书道德与法治一年级下册［M］. 北京：人民教育出版社，2016.

第二节 教材使用与教学思考

理解编写立意 用好教材栏目
——统编初中《道德与法治》教材的使用建议

金 利[①]

2017年秋季学期在全国使用的统编初中《道德与法治》教材,以其鲜明的观点、丰富的栏目、丰厚的资源和浓郁的文化味,极大地激发了学生学习的热情和教师积极实践的愿望。在统编教材使用的起始阶段,在新、旧版教材交替的过程中应该注意些什么?本文结合日常教学调研中教师所关心的问题,从教材理解、留白处理、栏目整合等方面提出使用建议。

一、读懂教材,挖掘文本背后的立意

统编初中《道德与法治》教材,以初中学生逐步扩展的生活为基础,坚持思想引导,彰显人文价值。在教材的立意上关注初中学生成长中的体验与困惑,注重对学生精神成长的引领。因此,用好统编教材的前提,是能准确发掘和真正理解文本背后的立意。

教材编写立意,是编者的构思设想和写作意图及动机。清楚理解教材的编写立意,才能更准确地理解教材,使用好教材,有效地达成教学目标。我们可以从逻辑思路、活动设计、正文阐述三个角度把握教材立意。

第一,读懂逻辑思路,从整体上理解立意。统编教材遵循生活逻辑与知识逻辑相结合的原则,围绕初中学生不断扩展的生活中需要处理的我与自己、我与他人和集体、我与国家和社会的关系,有机整合道德、心理健康、法律、国情等各方面的内容,统筹安排各年级的教育内容。每个年级、每一册教材、每册教材的各个单元和每一课都遵循并体现了这一整体设计逻辑,因此分析教材具体内容,一定要在总体逻辑的大框架下思考具体内容的定位,这有助

[①] 金利,北京教育科学研究院基础教育教学研究中心教研员,中学高级教师。

于我们更准确地理解内容。

如八年级上册的四个单元"走进社会生活""遵守社会规则""勇担社会责任""维护国家利益"。第一单元以"了解"为核心词，基于对社会生活由感性到理性的全面认识与思考，为后续三个单元"遵守规则、承担责任、维护国家利益"的学习提供逻辑起点和认识的依据。第四单元以"维护"为核心词，从认识社会扩展到国家层面，从国家利益、国家安全与国家发展等方面形成对国家的认识，进而形成投身于国家建设的情感，这是后续内容学习的基础。同时，八年级上册四个单元体现了"认识范围的扩展→行为要求的增加→价值导向与行为指向结合"的设计逻辑。

第二，读懂活动设计，从问题引导中理解立意。统编教材的活动，尤其是"探究与分享"是引导学生分析与思考正文观点的平台，是引导学生经历观点生成与认同的基础。在分析教材活动中，不仅要分析活动的思路与问题，还要把活动放到教材所属的内容中去分析；既要分析活动在生成观点中的作用，还要分析活动实施过程中的思想方法和思维方式；不仅思考分析活动自身的实施要求，还要思考基于学情的活动实施的路径。因此，对教材中的活动设计的分析，一定要从活动自身、活动设计的定位、活动的实施等多角度理解，体会其立意，才能在活动实施中达到水到渠成的功效。

如七年级上册第三课《发现自己》中"多把尺子量自己"一目，"探究与分享"活动要求学生填写12个"我对自己的认识"。如果单从活动本身看，教师们可能觉得存在内容太多，时间太紧，学生表达重复等问题。真正发挥此活动的作用，我们需要从以下三方面去分析：首先，从活动设计的定位看，它处于第一单元第三课第一框《认识自己》的第二目内容，是在学生体会了"正确认识自己的意义"的基础上，帮助学生经历一个具体认识自己的过程，意在从方法角度帮助学生去分析。其次，从活动设计的问题引导角度分析，"从哪些方面认识自己""怎么得出这些认识"这两个问题，让我们明确了活动设计的目的不是定位在"我是什么样的"，而重在"我是从哪些方面，采用了哪些方法"获得了这些认识。最后，从活动实施的角度思考，单个学生的思考可能有局限，一课时内每人都要思考填写12个对自己的认识可能时间不够用，结合学情，是否可以开展小组合作的方式，让学生互相启发，获得他人认识自己的方法和视角，这不仅为"认识自己要全面"观点的生成提供基础，也为"他人评价是认识自己的一面镜子"观点的分析提供了资源。

第三，读懂正文阐述，从观点层次上理解立意。教材正文是基于活动提炼出的观点，统编教材的正文表达方式，有总也有分，有概括也有描述，有精炼的文字，也有引用的名言警句等。因此，分析教材正文，要学会从正文阐述的方式、正文中的关键句和关键词等方面去理解，重在把握正文的层次，要将基于活动生成、思辨、反思的观点清楚地呈现给学生。

如七年级上册第二单元"友谊的天空"第五课《呵护友谊》。五段正文采用总分结合，总描述与分层观点相结合的方式呈现，其中第二段"呵护友谊，需要用心去关怀对方。体会朋友的需要，在朋友需要的时候站到他的身旁，以行动向朋友表达关心和支持"，有个关键词"站"，这不仅从观点上帮助学生理解呵护友谊要关心支持朋友，更从方法、行动层面给了学生切实的指导。

如八年级上册第二单元"遵守社会规则"第三课《维护和改进规则》。在"我们要积极改进规则"正文中，对于"与时俱进，改进规则"的观点，要从三个层面分析，一是从无到有的"制定"；二是由于不适应、存在问题的"废除"；三是有变化的"调整与完善"，同时还要体会出"改进规则"的必要性与"参与改进规则"的责任。理解了本段正文的立意，在活动设计与问题引导时方向就更明确。

总之，读懂教材，不仅需要读懂教材编写的逻辑思路、活动设计、正文观点，更需要学习、理解、挖掘隐含于文本背后的内涵，这样的教学设计才能做到有的放矢。

二、理解留白，发挥留白设计的功能

统编初中《道德与法治》教材设计中有一些留白部分，尤其是"运用你的经验"的设计留出一些供学生回忆已知，表达认识，提出困惑的地方，目的在于给学生一个交流的空间。

第一，教材留白类型不同。分析教材留白主要包括两种类型。一是"成长足迹"型，即引导学生回忆、反思自己的已有认知，了解在某些问题上自己的理解，为后续学习提供基础。如七年级上册第一单元第二课《享受学习》一框的"运用你的经验"，通过对"做自己想做的事情"和"做自己不想做的事情"的心情对比，表达自己的感受。这类留白是教师了解学生、发现问题的重要资源。二是"思考痕迹"型，即引导学生按照活动要求表达自己的认识或评价他人的观点，了解自己分析问题的路径，为后续获得正确的认识提供基础。如七年级上册第一单元第二课《学习伴我成长》一框的"运用你的经验"，通过对繁体字"學""習"二字的解构，帮助学生形成对学习的正确认识。这类留白的处理是学生分析问题、留下思考印迹的过程。

第二，教材留白功能多样。教材留白与练习册的答题不同，它是学生参与学习、生成观点、达成共识的重要平台，留白有利于教师与学生之间、学生与学生之间、学生与文本之间的交流和沟通；有利于学生动手动脑积极参与教学过程；有利于学生根据自己的生活经验，从生活中真实的问题切入，提出自己的解决办法，从而呈现出教材的开放性、生成性。

第三，教材留白处理方法。完成教材留白和有限的课时之间可能会有一定的矛盾，因此对待留白，一要思考处理的时机——可以随教学过程的推进同步完成，也可以作为课前预习或课后复习的作业来完成；二要思考运用的方式——可以作为教学过程的资源使用，也可以作为学生或小组的过程性评价成果来使用；三要思考取舍标准，有利于学生对问题理解和教学过程推进的留白，就要舍得花时间去完成。

三、明确栏目，优化栏目在教学中的作用

统编初中《道德与法治》教材以其丰富的栏目设计将活动、正文、资源等相关元素有机整合，教材的六个栏目设计承载着知识习得的重任，为帮助学生体验、理解、生成和论证观点服务。

第一，明确不同栏目的功能。"运用你的经验"栏目承载着调动学生已知，鼓励学生表达与分享的功能，可以在教学导入中使用。"探究与分享"栏目承载着揭示矛盾或不同经验的碰撞，引发学生思考的功能，它是主体栏目，包括"思维拓展、体验反思、情境讨论、行为导向"四种类型，可以在观点分析中使用。"相关链接和阅读感悟"都属于外嵌资源，主要是帮助学生理解、深化认识或拓展经验，有理论性资源和故事性资源两种呈现方式，教学中可以作为补充资源供学生自学，也可以作为新的活动情境去分析问题。"拓展空间"既可以作为课内深化讨论的情境，也可以作为课后拓展延伸的作业，重在行为引导和观点落实。"方法与技能"为学生提供从思想认识走向道德实践的行为指导、行动策略，帮助学生解决"如何做"的问题，可自主阅读、课堂解析和操作模拟这些策略与方法。

第二，有效运用栏目，服务学生学习。众多的栏目，不同的功能，有效的时间，需要我们在栏目使用中一方面做到"整合"，即依据教学内容和目标，有机整合同一主题下的不同栏目的活动，防止简单重复；另一方面做到"借力"，对课堂上难以处理的栏目内容，要学会借助其他学科，借助学校的其他专题性活动来完成。

总之，教材的栏目设计不仅丰富了教材，也为教材内容的分类使用提供了指导，为学生的学习提供了有效服务。

统编初中《道德与法治》教材的使用，为全国教师的教学交流和学习提供了一个共同的平台，我们只有充分理解教材编写意图，才能发挥教材启思导行的育人价值，而这也有赖于学科教师自身文化素养和教学境界的提升。

德润人心 法护成长

——统编《道德与法治》七年级上册教材的特点与亮点

顾润生[①]

统编《道德与法治》教材以社会主义核心价值观为统领，贯彻落实《义务教育思想品德课程标准（2011年版）》和《青少年法治教育大纲》的要求，同时整合了《关于培育和践行社会主义核心价值观的意见》《关于实施中华优秀传统文化传承发展工程的意见》等文件精神，充分体现了国家的主流意识形态，为帮助学生过积极健康的生活、做负责任的公民奠定了坚实的基础。

一、价值引领，夯实思想道德根基

统编《道德与法治》教材紧跟时代潮流，坚持价值引领的正确方向，让社会主义核心价值观、中华优秀传统文化和法治意识在初中生的心中生根、发芽。

（一）突出社会主义核心价值观的引领作用

学生是国家和民族的未来，对他们进行社会主义核心价值观教育，增强他们的政治认同感，避免因迷失方向而走到社会反面，是道德与法治学科的首要功能。统编《道德与法治》教材以社会主义核心价值观为主线，突出了社会主义核心价值观的引领作用。

教材通过运用大量令人信服的事例、故事、数据、插图和感悟性、体验性活动，从精神上和行为上对学生产生影响作用，让学生理解、接受、认同社会主义核心价值观。如教材中将"少年的梦想"与"中国梦"统一起来，引导学生把实现国家富强、民族振兴、人民幸福作为人生的奋斗目标，激发学生的爱国情感；通过马克思和恩格斯的友谊、四幅助人的情境图、雷锋日记等内容，引导学生树立乐于助人的品质，践行友善的价值准则；通过介绍"最美巡守员""最美司机"的先进事迹，让学生感受敬业奉献的品质，在成长过程中践行敬业的价值准则。

---

① 顾润生，江苏省中小学教学研究室政治学科教研员。

受制于认知能力和身心发展的阶段性特点，学生对有些社会现象和隐喻性故事的理解会存在困难甚至偏差。为此，教材精心设计了相关活动，启发学生自主得出结论的同时，通过课文的正文叙述，表达和点化问题的意义和价值，促使学生形成正确的思维方式，认同社会主义核心价值观。如教材在"探究与分享"的基础上，以正文点明价值引领的主旨："守护精神家园，我们不能丢失优秀的民族文化，需要在个人精神世界的充盈中发扬民族精神。"

（二）强化中华优秀传统文化教育

立德树人，应在有根的传统上发扬光大。统编教材采用多种方式开展中华优秀传统文化教育，弘扬以爱国主义为核心的民族精神和以改革创新为核心的时代精神，引导学生增强民族文化自信和价值观自信。教材阐述的有关传统文化的观点，选用的人物事迹、叙事故事、照片插图、经典案例、美文、歌词、名言，都蕴涵着丰富的中华优秀传统文化。具体体现在以下三个方面。

1. 注重选择经典的传统文化。中华优秀传统文化经过千年积淀依然光辉闪烁，如尊老爱幼、抱诚守真、表里如一、一诺千金、拾金不昧、见利思义、自强不息、见义勇为、学而不厌、诚实守信、居安思危等，代代相传，成为许多人的道德信条和修身格言。教材精心选择传统文化中的经典内容展现给学生，力图使这些传统经典在新一代中国公民身上得到濡染。如教材中的《诗经》内容节选、孔子的教育思想、"家规""家训"等，都能让学生感受到传统文化的魅力。

2. 注重传统文化元素的渗透。统编教材在集中展现传统经典的同时，还借助古语、历史典故、诗词书画等传统文化元素的点滴渗透，营造浓厚的传统文化气息。在谈到少年要立志时，教材节选了《格言联璧》中的一段话："志之所趋，无远弗届，穷山距海，不能限也。志之所向，无坚不入，锐兵精甲，不能御也。"在谈到学会学习时，引用了"知之者不如好之者，好之者不如乐之者""工欲善其事，必先利其器""独学而无友，则孤陋而寡闻"。这些传统文化元素的渗透，能让学生在潜移默化中受到熏陶，提高了教材的文化品位。

3. 注重挖掘传统文化的价值。统编教材注重将传统文化融入生活，在传统与现代的交融中让学生体会传统文化对民族振兴、社会发展、个人成长的价值。如在教材中引导学生在收集"家规""家训"、讨论中华文化中"家"意义的基础上，制作"家庭美德快递卡"，从中感悟如何做到古为今用。

(三) 渗透对青少年法治意识的培育

统编《道德与法治》七年级上册教材虽然不是法治教育专册，但也渗透了法治教育，将道德教育的感化力量与法律的约束力量、底线意识紧密结合，在提升学生道德素养的同时，还培养了学生的法治意识。在法治教育的方式上，不是简单地插入法律条文，而是结合学生生活自然引出。如学习中要有自律意识，朋友交往要遵守规则，教师作为专门职业有明确的法律规定，孝亲敬长是公民的义务等，从规则意识到法治意识，有一个自然而然的提升过程，让学生感受到法治意识与生活密切相关，从而提高增强法治意识的自觉性。

二、直面生活，尊重学生成长需求

统编教材以学生不断扩展的真实生活为背景，注重从学生已有的真实生活经验出发，解决学生面临的真实生活问题。教材中的观点陈述、材料呈现、问题设置等都指向学生成长需求，引导学生在思辨中对话、探究、感悟。

(一) 正文陈述：凝聚精华，把理念观点和学生生活融为一体

正文陈述如果过于理论化，就容易生硬、艰涩，教师难教、学生难记、考过就忘；如果过于通俗化，就可能词不达意，学生学起来没有"味道"，教师也会觉得"没什么好教的"。统编教材的每一段正文，在内容上都注意把理论、观点和行为要求加以整合，让学生感受到理论和观点不是遥不可及的，而是和自己的成长密切相关；在表述上注意把教育性、科学性和趣味性有机融合，让学生感受到道德与法治课学习不是冷冰冰的说教，而是有温度、有美感的体验过程。如教材中的这段表述："进入中学，新的目标和要求激发着我们的潜能，激励着我们不断实现自我超越。'苟日新，日日新，又日新。'我们每天都有做'最好的我'的生命冲动。"

(二) 材料呈现：追求品位，以睿智的哲理和鲜活的情境启迪人生

辅助材料也是教材的一部分，不能信手拈来，而应讲究品质、追求品位。统编材料在辅助材料的选择上，注重将富含哲理的名言、故事、美文、图片等引入教材，并通过创设鲜活的情境引发学生思考和讨论，让学生从中受到熏陶，获得启迪，从而更加聪慧地应对现在，更有创造性地拥抱未来。如教材中的"'努力'也有方法""你的'自我'在哪里""吾爱吾师，吾更爱真理""快马更经得起鞭策""人生的意义与价值"等，都能引发学生深入思

考，带给学生深刻的启示。

（三）问题设计：讲究真实，用"真"问题、"真"探究引发思辨、引领选择

1. 真实的问题

教材同时也是学材。为帮助学生自主学习，统编教材结合正文和情境设计了许多启人深思的问题。这些问题具有真实性，是学生在成长中可能会碰到的问题，而不是教材编写者人为编造的问题。如"回顾自己的一周，你的时间去哪儿了？你应该怎样有效利用时间？""随着年龄的增长，你交友的范围、与朋友的活动内容有什么变化？""如果不喜欢某位老师，我们还要尊重他吗？"这些直面生活、直指心灵的问题，让学生在道德与法治课上能真正学会学习、学会生活、学会生存、学会做事。教材避免了以往"读了这段话，你有什么感想？""对这个问题你有什么看法？""通过这件事你有什么启示？"等可以随处复制的通识性问题。

2. 真实的探究

在引导学生思考和解决问题的方式上，统编教材注重以探究学习的方式展开。其设计的探究活动，要求学生运用一定的方法，结合所学知识对生活中面临的问题开展探究。如"我的朋友"采用坐标的形式，让学生探究随着年龄的增长，朋友在亲疏远近方面发生的变化；"教师职业"采用思维导图的形式，让学生从多维度去探究教师职业的特点（图1）。这种探究学习，不再是看材料回答问题式的假探究，学生通过探究，不仅解决了问题，拓展了视野，还掌握了学习方法，提高了学习能力。

3. 正确的导向

当今社会，我们每个人都会面临着多元的价值选择，帮助学生学会价值判断和价值选择，是道德与法治学科的重要功能。统编教材注意展现多元社会的多方面"现状"，基于复杂社会生活创设思辨情境，引发学生对价值冲突的深入思考，培养学生的批判性思维，从而避免道德教育的单一化和理想化，使学生在体验和选择中加深对主流价值观的理解和认同。如在学生探究"不顾自身危险去救他人是不爱惜自己的生命吗？"这一两难问题的基础上，教材进一步引导学生认识到，"生命至上，并不意味着只看到自己生命的重要性，我们也必须承认别人的生命也同样重要"。

第三章 法治教育

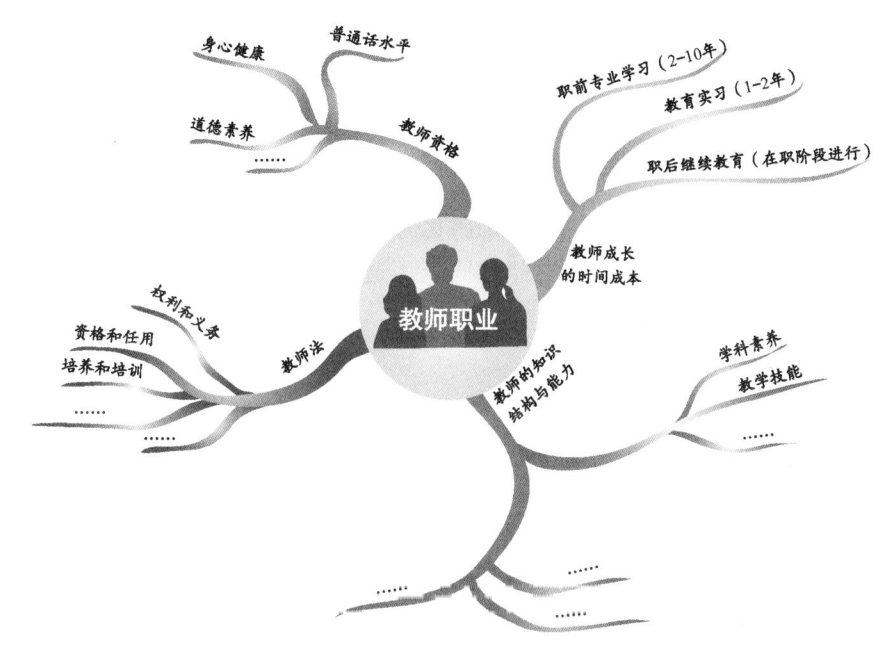

（思维导图内容）

教师职业

教师资格：身心健康、普通话水平、道德素养、……

职前专业学习（2—10年）
教育实习（1—2年）
职后继续教育（在职阶段进行）

教师成长的时间成本

教师的知识结构与能力

学科素养
教学技能
……

教师法：权利和义务、资格和任用、培养和培训、……

▶ 上图从不同角度解读了教师职业。关于教师职业，你还了解哪些？
▶ 你如何看待身边的老师？

图1　关于教师职业特点的思维导图

三、实践导行，品格养成落到实处

坚持品德教育"活动化""实践化"是《道德与法治》七年级教材的鲜明特色。教材精心设计了一系列认知性活动、体验性活动、操作性活动和创造性活动，通过教师指导、自我模仿、合作探究等多种形式，经由学生自己的独立思考、合作分享、讨论辩论、亲身体验，从封闭走向开放，从模拟走向真实，呈现出全方位、多样化、多层次活动的特点。如"做个小调查，了解中学生网上交友的普遍程度、网上交友的动机、网上交友的标准、网上交友的影响，并写出一份调查报告。""请你寻找合适的时间，采访身边的老人，请他们讲讲他们10岁、20岁、30岁、40岁、50岁……一路走来的人生故事。通过采访，你对人生的感受有了哪些变化？"这样的学习不再是"坐而论道"，而是让学生在道德实践中去获得体验和感悟。

德育课程的困境之一是知易行难、知行分离，即道理学生都知道，但却不能落实到行动中去。陶行知先生认为："品德教育有知行统一的特点，传授

139

道德知识为第一步，而更为重要的是把道德知识运用到实际生活中去。德育与智育对立，是品德教育最大的不幸。应当运用'教学做'原理，围绕着'事怎样做'这个中心进行品德教育，使学生在实践中修养品德。"在道德实践活动中，学生能够感受到道德准则、道德规范对生活的重要意义，教材的文本资源和课堂生成性资源也能真正内化为学生的道德认知和道德情感。同时，在道德实践活动中，学生之间共同经历道德冲突、道德分析、道德判断和选择的过程，通过相互交流、启发、帮助，学生的道德思维能力和道德践行能力也得到提高。

"问题解决型"法治课的进阶设计

朱 妮[①]

法治课教学承载着普及法治常识、培养法治思维、树立法治信仰、促进学生德法兼修的学科使命,其价值追求不能仅仅停留在法治常识的学习上,而要迈向培养法治思维和法治信仰的更高点,最终提升学生的法治素养。要想实现这一价值追求,法治课的教学设计应该从以教材为中心的知识讲授,走向以学生为中心的问题解决,基于学生真实困惑,直面社会现实问题,立足当下多元价值冲突中问题的解决,开展课堂教学。"问题解决型"法治课的教学设计是引导学生发自内心地理解法律、认同法律,进而敬重法律、信仰法律的有效路径之一。

一、"问题解决型"法治课的进阶设计步骤

"问题解决型"法治课要从"可能性的教学过程"走向"可操作性的教学范式",需要教师立足法治素养的培育要求,充分考虑初中阶段学生的学习特点,从学生的真实问题出发,直面社会现实,在知识的个别学习与互助学习中解决学生的真实困惑。

搜集真问题 → 筛选真问题 → 解决真问题 → 拓展真问题

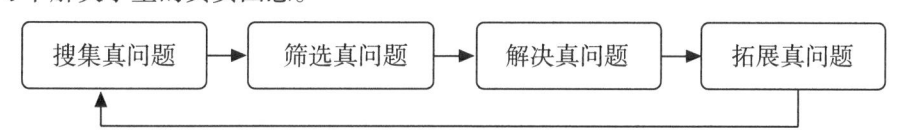

图1 初中道德与法治"问题解决型"法治课的进阶设计示意

如图1所示,初中道德与法治"问题解决型"法治课的进阶设计可遵循以下步骤。

(一)开展自主"浅学习"基础上的问题前测,搜集真问题

解决真实问题的前提是发现真实问题。要发现有意义的真问题,需要引导学生围绕学习主题进行"浅学习",即在教师设计的课前"自主研读教材任务单"的指引下,学生开展自主学习与初步思考。在此基础上,教师开展前

---

① 朱妮,江苏省南京市金陵汇文学校高级教师。

测，搜集真问题，要求学生围绕学习主题，提出自己的困惑。在自主"浅学习"的基础上，学生提出的问题是复杂多样的，从思维层次上看，有些问题很简单，指导学生查看书本即可解答；有的问题具有思辨性，需要引导学生具体情况具体分析；有的问题暴露了学生认识上的误区，需要教师予以关注并及时澄清。

（二）基于课程内容学习主题的"深学习"需要，筛选真问题

依据循序渐进、螺旋上升的学习要求，解决"浅学习"阶段学生提出的真实问题，是开展"深学习"的课堂起点和必然任务。教师要对学生提出的问题进行筛选并在此基础上归类。围绕学习主题，依据问题的复杂程度和学生的认知水平，可将问题分为两类：A类复杂程度较低，是学生现有认知水平可以自主解决的问题；B类复杂程度较高，是需要教师参与有效引导才能解决的问题。其中，B类问题常常是学生关注的焦点或教学上的重难点，是学习主题的核心问题。

（三）设计分梯次的主题探究活动，解决真问题

问题解决的过程是一个引导学生逐步深入研习、思维碰撞的过程，旨在满足学生的真实需要，彰显课程内容的教育价值。教师要针对复杂程度不同的A、B两类问题，开展分梯次的主题探究活动。对于A类问题，教师可以通过任务单的形式，指导学生通过查找课本依据、查看法律条文，或寻求父母帮助、寻找生活经验等方式，自主探究或同伴互助答疑。对于B类问题，教师要精心设计主题探究活动，引导学生综合运用教材知识，进行深度探究，解决复杂问题，着力培育学生的法治思维。

（四）引导德法兼修，培养理想信念，拓展真问题

学习的境界不能只停留在具体问题的解决，更重要的是引导，使学生触类旁通、举一反三。道德与法治学科的学习不仅仅是具体知识观点的理解掌握，更重要的是促进学生思想品德发展与法治素养的提升。教师要构建德法兼修的人生课堂，站在公共利益和国家发展角度，拓展真问题，引导学生重新反思自己的经验和认识，主动建构符合社会主义核心价值观和国家利益需要的世界观、人生观、价值观。坚持价值引领与自我构建相结合，彰显国家意识，帮助学生走出个人经验和局部生活的瓶颈，形成广阔世界的视野和格局。

二、"问题解决型"法治课的进阶操作例析

从实践看，初中道德与法治学科"问题解决型"法治课的进阶设计，不仅需要从教材单元的总体立意出发，还需要立足学生的实际问题与认知起点进行精心谋划。笔者以八年级下册第四单元"崇尚法治精神"的教学为例，较为全面地阐述初中道德与法治学科"问题解决型"法治课的进阶设计思路。

本单元教学的第一课时，学生通过自主阅读教材与小组合作交流，对教材第四单元的基础知识进行了初步梳理，并提出了自己的困惑，完成了"搜集真问题"，并于课后基于真问题的搜集，完成了"筛选真问题"的步骤。

本单元教学的第二课时，旨在完成"解决真问题"，以及"拓展真问题"的教学。通过设计分梯次的主题探究活动，解决学生在自由、平等、公平、正义方面存在的真实问题；通过引导德法兼修，培养理想信念的真问题拓展，培养学生的公民意识和国家意识，引导学生崇尚法治精神，树立法治信仰。

【环节1】你知道吗？——法治小讲堂

学生主持人发表《向英雄致敬》为主题的5分钟演讲，介绍了全国首例保护烈士名誉诉讼的案例及《中华人民共和国英雄烈士保护法》。

教师提升：一个有希望的民族不能没有英雄，一个伟大的国家不能没有先锋。正是他们的无私奉献，才为我们赢得了自由、平等、公平、正义的美好生活。未来的我们或许也会成为英雄，即使成不了英雄，也应对英雄心存感激、崇敬之情。

将"法治小讲堂"作为法治课堂导入活动的固定环节，利用课堂的前五分钟，鼓励学生上台分享自己在法律方面的兴趣点、与生活密切相关的法律常识、社会关注度高的法治热点，不仅可以激发学生的学习兴趣，而且可以拓展学生的法治常识，构建以宪法为核心的国家法治体系，让法治走进学生的生活视野和内心深处，潜移默化地培养学生的法治素养。

【环节2】你发现了吗？——知识再构建

教师呈现第四单元知识结构图（图2），启发学生思考：自由、平等、公平、正义与单元主题"崇尚法治精神"之间的关系是什么？它们之间有着怎样的联系？

教师总结：我们要从法治的视角认识自由、平等、公平、正义。认识到法治是实现自由、平等、公平、正义的保证，尊重自由、平等、公平、正义

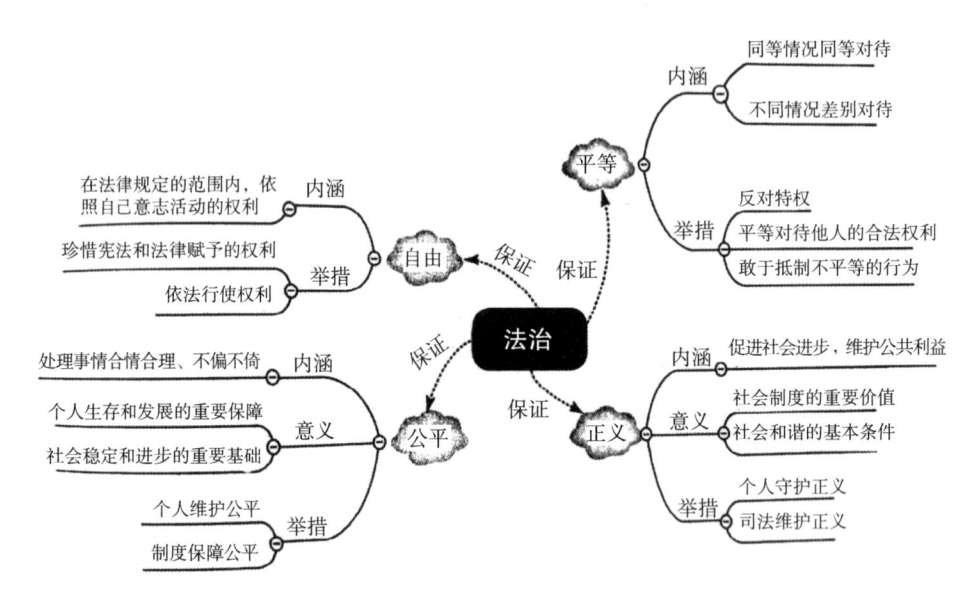

```
                                     ┌─ 同等情况同等对待
                              ┌─ 内涵 ┤
                              │       └─ 不同情况差别对待
                        ╭─平等╮
                              │       ┌─ 反对特权
                              └─ 举措 ┼─ 平等对待他人的合法权利
                                     └─ 敢于抵制不平等的行为
  在法律规定的范围内，依
  照自己意志活动的权利 ─ 内涵
                        ╭─自由╮ ←── 保证   保证
  珍惜宪法和法律赋予的权利 ┐       
                        举措                
  依法行使权利 ─────────┘      【法治】
                                 ↑ 保证
  处理事情合情合理、不偏不倚 ─ 内涵      保证            ┌─ 促进社会进步，维护公共利益
                                              ─ 内涵 ┤
  个人生存和发展的重要保障 ┐                         ╭─正义╮          ┌─ 社会制度的重要价值
                        意义                              ─ 意义 ┤
  社会稳定和进步的重要基础 ┘ ╭─公平╮                            └─ 社会和谐的基本条件
                                                  ─ 举措 ┌─ 个人守护正义
  个人维护公平 ┐                                          └─ 司法维护正义
              举措
  制度保障公平 ┘
```

图 2　第四单元知识结构图

是法治的价值追求。

　　教师通过思维导图的方式，指导学生在认识正文内容的基础上，构建单元知识结构，突出单元主题立意。本节课该环节的设计旨在温故知新，调动学生围绕上节课的主题"崇尚法治精神"，回顾自由、平等、公平、正义四个方面的内容，引导学生从法治精神的视角，认识本单元的教材内容，这是开展"问题解决型"法治课的基础。

　　学生在前一课时完成教材知识的"前学习"，一方面分框题、条目，细读教材，把握自由、平等、公平、正义的内涵、意义及举措，寻找并构建自由、平等、公平、正义与法治精神的内在联系。另一方面，教师有意识地引导学生学会思考与提问，搜集学生在单元学习中的困惑，捕捉学生的兴趣和误区，从而为接下来的"深学习"奠定基础。

　　【环节3】是对的吗？——法眼看世界

　　1. 教师导入：知识简单，生活复杂！课前同学们围绕本单元教材内容，对复杂的社会现象提出了自己困惑，老师从中选择了一些典型问题供大家思考，看看你能否运用所学知识和老师提供的辅助学习资料做出正确判断。

　　2. 活动规则：

　　（1）判断是对的吗？并说出理由。

　　（2）个人抢答，判断正确+1分，说明理由，每点+1分。

（3）友情提醒：建议从课本内容、法律条文、现实意义或危害等多方面阐述理由。

3. 情境探究：

【情境一】2018年5月17日，网民蒋某栋在"某微博"发布侮辱英雄烈士董存瑞、黄继光等的言论，认为"如果自己被抓，说明公民就没有言论自由了"。蒋某的这一观点是对的吗？

选用学生关注的社会热点和普遍的认识误区，一方面通过真实案例，引导学生体会学法懂法的必要性，将学习法律常识化为自觉行动；另一方面培养学生法治思维，引导学生基于法律依据，做出理性判断。还要使学生认识到虽然宪法赋予了公民言论自由的权利，但是也规定公民在行使自由和权利的时候不得损害国家、社会、集体的利益和其他公民的合法的自由和权利。且《中华人民共和国英雄烈士保护法》第二十六条规定："以侮辱、诽谤或者其他方式侵害英雄烈士的姓名、肖像、名誉、荣誉，损害社会公共利益的，依法承担民事责任；构成违反治安管理行为的，由公安机关依法给予治安管理处罚；构成犯罪的，依法追究刑事责任。"

【情境二】《王者荣耀》官方为防止未成年人沉迷游戏，从2017年4月17日开始，要求实名注册。腾讯游戏防沉迷系统，限定未满18周岁的玩家每天只能玩2小时。部分家长限制孩子使用智能手机和电脑。此类做法对吗？

问题前测中，选用学生普遍不满的典型情境。一方面通过自主学习法律条文，认识到游戏官方的做法与部分家长的做法符合《中华人民共和国未成年人保护法》的具体要求，其做法承担的不仅仅是社会责任与家庭责任，还是必须履行的法定义务。进而理解法律看起来是约束，实则是保护，是自由、平等、公平、正义的守护神。另一方面通过启发引起学生思考：①法律为什么要做出这样的规定？②学生虽然能够理解法律的规定、父母的管束看似约束，实为保护，可是真正面对这些束缚时，却免不了会有不自由、不公平的感受，这时候该怎么办？教师要引导学生认识到，成长中常常出现的不自由、不公平感，往往是个人心理上的不成熟导致的，需要我们学会自我调节，换位思考，理智面对负面情绪，努力做一个宽容豁达的人。

4. 教师小结：

面对复杂的社会现象或生活问题，评判是否符合自由、平等、公平、正义的价值追求，最主要的标准就是法律。法律看似是约束，实则更是保护，是自由、平等、公平、正义的守护神。当我们在生活中出现不公平感时，应该首先从法的角度，做出是非判断与理性选择。当我们无法理解法律（制度、规则）的合理性时，可以试着换个角度思考其背后的意义，努力做一个有大局意识、责任担当的公民。

【环节4】你懂了吗？——互助中释疑

1. 教师呈现学生课前提出的困惑。要求学生运用新习得的思维方式，并借助教材知识和法律条文，互助释疑。

2. 学生独自静思：我起初的困惑还在吗？哪些已经解决了？哪些还有疑问？

3. 学生互助释疑：选择解答自己曾经的一个困惑，也可以选择解答同学的问题。

课堂上解决不了学生的所有问题，生活中他们还将面对更多的问题。"问题解决型"课堂不在于解决学生的多少个具体问题，而在于培养学生理性的思维方式和智慧的解决方法。这节课作为法治专册学习的最后一课，在学生的成长道路上，播撒了"法治"的种子，期待这颗"法治"的种子能在每一个学生的心中生根发芽，让他们尊重法律、敬畏法律的信仰更坚定，学习法律、遵守法律、捍卫法律的步伐更坚实，永远都能与法共成长。

三、"问题解决型"法治课的进阶操作要旨

（一）学生从"敢于提问"走向"善于提问"是前提

培养学生学会提问，引导学生提出有价值的问题，是"问题解决型"法治课的前提。法治课的教学不能僵化地宣讲法治知识，而要灵动地提升法治素养，引导学生从法治的视角发现问题，运用法治的思维解决问题，让学生从"敢问"走向"善问"。

（二）教师从"搜集问题"走向"筛选问题"是关键

"问题解决型"法治课进阶操作的关键在于对真问题的筛选。为了搜集学生的真问题，教师通常需要在学生浅学习的基础上进行问题前测。但是搜集到的学生问题往往内容纷杂，层次不一，有些问题可以删减，有些问题可以归类整合。首先要按照问题的复杂程度和学生认知水平初步将学生问题分成A、B两类，然后重点研究思维要求略高的B类问题，透过众多问题的表象，发现学生问题的症结所在。

(三) 问题探究从"学生自主"走向"教师引领"是重点

"问题解决型"法治课的重点在于对学生问题的有效突破，需要教师围绕学生问题的症结，设计恰当的情境任务，组织有效的问题探究。有效的问题探究，不是简单的放任学生自主探究，而是教师主导下的精心预设与方向引领。情境任务的设计要符合学生的身心特点和认知现状，问题探究的过程要把握方向，注重引导，给学生提供解决问题的有效路径或可参考的辅助性学习资料。

(四) 教育价值从"思想植入"走向"内心认同"是追求

"问题解决型"法治课的教育价值不在于思想植入式的灌输，而在于学生真正的内心认同，需要教师引导，德法兼修，塑造理想信念，拓展真问题。教师在法治课教学中，不能止步于法律条文的学习与运用，而要从学生真实的内心感受出发，循循善诱，一方面引导学会换位思考，调节情绪，努力做一个宽容豁达的人；另一方面引导学生思考法律（政策）背后的社会意义，从大局出发，理解法律（政策）出台的合理性，进而发自内心地悦纳法律，努力成为一个有大局意识和责任担当的公民。

总之，统编《道德与法治》八年级下册作为法治教育专册，承载了"全面推进依法治国"的历史使命。面对这份沉甸甸的责任，搭建教材内容和学生实际之间的桥梁，有效实现普及学生法治常识，培养学生法治思维，树立学生法治信仰，促进学生德法兼修的具体使命，是全体初中道德与法治学科人的学科教学使命。"问题解决型"法治课的进阶设计作为一种有效途径，还需要学科人继续耕耘与实践，继续思索与完善。

明辨性思维的培养

——以小学《道德与法治》课为例

王 春[①]

一、为什么要提"明辨性思维"

明辨性思维（Critical Thinking），又叫审辩式思维、批判性思维，主要指一种怀疑的、分析的、推断性的、反思性的思考方式。其作为一个教育主题是在20世纪40年代美国的教育改革中首次出现。美国加利福尼亚大学奇科分校的布鲁克·诺埃尔·摩尔教授，在其《批判性思维》中指出："批判性思维的目标在于做出明智的决定、得出正确的结论。"[1]在美国有很多大学把培养学生明辨性思维作为校训。芝加哥大学校长罗伯特·齐默曾认为，我们给学生一种这样的教育：让学生学会怎样脱离课本进行创新独立思维；给学生提供一种教育，能够为他们从更高层面上，带来一种灵活性，更好地适应未来的变化。

明辨性思维在我国古代就有所体现，在《中庸》里就有："博学之，审问之，慎思之，明辨之，笃行之。"其中"审问、慎思、明辨"，就是提倡明辨式思维方式。杜国平曾在《批判性思维辨析》中对其做了深刻的研究，他指出："'Critical Thinking'译为'审辩式思维'更符合中国的哲学思维和逻辑习惯。"[2]冯为民在《语文微探究教学与批判性思维》中指出："'批判性思维'又称'评判性思维''明辨性思维''严谨的思考'，是指从实际出发，善于以理性和开放的姿态，严格根据客观标准和规律评定事物的价值以明确形成充分的判断。"[3]

今天的教育改革，指向培养全面发展的人，即一个能适应未来社会发展需要、具有终身学习能力的人。独立思考、分析、判断能力至关重要。运用明辨性思维有助于促进学生反思和创新能力的提升，帮助学生学会学习、学会思考、实践创新。

[①] 王春，贵州省贵阳市南明区尚义路小学副校长。

二、明辨性思维在课堂教学中的作用

（一）激活课堂活力，生成民主开放的课程资源

明辨性思维的基本要求就是要敢于打破常规，敢于创新。传统的品德课中，教师倾向于对学生进行理论说教，学生不能灵活地理解和掌握相关概念。同时，学生的思想道德认知水平也没有从根源上得到提高。这让品德教育的效果大打折扣。明辨性思维可以帮助教师更好地激活课堂，生成更为丰富的教学资源。

（二）完善思维结构，提升勤思慎学的学习品质

小学品德课程是为学生形成良好的行为习惯，以及正确的人生观、世界观和价值观奠定基础的课程。通过明辨思维的培养，完善学生思维结构，提升思维品质，培养学生独立思考的能力，使他们善于思考，勤于思考，更好地适应未来社会发展需要。

（三）支持手脑并用，提高解决问题的实践能力

品德学科是一门综合性、实践性很强的学科，要让学生的思维能力、认知能力得到提升，最重要的还是把所学知识付诸实践，从实践中理解真知、检验真理。在丰富的实践活动中，运用明辨性思维，有助于引导学生动手解决问题，从多个角度发展学生的思维，从而使得学习与生活结合，与实际结合，实现学习价值的升华。

三、在小学品德课中发展学生的明辨性思维

为培养学生的思辨性思维，笔者在统编《道德与法治》的教学中进行了尝试探索。下面以几个真实的课堂案例为例，探讨培养学生明辨性思维的有效方式。

在小学低年段，教学中应更多地注重启发引导。在统编教材二年级《挑战第一次》的教学中，我设计了讨论题：是不是所有的事情我们都应该去勇于挑战第一次？希望通过这样的开放式提问让学生学会深入思考。在我们的班级中，学生存在两种情况：一是谨慎有余而胆量不足；二是鲁莽有余而理性不足。为此，本课的教学重点是鼓励学生大胆尝试与探索，同时学习如何理性地对待这过程中出现的问题。通过明辨性思维的培养，让学生知道面对挑战除了勇气还需要智慧，要学会正确的判断，除了有想法还要有行动。在

解决问题的方法上，除了单凭一己之力还可以寻求合作。

再如，在统编教材一年级《请帮我一下吧》一课中，围绕"互相帮助"这一主题，我引导学生明白在需要帮助时，要克服难为情、不好意思、害怕被拒绝等心理，勇敢、主动地求助。我从实际生活中可能发生的情境入手，培养学生互相帮助的意识、习惯和技能，同时也让学生明白，能够自己解决的问题首先还是要自己解决，避免形成凡事依赖他人的不良习惯。那么什么样的困难应靠自己解决？什么时候要求助？向谁求助？应当怎么做？接受别人的帮助时，自己应当怎样表达？当自己帮助别人时，怎样做才能让别人不尴尬、不难受？这样的典型问题在教学中显得尤为重要，构成了本节的主要教学线索。根据低年段学生的认知特点，教学始终循着辩证的思路由浅入深、逐步推进，从初识"困难"，直面"困难"，分析"困难"，解决"困难"出发，再到学会帮助别人，传递温暖，从而教学生学会正确地面对"困难"和解决"困难"。

高年级学生的自我认识能力，对事物的辨别能力已经有了很大的提高。这个时期的品德课更注重的是培养学生实践能力和逻辑思维能力，引导学生将所学知识用于实践。科教版五年级《品德与社会》中的《科技是把双刃剑》一课，是一个典型的可以运用明辨性思维教学的案例。本课的教学目标为帮助学生懂得科学技术是"双刃剑"的含义，初步了解科学技术发展给人类带来的正、负面影响，了解科技为人类带来的祸福。在第一课时的教学中，我让学生在课前查找了原子弹与核电站的相关资料，并根据他们的查找结果进行适度的补充。紧接着提出问题：你认为核能的开发是好还是坏？通过小小辩论会的方式，让学生学习阐明观点，据理力争。在辩论中要求学生做到：（1）自由分组组合；（2）观点简明扼要；（3）充分运用资料；（4）全班交流总结。通过开放的教学，引导学生深入理解科技是把"双刃剑"的道理。最后学生总结：科学技术本身是没有善恶的，问题的出现是因为人们滥用科学技术。只有我们正确运用它，才能为人类创造美好的未来。

又如科教版五年级的《民主无处不在》一课。在课前，我让学生了解关于全国人民代表大会、全国人民政治协商会议的有关新闻，并让学生将图片、资料等带到课堂上来。同时提取尚义路小学第一次少代会的案例，让学生感受民主的无处不在。紧接着提出三个问题：（1）猜一猜"学校的校长信箱"的肚子装着些什么东西；（2）为什么要设置学校少先队公示栏？（3）在你的调查中，有需要改进的关于"民主"的内容吗？为什么？通过这样的几个问题让学生利用课后时间进行调查、采访、整理。让学生进行多维度、多方向、多渠道的接触和思考，同时对学校少代会的召开提出了很多建设性的意见，例如，参加少代会的代表可以运用网络平台增加遴选的知晓率和公平性；少代会代表应当能够为学校代言，宣传学校；学校应当体谅学生，每年设置一天为"无作业日"；等等，这些提议都得到了班上大多数学生的认同。在课后，少先队干部还将学生的成果做成了 PPT 进行汇报，得到了学校少先队大队部的高度赞扬。这样的品德课，让学生感受到了不同观点的碰撞，从而为学生将来成长为一个合格的公民奠定扎实的基础。

提高明辨性思维在教学中的应用，首先需要教育者具有较高的明辨性思维能力，并且要求教育者具有大量的知识储备，关注学科前沿和热点研究领域，并对日常生活中的知识进行归纳和总结。另外，教育者也要具有较高的逻辑思维能力和归纳总结能力，这样才能有效设计教学，从而有效提高学生明辨性思维能力。

参考文献：

[1] 布鲁克·诺埃尔·摩尔，理查德·帕克. 批判性思维 [M]. 朱素梅，译. 北京：机械工业出版社，2015.

[2] 杜国平. 批判性思维辨析 [J]. 重庆理工大学学报（社会科学），2014，28（9）：2–6.

[3] 冯为民. 语文微探究教学与批判性思维 [J]. 中学语文教学参考，2016（4）：4–7.

统编初中《道德与法治》教材使用过程中的几点思考

陆　彬[①]

统编初中《道德与法治》教材展现出许多新的特点和亮点，符合时代发展脉搏，贴近学生生活实际，更有利于培养学生的学科核心素养。在教学中如何吃透新教材，掌握其精神实质，更好地培养适应新时代全面发展的青少年成了我们迫切需要思考的问题。笔者认为，要有效解决这些问题需要深刻研究领会新教材的本质特点，探究有效的教学策略，贴近社会生活实际，科学精准地上好道德与法治课。

一、深入研究统编初中《道德与法治》教材的特点

1. 站位高。《道德与法治》教材面向全国，立足当下，从全局视角考虑组织素材，能高度契合、适应教育改革的新形势与新要求。党的十八大以来确立的教育立德树人的核心任务、社会主义核心价值观、弘扬中华优秀传统文化、依法治国基本方略、社会主要矛盾变化等重要的科学思想和理念，均在新教材中充分显现。一系列科学的思想及理念有利于培养学生道德与法治学科核心素养，涵养学生家国情怀，也在一定程度上体现出国家意志和维护社会和谐发展的需要。

2. 格局大。《道德与法治》教材遵循课程标准和法治教育大纲，涵盖党的十八大以来历次会议精神，落实立德树人要求，紧扣中国学生发展核心素养的要求。新教材视野开阔，内容焕然一新，能适应学生身心发展的特点，贴近服务新时代的大局，更利于培育适应现代社会发展的人才。

3. 选材活。教材中除了要求掌握的教学知识点内容外，每一课都设计编排了"运用你的经验""探究与分享""相关链接""阅读感悟"和"拓展空间"等栏目，拓宽学生的知识面，增强学生学习的趣味性，加强了学生学习时彼此之间的联系，培育了学生的合作、探究精神，既有利于学生联系生活实际掌握知识要点，又能提高学生理论联系实际、分析解决问题的能力。

[①] 陆彬，江苏省宿迁市实验学校教师，中学高级教师。

4. 内容实。新教材内容平实，贴近学生生活实际。以初中学生生活为基础，大量选用感性的社会热点和有现实意义的事例，贴近学生生活感知区域，易于学生理解和接受，增加学习兴趣，提高明辨是非能力，达到实际育人效果，具有深远意义。

二、上好初中道德与法治课的几点思考

1. 吃透新教材。深入研究和理解新教材是上好道德与法治课的前提。道德与法治课教师需认真研究新教材，领会新教材编写的主旨和要义，把握新教材重点、难点、焦点和变化点。尤其要理解新教材中的变化点就是后期教学中的重点和焦点，更是考查学生能力的热点。例如，坚持依宪治国、树立总体国家安全观、正确理解社会主要矛盾的变化、以人民为中心、崇尚法治精神等都是初中《道德与法治》教材中强调的重点内容。

2. 研透新课标。新的课程标准就是新教材的基本纲要和中心思想，也是科学使用新教材的指南针，有利于引导教师抓住重点，深化理解并组织好课堂教学。道德与法治课程是以初中学生生活为基础，以引导和促进初中学生思想品德发展为根本目的的综合性课程。帮助学生过积极健康的生活，做负责任的公民是课程的核心；初中学生逐步扩展的生活是课程的基础；坚持正确价值观念的引导与学生独立思考、积极实践相统一是课程的基本原则。吃透新的课程标准，要在教学过程中重视集体备课，研讨新课程标准，发挥教研备课组集体的智慧和力量，学深研透新课程标准的精髓和要求，从而指导教师有的放矢地进行课堂教学，达到既定的育人目的。

3. 结合时政热点。道德与法治课教学必须与现实生活紧密联系，脱离现实生活实际的道德与法治课是无源之水、无本之木，缺乏生命力。所以，在课堂教学中，要始终与时代脉搏同呼吸、共命运，时刻注重培养学生敏锐发现问题、分析问题、解决问题的能力，充分体现初中思想品德课的育人功能。《青少年法治教育大纲》提出：法治教育要遵循青少年身心发展规律，贴近青少年生活实际，注重知行统一，要更多采取实践式、体验式、参与式等教学方式，与法治事件、现实案例、常见法律问题紧密结合，注重内容的鲜活，注重学生的参与、互动、思辨，创新形式，切实提高法治教育的质量和实效。例如，八年级下册是法治专册，教学中可以把十三届全国人大一次会议召开，选举新一届国家领导人，就职时进行宪法宣誓，表决通过了《中华人民共和

国宪法修正案》等事例拿出来与学生进行讨论交流，引导学生思考问题。如国家领导人就职宪法宣誓昭示了什么？以此启发学生理解宪法至高无上的权威。还可以组织学生参与"晨读宪法"活动，让学生增强宪法观念，维护宪法尊严。只有把握吃透新教材，才能上好道德与法治课，培养学生良好的思想道德品质、法治精神，提升分析解决实际问题的能力。

4. 创新教法。随着教育现代化的发展和推进，道德与法治课堂教学的教法也要由传统向现代化转变。将现代化多媒体手段融入课堂教学，有利于增强教学实效；有利于有效直观教学，激发学生学习兴趣。课堂教学实践中，有效利用现代化多媒体手段会使课堂教学有趣、有触、有辩、有为，使学生由被动去学转变成积极主动去学，使学生由知识的被动"接纳者"变成知识的"创新者"，有助于增强学生课堂理解识记的效果。

有趣。选择典型的法治故事，让学生听故事深思考、悟道理、有兴趣。如紧扣当下热点法治新闻案例：将于欢"辱母伤人"案、文艺名人"阴阳合同"案等带进课堂教学中，既增强学生思考感悟能力，又增强课堂教学的趣味性，提升课堂学习效果。

有触。遴选贴近社会时政的相关法律视频，让学生看视频、探本质、受启发、有触动。如选取《今日说法》《道德观察》等相关主题的央视栏目融入课堂教学，通过形象、直观、真实、图文并茂的视频播放，使学生在学习中产生心灵触动。

有辩。在教学中挖掘社会经济、政治、文化等思辨性话题，让学生在相互研讨辩论中受教育。巧用活动课，精心设计分组辩论赛，通过正反方激烈争辩，明辨是非得出正确观点，既有助于学生熟练掌握并应用知识点，又培养学生丰富的思辨能力。

有为。设计看图说法引导学生践行法治行为。充分利用课本中的"看图说法""看图说话"栏目，让学生大胆发表见解和看法。同时可以利用互联网选取典型意义的视频图画，供学生研讨，引导学生得出正确结论，培养学生道德意识、纪律意识、法律意识，让学生在学法、遵法、守法、护法中有所作为。

青少年是国家的未来和希望。"少年强则国强，少年智则国智。"道德与法治教育必须从学生抓起，其主阵地就在课堂。道德与法治课教师要敢于担当，站位新时代，把握新教材，创新教材教法，才能上好初中道德与法治课，为实现中华民族伟大复兴的中国梦提供人才支撑和保障。

5. 提升教师自身素养。学生发展核心素养的培育是教学实践的落脚点，教育教学必须紧扣学生核心素养的发展。打铁还需自身硬。因此，教师要坚持不断学习，向专家同行学习，向书本、杂志、报纸学习，向互联网、多媒体学习。通过广泛学习取长补短，提升自身核心素养，做有灵魂、有底气的道德与法治课教师。

面对统编《道德与法治》教材的新变化、新要求，道德与法治课教师应在不断钻研新教材的基础上，读出教材的新意和精髓，把教材内化为自身的底蕴，探究有效的教学策略，从而引领学生自觉参与课堂学习，在积极主动探究问题中不断提升自身修养、完善品格，成长为符合新时代社会发展的高素质的建设者和接班人。

小学生社会参与能力培养的问题与对策
——具身学习的视角

宋 梅[①] 陈美兰[②]

思政类课程是学生"社会参与"素养培育的良好载体,习近平总书记在学校思想政治理论课教师座谈会上强调,要把"思政小课堂"同"社会大课堂"结合起来。小学道德与法治课程是培养小学生社会参与能力的重要课程,但在实施过程中还存在着割裂身心、去情境化、缺乏体验等问题。针对这些问题,具身学习理论给我们提供了一个很好的视角。

一、道德与法治课程具身学习及其与小学生社会参与能力培养的关系

1. 道德与法治课程具身学习的内涵及特点

"具身"源于英文词汇"embodied",瓦雷拉与汤普森等学者在著作《认知科学和人类经验》中提到,"具身"意在强调认知的产生源于身体经验。具身认知理论认为,认知的内容是身体提供的,认知、身体、环境是一体的[1]。基于具身认知理论,具身学习理论强调从身体与环境互动的视角看待学习,主张"大脑—身体—环境"一体化。道德与法治课程具身学习是指在具身学习理论观照下,主张"身心合一",注重课堂、生活、实践相统一的课堂学习方式。道德与法治课程具身学习的主要特点有涉身性、情境性、体验性等。

(1) 涉身性

人通过身体认识世界,认知不仅是神经中枢的符号加工过程,与身体活动亦紧密相关,人的感知能力是身体的物理属性决定的。[1]在具身视域下的道德与法治课堂里,教师秉持"身心一体"观,引导学生在参与各项活动的过程中体验、亲历、成长。教师在教学中注重知、情、意、行统一,关注学生的身心愉悦、和谐发展。例如,一年级下册第2课《我们有精神》,呈现了升旗、合唱、听讲等校园生活场景,教学中,教师可以引导学生认识什么是

---

① 宋梅,江苏省徐州市青年路小学副校长,中学高级教师。
② 陈美兰,江苏师范大学教育科学学院教授,硕士生导师。

"有精神"，通过亲身去做一做，体会"有精神"的状态和感受。学生从自己的生活出发，运用多种感官去观察、体悟，从而明白什么是真正的"有精神"。

（2）情境性

学习情境强调学习的参与性、社会性、具体性，学习者在特定的学习情境中看到、听到、触到、感到、领悟到学习内容，从而获取直接的学习经验。人的认知活动发生在特定的学习情境里，在认知发生的过程中，身体和情境缺一不可。如二年级下册第10课《清新空气是个宝》的教学，教师在课前一周给学生提供一份空气质量记录表并布置任务，请学生每日记录当天的空气质量，空气质量情况与学生真实的生活情境便紧密联系起来了。教师还可以鼓励学生通过实地调查、查阅资料，了解工厂生产过程中的废气排放、农民焚烧秸秆、城市汽车尾气排放等造成空气污染的原因。如此，学习就在具体的生活情境中发生了。

（3）体验性

体验即亲身的经历，身体和情境的互动形成主体身体的体验。具身学习理论认为，主体对外界事物的感知、体验与内化影响着学习的内容、方式和结果。体验是人类认识世界的一种重要方式。正如梅洛－庞蒂所说："身体是我们拥有一个世界的一般方式。"[2]例如，在一年级下册第10课《家人的爱》的教学中，为了让学生体会家人对自己的爱，体会家人为了家庭的辛苦付出，有的教师组织学生以腰间负重的方式感受母亲怀胎十月的辛苦，通过弯腰弓背扶着布娃娃走路的方式体会家长扶着孩子学走路的辛劳。这样的体验提高了学生的认知，丰富了学生的感受。

2. 道德与法治课程具身学习与小学生社会参与能力培养的关系

社会参与能力是指学生参与社会生活所具备的能力，是学生处理与社会关系的情感态度、价值取向和行为方式。培养学生的社会参与能力，需要引导学生把学习的视角转向对社会、对自然的思考，需要关注学生社会生活的实践体验。具身学习理论认为，认知基于身体，具有实践性、活动性等特征，学习离不开身体与周围环境的互动。可见，具身学习理论对于培养学生社会参与能力具有重要意义。教师可以通过创设情境、增强学生体验等方式，引导学生进行具身学习，逐步培养其社会参与能力。

（1）社会参与相关主题内容丰富

目前，小学道德与法治课程沿用《义务教育品德与社会课程标准（2011版）》（以下简称"课标"）。课标指出，"课程旨在培养学生的良好品德，促进学生的社会性发展，为学生认识社会、参与社会、适应社会，成为具有爱心、责任心、良好行为习惯和个性品质的公民奠定基础"。[3]小学《道德与法治》统编教材依据课标和《青少年法治教育大纲》研发编写，以培养学生适应个人和社会发展的完备品格为核心，以社会主义核心价值观为引领，联结自我、家庭、学校、社区、国家、世界等逐步扩展的学生生活场域，实现德润心灵、法护成长的育人目标。在全套小学《道德与法治》教材中，与社会参与相关的主题内容共有 39 个单元，占比达 83%（表1）。教材是引领教学的重要路径。[4]教材中的社会参与相关主题均源于真实的社会生活。例如，教材在《绿色小卫士》《让生活多一些绿色》《爱护地球 共同责任》等社会责任主题的内容中，呈现了学校因空气污染停课、燃煤电厂排放废气、沙漠面积悄然扩大等真实的社会生活事件或现象，引导学生尊重自然，养成绿色生活方式，形成可持续发展理念。教材中的叙事思维和丰富的学习资源体现了一种融入、激发性的教育姿态。[5]

表1 社会参与主题内容在教材中的分布情况

年级	主题					
	责任担当			实践创新		
	社会责任	国家认同	国际理解	劳动意识	阅读解决	技术应用
一年级	《天气虽冷有温暖》《我和大自然》《校园生活真快乐》《我们在一起》			《我爱我家》	《家中的安全与健康》《我的好习惯》	
二年级	《我们在公共场所》《绿色小卫士》《我们生活的地方》《我们好好玩》			《让我试试看》	《我会努力的》《我们的节假日》	
三年级	《我从小生活的地方》《我们的公共生活》《同学相伴》				《快乐学习》《安全护我成长》	《多样的交通和通信》
四年级	《让生活多一些绿色》《感受家乡文化 关心家乡发展》《同伴与交往》			《为父母分担》《美好生活哪里来》	《做聪明的消费者》	《信息万花筒》

年级	主题					
	责任担当			实践创新		
	社会责任	国家认同	国际理解	劳动意识	阅读解决	技术应用
五年级	《公共生活靠大家》	《我们的国土 我们的家园》《骄人祖先 灿烂文化》《百年追梦 复兴中华》			《面对成长中的新问题》	
六年级	《爱护地球 共同责任》《我们的守护者》《我们是公民》《我们的国家机构》《法律保护我们健康成长》		《多样文明 多彩生活》《让世界更美好》			

（2）具身学习切合教材设计理念

小学道德与法治课程现行教材是围绕学习活动来设计的，旨在经由学生亲身的体验实现教材的育人目标，以学习活动为路径唤醒学生的社会参与体验。"亲身做"是体验的核心要点之一。教材以"活动园""交流园""阅读角""故事屋"的方式为儿童创设"亲身做"的广阔空间。[6]以五年级下册《建立良好的公共秩序》一课为例，在"活动园"这一教材的主导性栏目中，既有"设计公共生活秩序单""分组秩序小实验"等班级内的现场活动，也有调查交通、污染等社会公共问题的课外社会学习活动，这些活动都需要学生亲身去做，学生在亲身做的过程中认识到公共生活需要良好的秩序来维护，初步形成规则意识。围绕学习活动设计教材避免了教学活动中的灌输和说教，建构了基于体验的道德学习方式。教材设计的特点决定了具身学习是道德与法治课堂中培育学生社会参与素养的一种有效、适切的学习方式。

二、当前教学中小学生社会参与能力培养存在的问题及分析

道德与法治课程蕴含着丰富的社会参与能力培养的素材，然而在现实的教学实践中，学生社会参与能力培养的实效尚不尽如人意。基于此，笔者在山西省吕梁市文水县开栅镇开栅村小学、上海市长征中心小学、江苏省徐州市青年路小学、江苏省扬中市外国语小学和江苏省徐州市房村镇中心小学5所学校共选取400位五、六年级学生进行了相关问卷调查，对调查结果进行

了分析和梳理。

1. 割裂身心，忽视身体参与

很多教师忽视课堂教学中学生身体的体验，把学生当作知识的容器，教学缺乏生动的实践，"教学成了一种储蓄行为，学生是储蓄所，教师是储蓄者"。[7]在"教师是否组织与课程内容相关的实践活动（如辩论、游戏、表演等）？"这个问题的调查中，选择"从不组织"的学生占61%，选择"偶尔组织"的占31%，选择"经常组织"的仅为8%。可见，在相当多的小学道德与法治课堂里，学生还不能在"亲身做"的过程中获得切身的感悟和经验。

2. 去情境化，忽视情境价值

在很多的小学道德与法治课堂里，教师忽略教学情境在教学中的价值，教学情境的创设不能有效地支持并服务于课堂教学。教师以劝说的教育姿态向学生传授道德观念，课堂不能联结学生过往、当下和未来的生活。例如，在教学三年级下册第11课《四通八达的交通》时，很多教师往往会滔滔不绝地讲解我国交通运输业的飞速发展，却忽略了学生自身及家人在购物、外出旅游、走亲访友等社会生活中乘坐交通工具的真实情境，教学与学生生活脱节，学生的学习远离真实的问题情境。

3. 缺乏体验，忽视亲身实践

在很多小学道德与法治课堂里，学生很少有通过自己的实践体验来获取知识并赋予知识以意义的机会，他们更多的是在"听中学"，课堂缺乏对话和探究，学生鲜有机会参与学校和班级管理，更遑论走出校园参与社会实践。从"道德与法治课教师组织你参加过社会活动（如调查研究、公益活动、研学走访、社区服务、职业体验等）吗？"这一问题的问卷调查结果来看，56%的学生从来没有参与过社会活动，38%的学生偶尔参与社会实践活动，仅有6%的学生经常参与社会实践活动。学生经验与社会经验、人类经验之间缺乏接续性，教学缺乏更广阔的空间、更丰富的内容和更精彩的体验。

究其原因，一方面，教师对道德与法治课程综合性、实践性、开放性的课程性质把握不够，习惯于"教"教材，倾向于照本宣科式的知识讲授，忽视了实践活动对学生社会参与能力培养的重要价值；另一方面，教师教学设计缺乏学生立场，缺乏对学生经验的关注，在课堂教学中把学生经验排斥在外，没有创设生动的体验活动以实现学生经验的提升。

三、道德与法治课程促进学生社会参与能力培养的教学对策

社会参与能力培养是道德与法治课程重要的教育目标和着力点，具身学习理论能够帮助我们把握课标的要求，制定合理有效的教学策略，有的放矢地培养学生的社会参与能力。

1. 观照身心合一，提高涉身性

在道德与法治课堂中，应强调学生身心和环境的整合，让学生的学习植根于身体与外界的互动中。在学习活动设计中，教师应为主体活动创造自由时空，调动学生多种感官，帮助学生加深对抽象理论的理解。根据课堂教学需要，教师应提供给学生亲自动手、亲身参与、亲身实践去探索和发现知识的机会，通过互助讨论、辩论赛、模拟法庭、游戏、角色扮演等不同形式，引导学生在动态的探究中学习知识、发展能力、培养品格。以二年级下册第6课《传统游戏我会玩》课的学习为例。本课以传统游戏为主题，旨在通过调查采访、动手制作等方式，培养学生的社会探究能力。在教学中，为了让学生了解传统游戏的玩法，感受传统游戏的趣味性，课堂上教师可以通过"传统游戏我展示"的活动，引导学生小组之间交流课前采访长辈的收获，展示从长辈那里学习到的传统游戏的道具、玩法；通过"传统游戏我会玩"的学习活动，组织学生现场"玩转"跳房子、丢手绢、挑小棒等传统游戏，让学生切身体会传统游戏带来的乐趣。在这样的学习过程中，学生的身体得到解放，在模仿传统游戏、亲身参与游戏的过程中，他们的社会探究能力得到了有效提升。

2. 基于学生立场，增进情境性

具身学习理论强调，生动具体的情境能够增强学生的身体体验，帮助学生探求事物本质，激发学生的情感，启迪学生的思维。社会参与主题教材中有些内容比较抽象，不易于学生理解，对此，教师可以着眼不同的课堂教学任务，以学生逐步扩展的生活圈为基础，构建与现实生活紧密结合的具有实践性、体验性、参与性的主题式情境，促进学生的学习和理解。面向真实的生活构建情境，可以促进道德培养由知识道德向生活道德转变。此外，模拟的情境活动，能够拓展课堂教学时空，突破传统教学环境的限制，激发学生的学习兴趣，丰富学生的身体感受和经验。以五年级下册第10课《夺取抗日战争和人民解放战争的胜利》的学习为例。本课内容是历史题材，知识容量

较大。在教学设计中，有的教师利用 VR 技术，让学生参观 VR 南京大屠杀全景纪念馆，将馆内的照片、实物、影像、侵华日军回忆录等史料完完全全地展现在学生面前。学生用自己的眼睛观察历史，用自己的耳朵倾听历史，用自己的心灵感受历史，教育技术为学生提供身心交互的学习环境，身与心之间的隔阂被技术的发展所突破。

3. 契合课程特质，增强体验性

具身学习具有开放、动态、生成等特征，培养学生的社会参与能力需要打破课堂和学校的限制，让课堂与社会深度融合互动，通过开展学科主题的社会实践活动，引导学生在课堂中致知明理、在生活中践履躬行，促进"思政小课堂"和"社会大课堂"融合。围绕教学目标，教师可着眼学生的社会性发展，选取参观访问、志愿服务、职业体验、研学旅行、社会调查等具有社会性、主体性特点的社会活动，使学生的学习更有探究味和生活味，使课堂教学得到延伸和开放，切实契合道德与法治课程社会性的学科属性特点。以六年级上册第 7 课《权力受到制约和监督》为例。本课属于《我们的国家机构》这一单元里的内容，教学重点是引导学生了解不同国家机关的职能和权力，懂得权力有边界，培养学生具备行使民主监督权利的公民意识。教学中，教师可以组织学生实地参观本地的"一站式"政务服务大厅，帮助学生在实际观察中了解不同的行政机构及其职责，感受国家机关及其工作人员如何依法行使权力，自觉履行职责。[8]在现场实地监督中，学生可以切实体会权力受到制约和监督的内涵与意义。"纸上得来终觉浅，绝知此事要躬行。"学习需从书本走向现实，学生是在生动的社会体验和参与中体悟"知行合一"的。

参考文献：

[1] 叶浩生. 具身认知：认知心理学的新取向［J］. 心理科学进展，2010，18（5）：705 – 710.

[2] 莫里斯·梅洛–庞蒂. 知觉现象学［M］. 姜志辉，译. 北京：商务印书馆，2001.

[3] 中华人民共和国教育部制定. 义务教育品德与社会课程标准（2011 年版）［S］. 北京：北京师范大学出版社，2012.

[4] 章乐. 引导儿童生活的建构：小学《道德与法治》教材对教学的引领［J］. 中国教育学刊，2018（1）：9 – 14.

[5] 高德胜. 论小学《道德与法治》教材的"叙事思维"［J］. 课程·教材·教法，

2019，39（6）：11-20.

[6] 高德胜."接童气"与儿童经验的生长——论小学道德与法治教材对儿童经验的处理[J].课程·教材·教法，2018，38（8）：11-20.

[7] 阿尔贝特·施韦泽.敬畏生命——五十年来的基本论述[M].陈泽环，译.上海：上海人民出版社，2017.

[8] 金利.统编《道德与法治》六年级上册教学建议[J].课程·教材·教法，2019，39（10）：37-40.

中小学模拟法庭模式的问题及改进

——以"今天我来当法官"模拟法庭活动为例

张 静[①]

模拟法庭源自美国法学院的"moot court"课程,是以典型法律案例为基础,由学生组织模拟审判活动,学生扮演审判人员、公诉人、原告、被告、诉讼代理人等各种角色,严格按照真实审判的流程对典型法律案例进行"审理"并最终依法进行"判决"的法律实践活动。由于这种活动形式能为学生提供很好的法律实践平台,近几年被我国中小学引入并广泛地开展。

一、中小学模拟法庭活动的价值意义

中小学法治教育有别于法律专业人才的培养,其目的是让学生通过对法律知识的学习,树立法治意识、法治观念、法治信仰,成为懂法、信法、守法、用法的公民。[1]《青少年法治教育大纲》中提出:"要综合采用……情境模拟(如法庭模拟)……等多种教学方法,必要时,可根据学生认知特点,将真实法治案例引入课堂教学,注重学生法治思维能力的培养。"由此可见,中小学模拟法庭活动的开展要契合中小学法治教育的目标,它的价值意义在于培养学生的法治观念和法治思维。

具体来说,一是让中小学生了解庭审活动参与者的身份和诉讼地位,了解现代诉讼的构造和开展过程,直观感受法律审判平等、理性和公正的精神;二是激发学生学习法律的兴趣和主动性,加强对所学法律知识的理解,尝试抽象之法在具体生活事件中的运用;三是养成学生理性处理问题的思维习惯,让法治观念和法治思维在活动中得以培养和强化。

二、中小学模拟法庭模式存在的问题

当前一些中小学开展的模拟法庭活动存在一些问题。例如,教学目标设置不科学,没有充分发挥模拟法庭活动在中小学法治教育中应起的作用;大

[①] 张静,湖南省长沙市周南秀峰学校教育处副主任。

多数中小学模拟法庭活动仅侧重于让学生感受法庭概貌和了解庭审流程，没有真正做到以培养中小学生法治观念特别是法治思维为目标，这使得中小学模拟法庭活动仅达到了浅层目标，而没能实现其深层价值。

再如，教学方式设计不科学，使模拟法庭活动成了一场"表演秀"。就目前一些中小学开展的模拟法庭活动来看，大多是准备剧本，熟背台词，参与者无需应变，更无需"对抗"，只需按照"剧本"表演其饰演的角色。[2]这种基于表演性的模拟法庭活动缺少庭前的扎实学习，也没有庭后的收尾工作，对学生而言只能带来一时的新鲜感，不具有持久的吸引力。因为这种模式下学生的主体地位没有得到充分体现，其作为角色参与者的兴趣没能得到持久激发，也不能锻炼学生应用法律知识的能力，培养学生法治思维和法律素养的功能自然也得不到凸显。

此外，教学师资配备不科学，难以保障模拟法庭活动的逼真性和专业性。模拟法庭课程指导教师应至少具备两方面的条件：其一，掌握较为全面的法学知识；其二，具有丰富的实务经验。[2]而我国中小学普遍缺乏有法律专业背景的师资力量，师资不专业必然决定了中小学模拟法庭活动难以实现良好的教学效果，严重制约了其法治教育功能的发挥。

三、中小学模拟法庭模式的改进策略

（一）扩大学生参与面，全面提升育人效果

中小学模拟法庭模式在角色设置上要多样化，应尽可能扩大学生的参与面，让更多的学生得到锻炼。活动既可以设置原告（公诉人）、被告（被告人）、审判员（法官）、书记员等基本角色，也可以设置人民陪审员、辩护律师（委托代理人）、证人、法警等角色，案情稍复杂的还可以合议庭的形式，设置3名审判员（或1名审判员、2名人民陪审员）来组织庭审。其余的学生可以组建为原、被告的律师团队，为双方庭审活动提供支持。这样，一方面能使更多的学生参与到模拟法庭活动中来，另一方面也让学生认识到庭审活动不仅是原告（公诉人）和被告（被告人）"对抗"的过程，更是多个诉讼主体协作完成的过程，这对于中小学生更好地领会民主、法治、公平、正义、权利、义务等法律精神有重要的意义，有利于其法治价值观的形成。

以我校"今天我来当法官"模拟法庭活动为例。这场模拟法庭活动以一起买卖合同纠纷为案情素材，由3名法官组成合议庭，采用普通程序进行审

理。活动设置了法官、书记员、原告、被告以及双方的委托代理人等多个角色。委托代理人一方设定为律师，代理权限为全权代理；另一方设定为公司授权的员工代表，代理权限为一般代理。其他学生则按自己的意愿选择成为原告或被告的律师团成员，实现了模拟法庭活动参与范围的最大化。

（二）关注庭前庭后，全面评价活动过程

在中小学模拟法庭传统模式中，指导教师主要侧重庭审环节，但一场完整的模拟法庭活动不仅要关注庭审环节，还要精心设计庭前和庭后环节。首先，庭前准备要更充分。我们提倡的中小学模拟法庭活动应该建立在一定的法律课程的基础之上，而不是脱离了法律课程的单纯的观摩表演活动。庭前指导教师不仅要精心挑选适合学生理解层次的案例，准备庭审所需的法律文书，组织学生学习庭审程序，更重要的是要传授与案件相关的实体法律知识，这是模拟庭审活动开展的基础。其次，活动评价要更全面。活动评价包括对所选案例的重要性、典型性予以分析，对学生庭前做的准备、团队合作的能力以及思辨能力进行评价，对模拟庭审时学生的表现、法律知识的运用和做出的判决结果给予评判等，从而帮助学生更好地理解程序正义，培育法律素养。再次，庭后收尾要更完善。很多指导教师认为，模拟庭审结束，模拟法庭活动即告完成，其实不然。在实际的司法实践中，庭审活动结束后，法官和书记员还要进行案卷的整理和归档工作。只有完成了这些收尾工作，整场模拟法庭活动才算真正结束。不仅如此，收尾工作还可以让学生进一步感受到司法活动的严谨性，从而加强法治意识的渗透。

"今天我来当法官"模拟法庭活动的指导教师，是具有法律专业背景的"双师型"教师。庭前，教师多次组织学生开展法律沙龙活动，学习法律知识、了解庭审流程、介绍基本案情、讨论庭审战略，并与长沙市开福区人民法院充分接洽，在服饰、案卷、法槌、标牌等方面高度模拟真实的法庭环境，充分营造法庭氛围。为了弥补实务经验的不足，指导教师还邀请了开福区人民法院少年庭的副庭长来到模拟庭审活动现场，为学生做全面细致的点评，使理论教学和实务教学相结合，提高学生的学习兴趣。庭后，学生又在教师的指导下完成了案卷材料的收集、整理和归档等工作。可以想见，这样一场完整的模拟法庭活动带给学生的收获，是单纯表演性的模拟庭审活动所无法比拟的。

（三）改进教学方法，着力培养法治思维

中小学模拟法庭活动要取得良好的教学效果，关键还在于教学方法的改进。活动中，教师不能包办所有的工作，只让学生做"演员"，而应该放手让学生做力所能及的工作，如全程参与讨论案情、制作相关法律文书、主持庭审、在庭上陈述以及举证、质证、辩论、评议、宣判等。[3]教师要做的，只是在学生能力不及的地方，提供一定的"支架"，以帮助他们完成学习目标。

仍以"今天我来当法官"模拟法庭活动为例。在庭前准备阶段，指导教师在3个真实案例的基础上自主创编了案例小品《买假卖假》，拍摄成案例视频，组织学生开展法律沙龙活动，了解具体案情，学习相关知识。除此之外，指导教师还准备了庭审所需的法律文书，但都是"半成品"的起诉状、答辩状、证据清单、代理词、判决书等。所谓"半成品"的法律文书，即考虑到中小学生独立制作法律文书存在一定的困难，指导教师根据学生的年龄阶段、能力层次，在文书中仅关于案件争议焦点或培育思辨能力的部分留有空白，给予学生思考和发挥的空间。分配角色任务后，由学生及其团队根据案情资料和法律规定将己方的法律文书补充完整并反复讨论和修改，如原告及其"律师"团队要补充完整起诉状、证据清单及代理词；被告及其团队要补充完整答辩状、质证意见及代理词等。尽管指导教师对整个活动有所预设和把控，但在深入分析和处理案件的过程中，学生往往又会生成很多新的问题，发表意想不到的观点，正是在这些思维碰撞中，学生的思辨能力和解决问题的能力得到了有效的提升。

正式庭审阶段，学生运用所学的法律知识应变庭审过程中出现的各种问题。担任"法官"的几名学生根据双方的控辩情况，对案件进行合议，发表赞成或反对的意见，最终在"法庭调查""证据采纳"及"本院认为"均留有空白的"半成品"判决书上，将案件事实、判决理由和判决结果补充完整并进行现场宣判。

教学方法的改进，是突破传统模拟法庭模式无法实现深层教学目标的关键。它让学生真正成为中小学模拟法庭活动的主体，将所学法律知识融入现实案例之中进行主动思考并积极应用，不仅帮助学生巩固法律知识，还对其构建法治思维、培育法治观念起到极大的促进作用，是中小学生法律素养得以提升的有效手段。

在改进后的模拟法庭模式中，指导教师虽然不用包办全部的工作，但他

们投入的时间和精力比传统模式更多。同时，改进模式对指导教师的专业素质要求也更高。在师资条件不足的学校，可以采取"双师"教学模式，聘请有丰富实践经验的法官、检察官、律师等担任校外指导教师，和本校法治教育教师共同组建较为稳定的教学团队。改进后的模拟法庭模式与中小学法治教育目标的深度契合，无疑更有助于中小学生法治意识、法治思维的培养，学生从活动中获得的成就感，也将持久激发其参与的热情，成为模拟法庭活动在中小学持续开展的源泉和动力。

参考文献：

［1］张善超，李宝庆. 法治教育融入中小学课程设计的途径与特色［J］. 教育探索，2015（11）：135－139.

［2］韩俊英，沈慧. 模拟法庭实践教学存在的问题及其完善建议［J］. 高教论坛，2018（1）：55－57，59.

［4］邵艳刚. 模拟法庭教学模式在中职法律教学中的应用［J］. 河南农业，2018（15）：27－28.

第四章

国家安全与民族教育

第一节 国家安全教育

教材中的国家安全教育
——统编教材《树立总体国家安全观》的设计思路及教学建议

吴玉军[①]

为引导学生正确理解和全面把握我国安全形势面临的挑战,提高维护国家安全的意识和能力,自觉肩负起维护国家安全的责任,统编《道德与法治》八年级上册教材增设了《树立总体国家安全观》的内容。课程分"认识总体国家安全观"和"维护国家安全"两个框题。由于这是首次在义务教育教材中就总体国家安全观进行的尝试,为方便教师对这一部分内容的理解和把握,本文就该课程的设计思路和教学注意事项做简要说明。

一、教材设计主旨

国家安全是安邦定国的重要基石,维护国家安全是全国各族人民根本利

---

① 吴玉军,北京师范大学价值与文化研究中心、哲学学院教授、博士生导师,统编八年级《道德与法治》教材编者。

益所在。国家安全得不到维护，人们的幸福生活就无从谈起，社会就不可能发展进步，民族复兴也无法保障。国家安全与每个公民息息相关，只有人人为国家安全积极做出贡献，全社会动员起来、行动起来，才能筑牢坚如磐石的社会堤坝。青少年是国家的希望，民族的未来。在青少年中开展国家安全教育，引导他们从小树立"国家安全、荣誉和利益高于一切"的安全观，提高其国家安全意识，增强其维护国家安全的能力至关重要。

对于长期生活在和平与安定环境中的初中生来说，他们对于国内外安全领域面临的复杂形势缺乏切实的感受和必要的了解，很难充分意识到国家安全面临的严峻形势，缺少必要的安全忧患意识。很多人包括青少年甚至认为维护国家安全是安全部门的事情，与自己没有太多关系，距离自己的生活很远，这于维护国家核心利益，保障国家安全是不利的。正是基于这一学情，在义务教育初中教材当中特别增设了总体国家安全观的内容，其目的在于引导学生正确理解和把握我国的安全形势面临的挑战，增强其国家安全意识，引导其树立总体国家安全观，进而使他们自觉肩负起维护国家安全的责任。

二、教材设计思路和内容编排

按照"国家安全的重要性—我国国家安全面临的新形势—坚持总体国家安全观—践行总体国家安全观，维护国家安全"的设计思路，教材共设置了"认识总体国家安全观""维护国家安全"两框内容。

（一）认识总体国家安全观

"认识总体国家安全观"这一框，通过一组人们享受幸福安宁生活的场景，使学生体会幸福生活的来之不易，认识到幸福生活需要国家安全的有力保障。在此基础上，通过两目内容阐明国家安全的重要性以及应该树立怎样的国家安全观。

第一目"国家安全与我们息息相关"，一开始设置了"探究与分享"栏目，将鸦片战争到新中国成立一百多年间中国经历的苦难和新中国成立后国家发生的翻天覆地变化进行对比，引导学生思考国家安全对于国家生存和发展、人民幸福安康的重要性。在此基础上，教材从两个层面阐述了国家安全的重要性：国家安全是国家生存与发展的重要保障，国家安全是人民幸福安康的前提。通过这两个层次的学习，有助于帮助学生完成教材中"探究与分享"活动为学生们设置的思考问题。

第二目"坚持总体国家安全观",在理解国家安全重要性的基础上进一步引导学生认识我国的国家安全面临的复杂新形势。对此,教材以保护国家机密、防范土地荒漠化、反国家分裂等组图,通过中国政府保护海外人员安全等材料,展示了我国在维护国家安全方面面临的艰巨任务及其采取的积极有效应对措施。教材明确指出:"今天,我国国家安全内涵和外延比历史上任何时候都要丰富,时空领域比历史上任何时候都要宽广,内外因素比历史上任何时候都要复杂。"正是基于对国家安全形势的新挑战的认识,我们必须要坚持总体国家安全观。由此引申出本课最为重要的内容"总体国家安全观"。

(二) 维护国家安全

教材用学生日常生活中常见的"巴西龟"作案例,引出每个人都应该并且能够为维护国家安全做出自己的贡献。该框重点引导学生认识到,维护国家安全是每个公民的神圣职责,每个人都应严格遵守国家安全法律规定,积极履行维护国家安全的法定义务,为维护国家安全贡献自己的力量。

第一目"人人都是维护国家安全的主角",从两个层面进行了论述:维护国家安全需要人人做出贡献,维护国家安全人人可为。就第一个层面而言,教材指出,国家安全不仅仅是国家安全部门的事情,它是全体公民的共同责任;就第二个层面而言,教材指出,维护国家安全,人人可为。

第二目"履行维护国家安全的法律义务",在明确人人都应该为维护国家安全做出贡献的基础上,引导学生提升维护国家安全的意识,增强维护国家安全的能力。教材引导学生做到:一要认真学习有关国家安全和保密工作的法律法规、规章制度,增强维护国家安全的法治意识;二是严格按照有关国家安全的法律规定,积极履行维护国家安全的法定义务,不断提高防范意识和防范能力,为维护国家安全贡献自己的力量。

三、教学注意事项

知识的学习、能力的提高、情感态度价值观的培养是道德与法治课程实施的基本目标。《树立总体国家安全观》作为初中道德与法治课程的重要内容,也应该在这几个方面引导学生不断进步。但在具体到某方面内容的讲解上,这几个方面要各有侧重,有效的处理好知识目标、能力目标、情感态度价值观目标三者的关系。

第一,教师要准确理解和把握总体国家安全观的内涵。总体国家安全观是一个新知识点，在以往的教材中没有出现。同时，总体国家安全观也是本课的核心词，因此准确理解其内涵，是讲好这一课的前提。在此，教师需要对总体国家安全观提出的时代背景、内涵、特征等予以全面的理解和把握。需要指出的是，总体国家安全是集政治安全、国土安全、军事安全、经济安全、文化安全、社会安全、科技安全、网络安全、生态安全、资源安全、核安全等为一体的国家安全体系。总体国家安全观涵盖的内容十分丰富，它将各领域安全统合在一起予以总体性把握，突破了传统意义上将国家安全限定在政权安全、国土安全、军事安全等方面而忽视经济、文化、社会、网络、生态等领域的安全的局限，将国家安全拓展到了更为宽广的时空领域。

实际上，教材中关于维护国家安全的内容十分丰富，既涉及反间谍等政治安全、军事安全的内容，也有反对随意放养巴西龟等涉及生态安全的内容，还有如节约用水、防止土地荒漠化等涉及资源安全的内容。由于教材篇幅所限，加之内容生活化等考虑，教材在讲授总体国家安全观时，难以对安全体系的所有方面做一一说明，而是选取与学生日常生活紧密相关的一些安全领域的问题重点说明。在教学中，教师可结合实际，在这方面做拓展性讲解。

第二，注重学生国家安全意识、维护国家安全的能力的提升，切实增强学生的政治认同感。教师需要对总体国家安全观的内涵做深入的理解和把握，但这并不意味着在教学中对学生这方面知识的掌握提过高要求。正如前文所述，总体国家安全观的内容十分丰富，不可能期望初中生通过本课内容就能对其做细致的了解和深入的把握。在此，知识学习是必要的前提，但不是最终目标。培养学生的国家安全意识，提升其维护国家安全的能力，增强其政治认同感才是本课所要达到的关键目标。

教师要引导学生辨别损害国家安全的行为，提高维护国家安全的意识和能力。在教学中，教师可适当补充"破坏国家安全的行为有哪些？"像窃取、泄露国家秘密；叛国、分裂国家、煽动叛乱、颠覆或者煽动颠覆人民民主专政政权；境外势力渗透、破坏、颠覆、分裂活动；污染排放，危害生态环境安全等，这些行为，国家不仅会依法惩治，还要防范和制止。通过拓展性的讲解，让学生了解危害国家安全的行为有哪些，引导学生学会在力所能及的范围内同危害国家安全的行为进行斗争。

同时，教师要注重对学生情感、态度和价值观目标的达成。在教学中，教师要善于挖掘相关资料，选取典型事例，采取有效的教学方法，引导学生积极了解社会，关心国家发展，提升其公共意识，培养其公共精神，使学生认识到，每个人都可以为维护国家安全做出自己的贡献，节约一滴水，节约一粒粮食，这些看似平凡的小事，实际是维护国家的水资源安全、粮食安全，进而对维护国家安全做出了自己的贡献。要引导学生认识、理解和体会党和国家在保障人民安全、维护人民根本利益、为人民创造良好的生存发展条件和安定的工作环境、保障人民的生命财产安全和其他合法权益等方面所做的不懈努力，以此增强学生对伟大祖国的认同、对中国共产党的认同、对社会主义道路的认同，进而提升学生的政治认同感。

第三，运用多种教学资源，借助多学科教学方法提升教学效果。总体国家安全观知识性、理论性很强，将内涵如此丰富的内容放置在一课中讲授，确实有一定的难度。为此，我们要紧密结合初中生的实际，通过相关课程资源的开发、多种教学方式和方法的运用来增强教学效果，提高教学成效。在授课过程中，教师可安排学生查阅相关报刊资料、观看新闻报道、参观考察等，多渠道认识国家安全形势，了解党和政府采取的应对措施，并在课堂上与大家分享。在这一过程中，学生们会对国家经济安全、政治文化安全、科技安全、生态安全、网络安全等有更为深入的了解，做到居安思危。通过国内外相关事例的正反对比，使学生感受到我们在和平、安宁的环境中幸福地生活，这与世界上一些国家的人民还生活在战争、疾病、贫困的折磨中形成鲜明对照，进而增强学生对生活在伟大祖国中的自豪感，增强其实现中华民族伟大复兴的中国梦的使命感。

在课堂教学资源的呈现中，要注意多学科的综合运用。教师可充分运用历史、语文、艺术、数学等多学科知识丰富课堂教学。教师还可以通过对近代中国积贫积弱与当代中国繁荣富强的对比，以及对维护国家利益和安全的名言警句的展示，通过对相关素材的艺术化的情景再现，和一组组数据的展示，使课堂内容变得充实、生动，给学生感官上以冲击，情感上以激发，引发他们做深层的思考，最终引导学生在知识的掌握、能力的提升、情感态度和价值观的养成等方面都取得实实在在的成效。

中小学国家安全教育课程实践及启思

——以江苏省中小学国家安全教育课程为例

王小叶[①]

根据习近平总书记总体国家安全观相关要求，依据《中华人民共和国国家安全法》第五章第七十六条"通过多种形式开展国家安全宣传教育活动，将国家安全教育纳入国民教育体系"的法定要求，以 2016 年 4 月 15 日首个全民国家安全教育日为契机，根据《基础教育课程改革纲要（试行）》和《中小学教材修订审定管理暂行办法》的基本精神，在江苏省国家安全厅和江苏省教育厅的倡议下，江苏省中小学国家安全教育系列读本进入江苏省中小学校园，江苏省开始全面启动江苏省国家安全教育课程。

为了实现中小学国家安全教育的针对性、对学生发展核心素养培育的连贯性和有序性，江苏省国家安全教育课程依据江苏省中小学生国家安全意识发展现状，结合江苏省、国内外典型的国家安全教育案例，立足当前中小学生认知发展状况和心理发展现状，以总体国家安全观宣传教育为核心，从认识国家安全、认清我国面临的国家安全形势、理解和践行总体国家安全观、自觉履行维护国家安全法定义务观和做自信的国家安全卫士等五个维度设计课程目标，组织和编写课程内容，进行课程试教与实施。

一、江苏省中小学国家安全教育课程研发的背景

中小学生是祖国未来的接班人和建设者，自觉维护国家安全的意识理应是未来公民不可缺失的公民素养。基于此认识，江苏省一直致力于研发中小学国家安全教育课程，其背景主要有如下几点。

（一）"国家安全是头等大事"

提及国家安全工作的重要性，习近平总书记曾指出"国家安全是头等大事"。但长期以来，不少中小学生不仅对中国的和平崛起与日益复杂的安全形势不理解，而且对国家安全关注甚少。安宁、安逸的生活，使青少年学生缺

[①] 王小叶，江苏省南京市教学研究室教研员，高级教师。

乏起码的居安思危的意识。所谓"人无远虑必有近忧",即使在和平时期也不能缺失忧患意识。中小学生是祖国未来的接班人和建设者,维护国家安全意识是不可缺失的公民素养,培植国家安全意识,必须从小抓起。

(二) 国家安全教育在中小学课程体系中需要加强

党的十八大之前,中小学教育和人才培养体系中专门涉及国家安全教育的内容较少,这也导致了青少年一代对国家安全认知的匮乏和意识的淡漠。初期调研中我们发现,许多人对国家安全认知度较低,常常把国家安全工作理解为诸如人身安全、消防安全、校园安全、国防军事安全等,缺乏基本的国家安全常识;许多人认为国家安全是专门部门的事情,缺乏起码的维护国家安全的意识;许多人对国家安全法律法规知之甚少,国家安全法治意识淡薄,必然影响人民防线的构建与实际防范效果。针对这一现象,加强国家安全教育,让社会大众了解基本的国家安全常识,营造关注国家安全的氛围,传递国家安全意识刻不容缓。

(三) 课程改革催生国家安全教育课程

2002年,江苏省组织了国家安全教育实验工作的调研与评估。我们在评估中发现,这项教育活动深受各实验学校师生的欢迎,参与度和积极性都很高,成果明显。但另一方面我们也发现主题教育活动存在以下三个主要问题:一是教育活动存在内容安排随意,内容泛化,甚至简单与学校其他活动结合,冲淡国家安全教育的主题;二是教师缺乏专业知识,导致不知道该讲什么,怎么讲,甚至出现科学性错误;三是由于一般性主题教育活动具有点式、突击性特点,导致在部分学校的实际开展中存在简单应付、随意安排、难以持续开展的情况。这些问题严重影响国家安全教育教学的效果,需要从顶层设计上将突击式的活动转变为稳固型的课程。

2003年起,江苏在全省城市初中学校开展国家安全教育的推广工作。为适应这一要求,全面提升国家安全教育的实效,我们在认真反思上一轮实验工作中的问题的基础上,提出了国家安全教育应该由一般性主题教育活动走向专门课程,同时对课程的建设提出初步设想,即可以作为德育课程的拓展课程,制定统一的课程内容标准或教育教学大纲,编写规范的教材,可以由德育课程教师承担教育教学任务,借助校本课程实践实施。只有走课程化的路径才能使这项教育教学的任务得以落地生根,学校教师才能有章可循,有本可依,才能使这项教育工作持续稳定发展,教育效果才能得到保证,从而使党和国家的要求落到实处，为构筑国家安全人民防线提供持续有力的支撑。

二、江苏省中小学国家安全教育课程的内容设计

江苏省中小学国家安全教育课程以总体国家安全观为指导，以《中华人民共和国国家安全法》为依据，以构建中小学生国家安全意识为追求，依据国民教育特点，传授相关知识，帮助学生建立关心国家安全、维护国家安全的生活方式和思维方式；针对中小学学生的身心成长特点，基于生命体验德性论思想来理解教育的本质，注重在教学内容上渗透社会主义核心价值观教育、法治教育和公民素养养成教育。

（一）课程目标

课程以立德树人为宗旨，以提升中小学生国家安全意识为总目标，依据不同教学内容，分别形成如下三个子目标：一是从塑造社会主义核心价值观的要求出发，引导学生在丰富多样的国家安全案例中，思考认识国家安全知识和观点，逐步引导广大中小学生形成"爱国""守法"的维护国家安全的行为；二是深入贯彻落实全面依法治国的基本要求，配合《中华人民共和国国家安全法》等法律规定，为广大中小学教师和学生的国家安全教育实践提供具有可操作的"抓手"；三是展示国家安全战线上的英雄事迹，引导学生从小继承和弘扬革命光荣传统，立志全心全意为人民服务，树立为社会主义和共产主义理想奋斗终生的远大理想。

（二）课程内容

课程依据"中小学生国家安全课程简要方案"中的教育教学内容与要求，结合不同年段学生的不同特点，小学和初中以教材方式呈现教育内容和要求，高中以读本方式呈现教育内容和要求，三者之间注重层层递进、螺旋式上升，形成了既彼此独立又相互呼应的系列内容。

1. 小学课程内容的体系化设计

小学课程以"初步认识国家安全相关常识，感受国家安全的重要性，知道国家安全和自己的生活密不可分等"为重点，用4个单元8课的形式总体概述国家安全。其中第一单元主要阐述国家安全的形势，国家安全对个人成长、国家生存的意义；第二单元首先阐述了国家安全的含义和总体国家安全观的内涵，让学生感受国家安全的视域广泛，从高科技背景下国家安全和身边的国家安全两个方面重点谈及国家安全，增强学生在高科技背景下的敌情

意识和防范意识；第三单元重点阐述了"法律法规""隐蔽战线"和"人民防线"三道维护国家安全的防线；第四单元从危机和敌情入手，重点强调学习国家安全的实践知识，从人才战略的高度引导学生从小努力学习，增强维护国家安全的本领，长大愿意投身维护国家安全的专门工作，这是整本教材的落脚点。

2. 初中课程的体系化安排

初中课程以"了解国家安全常识、较深入了解我国国家安全形势"为重点，用5个单元呈现国家安全。其中，第一单元为总述，重点阐明国家安全的国际形势、意义和价值；第二、第三、第四单元分别从不同领域阐述维护国家安全举措和途径，其中第二单元主要阐明发展和创新对维护国家安全的重要意义；第三单元从学法、守法和爱法的层面阐述维护国家安全方法；第四单元主要阐述维护国家安全的专门机构在维护国家安全方面的重要作用；第五单元重点阐明公民应当构筑思想防线，树立自信（道路自信、理论自信、制度自信），做自信的中国人，自觉在心中植根国家安全意识，同时掌握必要的防范之策，践行维护国家安全的历史使命。考虑到初中学生正处在世界观、人生观、价值观形成的关键时期，在教材中呈现了大量的生活视野中的国家安全焦点问题，旨在价值澄清和价值引领。

3. 高中课程的体系化安排

高中课程以"深入理解总体国家安全观的内容和相关要求"为重点，考虑到高中学业实际和教学特点，采用了读本的形式编写。全课程总共15讲。其中，第一讲为总体国家安全观的总述；第二讲为维护国家安全的法律法规，突出法治教育；第三讲为介绍国家安全专门机构职能任务；第四至第十四讲分别从政治安全、国土安全、军事安全、经济安全、文化安全、社会安全、科技安全、信息安全、生态安全、资源安全和核安全等11个国家安全的领域进行了具体阐述；第十五讲从贯彻新国家安全法的视角出发，引导广大高中学子落实国家安全义务，树立国家安全自信。

（三）课程实施与评价

	小学	初中	高中
教育形式	课堂教学和德育主题实践活动	课堂教学、专题讲座和德育主题实践活动	自主学习分享、专题讲座和德育主题实践活动
课程评价	过程评价	过程评价为主	项目评价为主

在实施过程中，考虑到国家安全教育的专业性和严肃性，我们倡导师资的主要来源是中小学道德与法治学科教师和高中思想政治学科教师。结合各个学段的课程内容，小学阶段建议在小学四年级或五年级任意两学期开展课程，两周一节，可使用校本课程课时，建议15课时。初中阶段建议在初一或二任意一学期开展课程，每周一节，可使用校本课程课时或综合实践课时，建议20课时。高中阶段建议在高一或高二年级开展课程，可使用校本课程时间或新生军训期开展课程，建议20课时。

在整个课程实施过程中，坚持"重视学生参与评价过程"和"重视评价过程"的原则，以此来跟踪学生的课程内容学习情况。

三、江苏省中小学国家安全教育课程的主要特点

江苏省中小学国家安全教育课程植根于江苏省国家安全教育的实际，整个课程在研发与设计过程中，始终注重在广阔视域中坚持立德树人，在真实的案例中传递理性与智慧，在真实的研学情境中引导主动践行。

（一）课程在广阔视域中坚持立德树人

课程在设计上突出思想性、教育性，依据塑造社会主义核心价值观的需要，突出立德树人。课程相关案例解读和情境设计都是从立德树人的需要出发，在有效澄清学生思想误区、认识盲点中提升公民核心素养，在观点和行为辨识和指导中，提升学生维护国家安全的能力。一是立足总体国家安全观，视域广阔地呈现关乎国家安全的宽泛领域；二是汲取古今中外的国家安全的案例，让学生在广阔的历史和现实生活中认识和感受国家安全相关知识和观点；三是既着眼国家需要又贴近学生成长需要，既着眼学生当前的生活又引领规划学生未来的生活。

例如，小学课程的设置领域是：第一单元从国家安全的总体形势谈起，重点强化学生的敌情意识和警惕意识；第二单元从我国国家安全的视域出发，主要阐述我国国家安全无处不在，从而让学生明白国家安全就在"我"的身边；第三单元主要阐述了维护国家安全的法律法规和立体防线，从而让学生愿意共同守护国家安全；第四单元引导学生编写安全防范手册，介绍维护国家安全的具体行动和方法，从小树立国家安全意识。这种逐步拓展的编排让小学课程的视野既关注了全球生活、国家生活，更关注了社会生活和自身生活。

(二) 课程在典型的案例中传递理性与智慧

在研发课程的过程中始终注重与国家安全机关紧密合作，国家安全机关为江苏省中小学国家安全教育课程提供了大量的隐蔽战线的真实案例，编写者在遵循案例真实性的基础上，作了生活化和教育性的解读。真实的案例让神秘的隐蔽战线直观地呈现在学生面前，消弭了认识盲点和误区，真实的案例带领学生进入真实的生活情境，让国家安全变得可感可知可行。当前社会多元性更增加了社会生活的复杂性，不断向学生传递生活智慧是指引学生适应社会生活、帮助学生构建未来幸福生活的重要任务。维护国家安全也需要智勇双全。本课程在设计上，以国家安全领域的真实案例创设情境，在指引学生认识和解决问题中增长人生智慧，在多元价值、观点辨识中感悟人生智慧。

例如，在初中国家安全课程的第一课《和平年代的危机》的第一框中，首先就设计一个活动"一个国家有安全的需要吗？"引发学生思考，接着又发问："国家的安全来自哪里？"通过这样的情景设计，引发学生主动探索，开启学生智慧，从而进入课本中关于国家安全的重要性以及国家安全的概念。

(三) 课程在真实的研学情境中引导主动践行

江苏省国家安全教育馆是江苏省中小学国家安全教育课程的课程研学基地。在整个国家安全教育过程中，始终注重引导学生通过江苏省国家安全教育馆的研学活动开展课程学习活动。此外，突出践行是江苏省中小学国家安全教育课程的亮点，解决知行不一的德育难题，关键是要加强知行的结合度和加大实践活动的开展，要让学生在实践中进一步感受和提升。本课程在设计上进一步加大了实践活动的要求，一是为每一讲（单元）都设计了学生（校）可以开展的主题实践活动（初中每一课后还有"我来当侦探"的互动游戏活动），二是在国家安全知识观点呈现中均设计有相关情境性探究活动，三是在课程内容设计上，为学校开展学生国家安全教育专项活动提供了专业支持和活动建议。

例如，小学课程中的每个单元都以程序性知识的形式来阐述，每个单元都有符合学生认知特点的游戏化场景和益智活动，学生在参与活动的过程中不仅能够获得维护国家安全的知识，更有利于践行国家安全的行为。初中课程坚持正确价值观念的引导与学生独立思考、积极实践相统一。这里的"实践"可以通过两条途径实现：一是单元主题内主文以程序性知识为主、以辅文的形式出现多种价值角度的阐述，既提升课程的价值视野，更培养学生的价值判断、选择和践行能力；二是强化单元主题活动，在单元主题活动步骤中渗透学生基于真实问题思考的问题解决过程，有利于学生在维护国家安全活动中的践行。

四、实践启思

鉴于当前国家对中小学国家安全教育工作的新要求，结合初中道德与法治课程的实施经验和多年以来的江苏省国家安全教育课程实践情况，为进一步提升中小学生国家安全教育水平，我们对全国推行中小学国家安全教育有如下思考。

（一）夯实国家安全教育在国民教育体系中的角色与地位

全面开展中小学生国家安全教育是贯彻十九大精神、传递习近平新时代中国特色社会主义思想的重要抓手，是深入学习贯彻国家安全法、提高公民国家安全意识、保障国家长治久安的必由之路，也是落实教育主管部门关于中小学生国家安全教育的相关要求。但在全国中小学范围内推广国家安全教育，需要处理好国家课程与地方课程的关系，当前统编初中《道德与法治》八年级上册第四单元有了一些国家安全教育的课程内容，这也从国家课程的层面落实了相关要求，但为了加强中小学国家安全教育的效果，各地完全可以积极研发地方性、校本性的国家安全教育课程，不断巩固国家安全教育的实际效果。

（二）进一步完善制度支持和时间、经费保障

中小学国家安全教育作为一项对国家和民族意义特别重大的课程建设工作，必须应该有与其地位相称的制度支持。各地教育主管部门应进一步清晰中小学生国家安全教育的要求，在教育定位、内容要求、课时、师资、教材等关键问题上，做出清晰的要求和规定，在教育经费上予以特殊保障。

（三）设立区域性学生国家安全教育研究中心

聘请高校专家和中小学教育专家加入研究中心，开展国家安全教育专项研究，进行教材的持续修订与完善，并针对中小学国家安全教育教学工作中存在的问题进行研究，从而给予学校开展国家安全教育有效指导和服务。专门研究中心的设立，能够使国家安全教育教学研究更加专业、教育教学工作更加规范并得以持续健康推进。

（四）进一步重视中小学国家安全教育课程中校内外力量协调的作用

一是充分开展研学课程，引导学生在参观历史遗迹、国家安全教育馆、部队营房等场所过程中，坚定维护国家安全的意志和习得国家安全的方法；二是进一步建设国家安全教育的相关教学资源库。从教学实践看，相关部门可以组织相关机构和人员进行教育教学资源开发，提供权威翔实的教育教学资料，这是国家安全教育教学有效开展的重要保证，也是进一步提升教材质量的重要支撑。

中小学安全教育"三位一体"新课程模式研究

张 敏[①] 刘俊波[②]

一、开展安全教育研究的背景

随着经济转型和社会发展,传统的学校安全工作面临新的挑战。校园欺凌、师生间伤害、学生自我伤害、交通安全事故高发等现象日益凸显,在安全工作实践中还存在诸多问题尚未完全解决。因此,校园安全仍是基层教育部门和学校面临的难点问题,也是人民群众和媒体舆论最为关注的教育热点问题之一。

研究表明,通过加强教育,80%的中小学生意外伤害事故是可以避免的。2007年,国家颁布了《中小学公共安全教育指导纲要》,将安全教育上升到国家课程的高度。2017年4月,国务院出台《关于加强中小学幼儿园安全风险防控体系建设的意见》,指出健全学校安全教育机制是建设校园安全风险防控体系的基础工程。2016—2017年,教育部政策法规司委托有关专家开展学校安全风险防控机制研究,对全国中小学安全教育情况进行了调研。调研发现,多数学校已通过开设安全教育课程、开发安全教育图书和视频资源、开展主题安全教育活动、组织安全演练等多种方式在中小学普及安全知识,提升学生安全素养,培养学生防护能力,深入持续开展安全教育。

中小学安全教育得到了政府、教育部门和社会各界的高度重视,针对性和实效性正逐渐增强。与此同时,我们也要看到,我国的中小学安全教育还存在明显不足,重管理轻教育、重说教轻实践的现象仍普遍存在。在理念上,学校往往把安全教育和安全工作、安全管理的概念混为一谈,缺乏对安全教育内涵的研究。在方法上,"照本宣科"仍是安全教育的最主要形式,体验式和实践性的活动和演练不足,安全教育活动同质化严重,安全教育效果大打折扣。

---

① 张敏,教育部教育装备研究与发展中心助理研究员。
② 刘俊波,教育部教育装备研究与发展中心副研究员。

中小学安全教育体验化、实践化进程缓慢，究其原因，可以总结为"三缺"。

一是缺少专业化的安全教育师资队伍。当前中小学专职负责安全教育的教师数量严重不足，且专业知识和专业技能相对缺乏，无法保障基础的安全教育课程的质量，也无法扎实有效地指导学生进行专业化水平很高的消防演练、交通体验、自然灾害自救逃生练习、心肺复苏实践、恐怖袭击训练等安全体验和实践等。

二是缺少适宜的安全教育装备和配套课程资源。我们通过对湖北、河北、北京等地的18所学校进行安全教育专题调研发现，当前中小学安全教育相关的装备配备水平严重滞后于学校现代化建设和技术发展水平。例如，很多学校都建设有类型齐全的人工智能、3D打印等各种功能教室和创新实验室，但是，安全教育方面的装备就只有几处"微型消防台"以及灭火器、消防服、消防毯、沙包等科技含量极低的设备。

三是缺少安全教育实践场所。我国中小学安全体验场馆建设仍处在探索阶段。虽然北京、上海、湖北、浙江等地已经率先开始推进中小学公共安全教育共享场所建设与使用，但是校外安全体验场馆的建设内容、标准、管理和运营模式都还非常不成熟。从全国范围来看，内容新颖、特色鲜明的高水平体验场馆极少，甚至有的校外安全体验场所本身就存在很多不安全因素。

综上所述，虽然安全教育是一门实践性、体验性很强的课程，广大师生对开展安全教育体验式教学探索的呼声很高，但是在教学实际中并不容易实现。

二、安全教育课程装备化构想

以云计算、物联网、虚拟现实及大数据等为代表的新兴信息技术在教育中的广泛应用，促进了教育模式、教学方法的转变。在教育信息化背景下，安全教育朝着信息化、体验化、实践化方向发展是必然趋势。在这种情形下，有关教育部门、研究机构已先行开展了一些探索和实践。如中国教育学会在全国168个地区建立了安全教育实验区，开展基于信息化平台的学校安全教育和管理模式研究。中国安全生产协会与北京师范大学等共同发起"全国中小学安全教育与保障教育普及工程"，通过模拟逃离火场、野外求生、地震逃生等生动有趣的活动，提高学生的安全防范意识和遇险应变能力，推动安全教育实践化。同时，微电影教学法、翻转课堂、体验式教学等新的教育技术和模式也逐渐开始在安全教育中应用。中国人民公安大学教授、著名的预防中小学生被害专家王大伟创造童谣普法的方法，编写《平安童谣》，录制童谣童操微视频，突出安全技能，受到各界欢迎。此外，企业利用物联网、移动互联网、云计算、大数据等技术开发安全课程，为中小学提供安全服务，开始展现出一定的应用实效。

2016年，《教育部关于新形势下进一步做好普通中小学装备工作的意见》发布，明确提出要推进装备与课程建设和教学实践的深度融合。这为我们进行安全教育教学改革提供了新的思路，即进行安全教育课程装备化的探索。所谓安全教育课程装备化就是要在网络与信息技术快速发展的背景下，充分运用各种现代教育装备技术手段，优化安全教育课程设计，形成安全教育的新模式、新方法，解决好安全教育的"三缺"问题，构建以体验和实践为核心的安全教育课程新生态。

在此基础上，我们提出了安全教育课程装备化的具体构想，即构建安全微型课程、安全体验课程和安全实训课程"三位一体"的安全教育课程新生态。通过三种方式的融合，实现安全教育从认知、体验、演练，到践行与反思的闭环过程，创设一种较为科学的安全教育模式，有效促进安全教育科学化、规范化、常态化发展。

第一，安全微型课程（简称微课）是要借助视听、动漫、录播等技术为中小学安全教育开发较为全面和系统的基础性认知教学资源，用以解决目前中小学安全教育专业师资不足、课程系统性和规范性较差的问题。安全教育与学科教育有所不同，它是一个开放的、立体的系统。中小学安全教育的内容以《中小学公共安全教育指导纲要》中提出的六个模块（预防和应对社会安全、公共卫生、意外伤害、网络与信息、自然灾害及其他事故或事件）为主，以不同学科课程中的安全教育元素为辅。因此，安全微课在内容设计上应由主干课程和学科渗透课程共同组成。主干课程可依据《中小学公共安全教育指导纲要》开发，主要对学生进行系统的安全基础知识和技能教育；学科渗透课程依据学科中的安全教育元素开发，有机渗透于学科教学之中，有助于实现学生安全素养的全面提升。主干课程与辅助课程既相互独立，又相辅相成。

第二，安全体验课程是指通过虚拟现实（增强现实）、动感技术等现代教育装备，创设现实中难以呈现的虚拟场景，为中小学安全教育提供具体、生动的体验式学习环境，用以解决目前中小学安全教育课程缺少场景、体验性不足的问题。虚拟现实技术具有"沉浸—交互—构想"的特性，因此能较好地激发学习动机，增强学习兴趣，创设心理沉浸感，帮助学生实现情境学习和知识迁移，让学生"身临其境"。譬如火灾逃生演练，学生只需戴上虚拟现实的头盔，拿起手柄，就能进入"火场"，还能依据火情选择救火器材和逃生路径。通过体验强化感受，通过互动积累经验，进而强化意识，真正实现内化于心、外化于行的学习效果。适合用虚拟技术呈现的场景还有地震、洪水、海啸、交通、急救等在现实中难以模拟的危险和紧急情境。此外，基于虚拟现实的安全体验课程使用便捷，可以反复演练。

第三，安全实训课程依托流动式的安全实训装备和实训教程，并配有一定的专业技术人员指导，使师生能够"足不出户"在校园内进行安全演练。通过搭建专业训练场所，为学生提供模拟状态下的安全避险、逃生能力训练，使其掌握安全技能。安全实训课程用以解决目前缺少规范、标准的中小学安全教育实践场所和安全教育实践性差的问题。目前，流动式实训装备可用于实现交通安全体验、地震安全模拟训练、消防模拟训练、楼宇逃生训练、校园安全救护技能训练等多种实践项目。通常来讲，在教室等固定场所安装的固定式或定制化实训装备受到场地面积等条件的制约，类型和功能较为单一。相比之下，流动式实训装备具有灵活多样的特点，学校可以根据客观需求选择不同的实训项目，并适时调整和更新。

三、总结和展望

微型课程、体验课程和实训课程，共同构成一个全新的安全教育课程生态。微型课程重在知识与方法的传授，体验课程重在虚拟现实中体验互动，实训课程重在实地演练中提高自护、自救技能。三者各有所长，形成互补，彼此配合，系统解决目前安全教育中的"三缺"问题。在教学实践中，三种形态的课程如何具体实施还需地区教育行政部门和学校根据实际情况进行整体规划，如安全微课所需装备较为简单，可以以地区为单位整体推进；安全体验课程涉及实验室建设，可以分期推进；安全实训课程可以采用固定式、流动式或者是两者结合等方式展开。只有做到三种形态密切配合，才能真正达到提升安全教育效果的目的。

第二节　民族团结与民族教育

汉藏文化交融，加强民族教育

邬云琰[1]

2015年，《国务院关于加快发展民族教育的决定》提出，要积极培育和践行社会主义核心价值观，建立民族团结教育常态化机制，促进各族学生交往交流交融，促进各民族文化交融创新；要充分发挥教育在各民族文化交融创新中的基础性作用，把中华优秀传统文化融入中小学教材和课堂教学。对于设有内地西藏散插班的学校而言，汉藏学生共同学习与生活，形成了多元文化和谐共存的校园氛围，应充分借助文化环境的优势，寻求民族团结教育的新平台和生长点，促进汉藏学生之间文化的双向交流与交融，共同感受中华历史文化的多元一体与悠久博大。

一、依托学校教育哲学，将汉藏文化融入学校课程体系

设有内地西藏散插班的学校，在严格遵循党和国家民族教育的方针政策，响应国家和地方课程改革精神的同时，应当充分依托学校的文化积淀、办学传统、教育特色，以及已有的顶层整体性课程体系，从促进"汉藏文化交融"的站位，将汉藏文化和民族教育内容有机融入学校课程体系。

江苏省南通中学是一所创建于1909年的百年名校，自2002年响应国家"教育援藏"的号召开始招收西藏散插班学生，如今学校除了有普通班、西藏班外，还开设了国际课程班、空军青少年航空实验班。学校汲取百余年"诚恒"校训的内蕴和"正道直行、健为雄"的文化传统，设计并构建了"创新教育、民族教育、国防教育、国际教育"四位一体，旨在培养学生具有"终身学习力、实践创造力、全球领导力"的英才教育课程图谱和课程体系。与此同时，学校基于18年民族教育的办学经验，凝练出"立德树人、能力为

---

[1] 邬云琰，江苏省南通中学历史教师、学生处副主任，南通市学科带头人。

重、家国情怀"的育人理念，打造出"结对交往、文化交流、实践交融"的全方位民族团结教育活动平台。这些都为南通中学将汉藏文化融入学校课程，形成汉藏文化交融历史课程体系奠定了基础。

二、整合学校课程资源，构建民族团结教育环境

（一）创设主题鲜明、形态多元的课程结构

学校以课程建设为平台，以沟通校内与校外、内地与藏区的汉藏交往、交流和交融为基础，以课堂教学、历史文化展示体验场馆、社会实践基地等为活动场域，利用先进的信息化手段和工具，力图构建从文化环境、教学资源到教学形式与内容的汉藏交流融合的教学环境。

课程体系包括三个课程板块、三处互动场馆和二类实践基地。必修课程和校本选修课程、实践体验课程，藏族历史文化展示馆、汉族历史文化体验馆、民族文化演艺馆和研学活动实践基地、文博参观教育基地等，共同构成了汉藏文化交融历史课程体系（图1）。

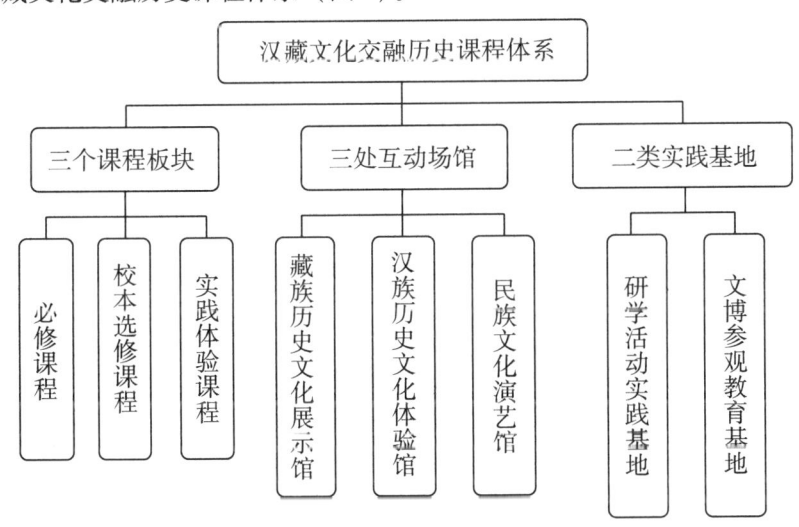

图1 南通中学汉藏文化交融历史课程体系的建设框架

1. 围绕文化的多样性，合理规划课程板块

汉藏文化交融历史课程体系的建设立足于国家历史必修课程，从中华文化多元一体、文化和谐共生的理念出发，关联相关学科教学内容，开发面向全体汉藏学生、基于民族历史文化研习的校本选修课程和实践操作课程，强调学科知识与学生发展需求的结合。

首先，学校充分发挥历史课堂教学的主体地位，发掘和整合国家课程中关于文化发展、民族团结、民族交融的典型历史案例，如中华传统文化主流思想的演变、古代中国的科学技术与文学艺术、以北魏孝文帝和康熙帝为代表的古代少数民族杰出政治家、新中国的民族团结政策等内容。其次，学校结合汉藏学生的民族特色、文化基础和认知能力，开设了"西藏历史""南通历史""内地传统文化史浅谈""汉藏语言文字"和"民族习俗"之"服饰中的意蕴""节日中的习俗""传统工艺的美""餐饮中的文化"等校本选修课程。

此外，还结合选修课程的设计，借助校内外实践场域，重点关注学生历史文化的现实体验，围绕历史年表制作、藏族习俗用品（切玛）制作、民族传统歌舞研习、藏区历史文化实地考察、南通历史文化探寻、内地传统节令习俗体验等内容，开设了相关实践体验课程。

2. 整合学校项目基础，推进专用场馆建设

南通中学结合汉藏文化交融历史课程体系图谱，初步规划并建成与之相对应的校内汉藏历史文化学习和体验场馆。如藏族历史文化展示馆，是以藏式传统室内风格装修装饰的展示馆，展示内容分为西藏历史、藏族习俗、藏族服饰、藏族建筑、藏族饮食等板块，以图片、实物、影像、多媒体等形式展示藏民族历史文化，并在展示馆中设置专用教室。汉族历史文化体验馆，是以"中学堂"命名、以汉族传统室内风格装修装饰的体验馆，展出学校馆藏汉文古籍线装书，同时设置专用教室开展汉族传统民俗物品的制作，如制作端午节香包、元宵节花灯等。民族文化演艺馆，以演艺厅的形式，主要进行汉藏历史文化讲座、民族文化艺术集中展示和学习。

3. 发掘区域文化资源，深化学生校外实践体验

汉藏文化交融历史课程体系的建设调动了大量的社会、校友、教师及学生力量，通过与校外课程实践基地的联系沟通，做到整体规划，让每一类实践基地都包含着独特的文化因素和体验区域，进而形成不同形式、不同层次的课程实践区域，丰富学生的课程体验。

例如，学校发挥南通作为文博之乡的文化优势，充分利用南通濠河周边60余座各种类型的博物馆资源，引导学生对具有浓郁江苏特色的南通地方历史文化进行深入体验和感受。又如，以中国最早的公共历史博物馆——南通博物苑为基地，组织学生开展以文博参观、历史文化讲座为主要内容的文化

体验活动；依托南通艺术馆、沈寿艺术馆等为代表的中国传统美术（艺术）馆群，开展中国传统艺术文化的研习。通过南通地区的实践活动，不仅让西藏学生，同时也让南通当地的汉族学生，深入感受和认知自己所生活的这座城市的人文历史和风土人情，从而增进地区文化的赏鉴、认同和交融。

与此同时，借助学校所处的江浙沪区域城市的历史文化资源，以及首都北京丰厚的世界级历史文化遗产和藏区民族文化传承地资源，组织开展各种研学活动，实地体验当地的历史文化及民风民俗。西藏地区的研学实践基地建设重点以拉萨市、林芝市、日喀则市三处地级市区域为主，分汉族学生和藏族学生两类藏区实践系列开展活动。每年暑期（7月初），遴选20余名汉族学生随结对的西藏生集体乘火车赴藏，开展为期两周的实践活动。参观当地博物馆、物质和非物质文化遗产保护地、民俗馆或文化展示地、传统文化产业制造地，走进西藏社区进行社会调查、实地采访，感受西藏悠久的历史和多彩的民族文化。与此同时，西藏生利用暑期返藏时间开展实践活动，进行包括寻访藏区非物质遗产传承人、参观学习藏区传统手工艺生产、当地历史文化遗存保护情况调查等项目的活动，从而进一步了解和学习本民族悠久的历史文化，并在返校后将习得的知识和技能融入课程学习中。

（二）搭建学生自主学习、实践创新的互动平台

1. 让学生成为课程建设的主体

在校本选修课程的建设中，学校倡导学生参与课程的设计和实施，鼓励汉藏学生以学校现有"藏族优秀文化传播与传承社团""北极阁历史社""（汉族）传统文化研习社"等学生社团为开发团队，在教师的指导下自主设计并实施课程内容，如"民族服饰文化""民族语言文字""藏族传统生活习俗"等。学生在课程建设的过程中，重新审视并深入研习本民族的优秀文化，增强了学生积极的自我认知和民族文化的自信，提升了汉藏学生在文化交流中的主体意识，有助于增进不同民族间的相互理解与尊重，促进文化的互动交流。

2. 丰富课程的实践体验

为拓宽课程教学内容，丰富学生的实践体验，学校聘请相关历史学、民俗学专家到校指导，并培训部分中青年教师，发展有工艺制作基础的学生骨干，开设藏雕制作、藏族切玛制作、民族歌舞学习体验、汉族传统节令物品制作等操作性课程，还通过创设不同的历史文化研学主题，打造"行走的课堂"。高中三年有计划地组织学生到北京、上海、南京、苏州等历史文化浓厚的地区进行实地参观体验、调查研究；每年暑期组织汉族学生前往藏区与藏族学生共同开展实践活动，以此丰富实践主体，深化实践内容，拓宽学生视野，启迪学生智慧，增进文化交融。

3. 学习评价多元多样

基于汉藏文化交融历史课程的特色，学校在学业评价方式的选择和运用上侧重于表现性评价。通过内容多样、任务明确、规范有效的表现性评价的机制和平台，采用历史小论文撰写、社会实践调查报告、研究性学习成果、民族物品制作等评价形式，同时借助学校艺术节、藏文化宣传周等活动，开展如历史文化小讲座、西藏历史剧编演、民族文创物品设计大赛等展示与评比活动，让学生更加充分、全面地展示学习及交流的成果，形成学生实践创新的有效途径。

（三）构建教师文化共融、专业成长的发展路径

学校通过汉藏文化交融历史课程体系建设，制定教师发展规划，鼓励教师主动参与。在专家的引领下，不断提高教师开发课程和进行跨学科教学的水平。同时，以课程建设为契机，培养熟悉国家民族教育政策并具有多元文化知识的教师。在课程建设的浸润中，教师增强了了解不同民族历史文化传统的内驱意识，加深了对西藏历史、民俗文化和宗教文化等的认识，将民族历史文化内容整编于学校课程中。由此，南通中学在历史课程体系建设中开展了汉藏文化交融背景下的教师专业发展路径的相关研究和实践。

1. 跨学科的课程建设团队

以"汉藏文化交融"为主题，以历史学科为主体，整合历史、语文、思政（道德与法治）及民族音乐、人文地理等人文艺术类的学科课程内容，学校组建了以历史教师为骨干，包括其他文科类学科教师的课程研发和实施团队。同时，聘请历史文化专家、学科课程专家和基础教育研究人员，为团队提供智力支持，开展形式多样的交融性学习研讨。

2. 民族教育教学的培训基地

学校邀请省市民委专家、民族文化学者及西藏大学等高校的教授，以短期培训和专家定期指导等形式，有计划地组织教师进行基于民族教育教学的专业发展培训。一是开展民族政策和民族教育政策的培训。教师只有熟知民族政策和教育政策，才能保证在教育教学过程中不走偏、不走样，明晰教学中西藏生在教养、教育和发展培养上的任务与目标。二是开展多元历史文化知识的培训。作为教师，要与西藏生深入沟通，只有了解和熟悉其民族历史沿革及文化特点，才能理解学生学习行为背后的原因，才能真正研究学生，达成教学过程的最优化。三是开展课程开发、教育教学理论研究等方面的系统培训。依托现有的教学环境，优化、提升教师在课程设计、授课形式、电子交互、线上线下展示、活动设计等方面的开发与实施能力，并鼓励教师结合课程建设进行教育教学理论研究。

3. 多校共享的教师发展平台

学校以课程建设为依托，吸收、培养其他学校的骨干教师，包括全国内地西藏班（校）的教师，充分发挥课程体系建设的引领、辐射作用，定期组织跨学校、跨学科的教学研讨。学校利用暑期委派教师前往西藏地区，走进当地的学校，体验西藏优秀的传统文化，积累课程开发的资源。

润物无声水无痕，将文化交融置于优秀的课程背景之下，就如同把学生带进了兰芷之室，在课程文化的浸润中内化汉藏情融的要义。南通中学构建并依托汉藏文化交融历史课程体系，寻求提升全校师生的文化认同感以及开展民族团结教育的有效途径，期待通过课程建设扎实有效地在全校及社会形成民族团结进步发展的共同理念，构筑中华民族共有的精神家园，促进民族团结教育取得新成效。

以针代笔，以线晕色

——民族传统文化在学校课程中的开发

陈强英[①]

在传统美术教学中，教师倾向于利用美术教科书上那些经历历史洗礼、广为人知的作品感染学生，而对于学生身边的艺术资源缺少足够的重视，使得学生认为只有教材中的作品才具备艺术价值，忽视了身边更需要我们传承和发展的传统艺术。随着美术课程改革的不断深入，地方美术文化资源的开发与利用受到前所未有的重视。湘绣是湖南本土传统艺术，其工艺、题材、配色及创作风格都极具湖南地方特色，带有浓烈的地域风情，是湖南地区人们文化、生活方式以及观念的集中体现，其文化艺术价值是毋庸置疑的。那么，如何保护和传承湘绣这一地方传统文化艺术？如何引导学生充分发现和认识湘绣这一极具价值的传统文化艺术，进而培养学生认识和热爱家乡的情感？对此，湖南省长沙市高新技术开发区东方红小学尝试开发湘绣美术校本课程，探索如何在小学美术教育中融入湘绣艺术教育，以达到陶冶学生品格、传承湘绣艺术、弘扬传统文化的作用。

一、课程依据

（一）从传承和弘扬中华优秀传统文化出发，开发湘绣课程

《国务院办公厅关于加强我国非物质文化遗产保护工作的意见》指出："要充分发挥非物质文化遗产对广大未成年人进行传统文化教育和爱国主义教育的重要作用……教育部门和各级各类学校要逐步将优秀的、体现民族精神与民间特色的非物质文化遗产内容编入有关教材，开展教学活动。"湘绣是中国非物质文化遗产保护项目之一，把湘绣这一民族传统文化艺术纳入学校教育体系，无疑是对它最好的传承和发展。湘绣作为中国古老艺术之一，已经有两千多年的历史。如今，湘绣以其华美的图案和独特的表现形式，焕然一新地呈现在我们面前。借此契机开发湘绣课程，目的就是要让学生了解、学

[①] 陈强英，湖南省长沙市高新技术开发区东方红小学教师。

习本土民间传统艺术，深厚人文素养、陶冶艺术情操，同时让湘绣这一传统文化艺术得到传承和发展。

（二）从学校自身实际出发，规划校本课程

从学校的核心教育理念出发，我们全力打造学校特色文化，培养"智慧"的阳光学子。学校特色离不开特色课程的支撑，为彰显"智慧"特色教育，学校努力在开发和建设适合本校师生发展的校本课程上下功夫。2018年下半年，学校与"梦想十二季"电视栏目组合作举办了大型原创音乐剧《非遗人的故事——江再红》，该剧讲述了湘绣代表性传承人江再红大师的传奇湘绣人生。这不仅让湘绣与我校结下了不解之缘，更为我校开发湘绣课程打下了良好的基础。

（三）从学生发展核心素养出发，设计湘绣课程

作为中国学生发展核心素养的校本化表达，学校将"智慧"教育具体发展为学生"自主、合作、探究、阳光"四类核心素养。湘绣不仅能提升儿童感受美、鉴赏美的能力，在培养学生创新思维、想象能力、动手与实践能力等方面也具有其独特的优势，而这恰恰是当下很多课程所缺乏的。因此，我们开发湘绣课程，不仅是要让学生初步掌握湘绣的相关知识和基本工艺，感受传统艺术文化的美韵，更是要培养学生的创新精神和实践能力，促进学生核心素养的发展。

二、课程目标

1. 通过本课程的学习，学生初步掌握湘绣的相关知识和平绣、扭绣、结绣、网绣、织绣等基本技术；锻炼学生耐性，力图让学生摒弃浮躁，改掉粗心急躁的毛病等。

2. 通过学生实践，培养学生的观察、思考和想象能力，提高学生创新、审美的能力，发展学生核心素养。

3. 通过小组合作，培养学生的合作意识、团队精神和人际交往的能力。

4. 在传承和发展传统文化艺术的过程中，培养学生民族自豪感和自尊心。

5. 通过学生与家长的合作，丰富亲子时光，和谐家庭关系。

6. 提升教师关于湘绣及传统文化艺术的教学水平和教学质量；提升教师设计和开发校本课程的能力。

三、课程内容概要及课时安排

课程主要内容如下：

1. 欣赏和了解湘绣文化，感受中华传统文化的魅力。

2. 题材选取与草图绘制，学生选取自身感兴趣和熟悉的题材进行草图绘制。

3. 以针代笔，以线晕色，实现从草图绘画到湘绣作品的转变。整个过程由易到难循序渐进，根据学生所处年级分基础篇和提高篇两大类。

在课时安排上，将湘绣课程作为二、三、四、五年级美术课程的补充内容，每周利用一节美术课来实施课程教学，原则上全体学生参与。

四、课程实施方式

湘绣课程是集绘画和手工课为一体的特色课程，以自主式、探究式、启发式及体验式的教学方式为主。例如，在了解和欣赏阶段，通过观看视频、图片以及参观湘绣博物馆等方法达到情感陶冶的效果；在选择题材、设计图形、绘制草图阶段，通过自主尝试、小组讨论、教师引导等方法达到学生自主学习、合作、探究的效果；在具体操作针线、针法、配色、包装阶段，通过讲授、演示、练习、评鉴等方法到达"以针代笔、以线晕色"的效果。同时课程将纸质教材与网络教程相结合，改变传统的手工课教学模式，利用现代信息技术的微课、翻转课堂、录播课堂及网络直播课等手段让师生在轻松、愉悦的课堂氛围中掌握知识、习得技能、受到"浸染"。

五、课程评价

整个课程成绩由过程评价和期末考核两部分组成，即平时成绩（包括学生上课表现、作业完成等占60%）+期末测试成绩（占40%）。另外还会根据学生表现给予额外不超过5%的奖励加分。整体注重过程评价，以促进学生参与、合作、表现、探究为最终目的。

此外，学校还将通过开展系列活动配合湘绣课程的实施，如举办优秀作品展览（以个人、小组、家庭为单位进行优秀作品的征集）、实地研学、开展与多学科结合或与社团课融合等活动促进湘绣课程的发展，扩大湘绣艺术对广大师生乃至社会的影响。

总之，将传统艺术文化融入小学美术教育中，使小学生从小充分认识与感知传统艺术文化，继而对其产生浓厚的兴趣，这对于传统艺术文化的传承以及发展有着重要的推动作用，而中华优秀传统文化必将会在这种传承中历久弥新。

第五章

生命安全与健康教育

第一节 为了生命的教育

重大疫情下中学生生命教育现状及对策探究

——以西南地区为例

宋乃庆[①] 曹媛[②] 罗琳[③]

新型冠状病毒肺炎疫情（以下简称"新冠肺炎疫情"）已被世界卫生组织界定为"全球大流行"，全球感染人数持续上升。疫情给公众的健康和生命安全带来了严重威胁。这段特殊经历对每个人而言都是一次对自身生命价值进行深刻反思的机会。

2010年，《国家中长期教育改革和发展规划纲要（2010—2020年）》强调"重视生命教育"，从国家层面明确了生命教育的地位。2016年，《中国学生发展核心素养》研究成果把"珍爱生命"列为六大核心素养之一"健康生活"的重要内容。2020年，新冠肺炎疫情背景下，教育部办公厅、工业和信

---

① 宋乃庆，西南大学数学与统计学院教授，西南大学基础教育研究中心主任，中国基础教育质量监测协同创新中心首席专家。
② 曹媛，西南大学数学与统计学院硕士研究生。
③ 罗琳，华东师范大学中旭天下教育集团博士后科研工作站博士后，副教授。

息化部办公厅《关于中小学延期开学期间"停课不停学"有关工作安排的通知》中明确指出,"要注重疫情防护知识普及,加强生命教育、公共安全教育和心理健康教育"。

中学生正处于成长的关键阶段和人生道路的关键时期,不仅面临着升学、考试等压力,还面临着青春期心理不稳定、情绪容易有较大波动等问题。[1]不少中学生生命意识薄弱,自杀、校园暴力事件频频发生。在互联网较为发达的今天,各种信息冲击着青少年的价值观,生命教育不仅是为了预防和解决生命问题,更指向对生命价值的思考。

一、生命教育的内涵与发展

关于生命教育内涵的界定,综合各学者观点,冯建军教授将生命教育的内涵归为狭义、中义、广义三类[2]:狭义的生命教育指向预防和解决生命问题,诸如自杀干预、生命安全教育等;中义的生命教育指向生命整体的发展性,是致力于生命和谐发展的全人教育;广义的生命教育是以生命为原点,对教育进行生命化解读。三种对生命教育的理解体现出一定的层次性:狭义的生命教育具有针对性,但治标不治本;中义的生命教育通过多维度设计教育内容,让学生认识生命、珍爱生命,掌握安全知识和生存技能,理解生命的意义、创造生命的价值,实现自身的全面、和谐发展;广义的生命教育立足生命关照的教育理念、教育哲学,对教育进行思想引领和价值引导,但由于将生命教育泛化,在实际中难以把握。目前的生命教育更倾向于中义的内涵,既没有窄化,也没有泛化,而是从生命发展的需要出发,适应于当前教育的发展。

学术界关于生命教育维度的划分尚未统一,不同学者有不同的认识。刘慧指出,从生命特性角度来看,生命教育体现在五个方面:生命价值观教育、生命整体观教育、道德教育、生命智慧教育、生命能量教育。[3]肖川认为,生命教育可以从生存教育、发展生命的教育、死亡教育三个层次进行。[4]冯建军认为,生命教育可分为六大领域:生命与安全、生命与健康、生命与养成、生命与交往、生命与生涯、生命与价值。[2]尽管在生命教育的维度划分方面众说纷纭,但生命教育的内容大多一致,且学术界基本认同,即生命教育是指向自然生命、社会生命、精神生命的教育,具有多重教育价值。

关于生命教育的研究成果,高校研究者大多停留于理论层面,将生命教育与重大突发事件进行有机结合的研究不多。徐斯雄等人从理论上探讨重大疫情下生命教育的内容、原则与实施策略[5]；杨晓萍等人从重大疫情下儿童生命教育入手，探索儿童生命教育的内涵、实施路径[6]。

立足于重大疫情关注中学生生命教育，不仅是为了探析重大疫情下中学生生命教育的实施情况，为重大疫情下开展中学生生命教育提供帮助，更是希望以此为契机，促进突发危机事件的生命教育融入日常的生命教育中，为今后实施生命教育给予研究参考和数据支撑。

二、研究设计

考虑到新冠肺炎疫情的特殊性，我们基于相关文献研究设计了问卷，旨在探析重大疫情下中学生生命教育现状，了解生命教育存在的问题及面临的挑战。问卷共分为三个部分：第一部分是个人基本信息填写；第二部分从学生角度出发，调查重大疫情下中学生对生命的认识、生命态度、生命价值观等；第三部分从学校、家庭出发，调查重大疫情下学校、家庭开展生命教育的情况等。本次调查采用网上填写问卷的方式，利用问卷星平台进行发放，随机调查我国西南地区共1389名中学生，其中男生638人（约45.93%），女生751人（约54.07%），初一至高三的人数分布分别为260人（约18.72%）、282人（约20.30%）、185人（约13.32%）、251人（约18.07%）、204人（约14.69%）、207人（约14.90%）。

三、重大疫情下中学生生命教育现状

研究结果显示，重大疫情下我国西南地区中学生生命教育的总体情况较好，生命教育的开展以学校为主、家庭为辅，并伴有多内容、多方式融合实施的特征。就实施效果看，绝大多数中学生认为学校、家庭开展的生命教育有意义，并高度支持今后生命教育的开展。学生的整体生命观较为积极，例如学生生命危机意识较强，67.61%的中学生在重大疫情防控期间担心感染疾病，12.24%的中学生表示不确定；学生生命保护意识较强，87.4%的中学生表示疫情过后也想多学习生命安全防护知识。在生命态度方面，中学生反馈基本懂得珍爱自我生命、尊重他人生命、敬畏自然界一切生命，看待生命意义与价值时大多能够将生命价值归于实现自我人生目标、追求自我信仰、贡献社会和国家。但同时，本次调研也反映出当前中学生重大疫情下的生命教育仍存在一些问题。

（一）中学生对疾病防护知识的掌握程度堪忧，疫情防护教育有待加强

重大疫情防控期间，80.1%的中学生表示学校讲解过新冠肺炎防护知识，80.3%的中学生表示家中讲解过新冠肺炎防护知识，但中学生对疾病防护知识的真实掌握程度堪忧。从对新冠肺炎防护措施的了解情况来看，尽管绝大多数中学生认为自己比较了解新冠肺炎的防护措施（其中32.40%的中学生认为很了解，47.95%中学生认为比较了解），但实际上只有42%的学生真正了解预防新冠肺炎的口罩种类，只有34.13%的学生真正了解口罩的正确使用方法。这两组矛盾的数据反映出，中学生对新冠肺炎防护知识的了解还有待加强。

（二）中学生对生命的认识有待提升，珍爱生命教育需进一步深化

重大疫情防控期间，78.8%的中学生表示学校有开展珍爱生命教育，72%的中学生表示家中有开展珍爱生命教育，但中学生对生命的认识仍处于相对浅显的感性认知阶段，缺乏对生命的深层认识。调查结果显示，83.6%的中学生认为发生疫情后更加珍惜自我生命，91.14%的中学生认为"生命只有一次，应该好好珍惜"。而在被问及如何看待中学生自杀现象时（图1），只有35.49%的中学生能充分认识到自杀行为是对生命的不尊重，45.64%的中学生表示可惜，7.13%的中学生没有什么感觉，11.02%的中学生认为是"在特定情况下、迫不得已的选择，可以接受"。

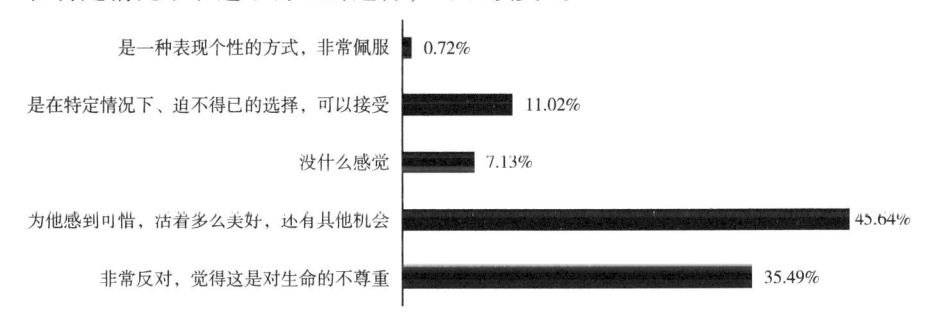

选项	百分比
是一种表现个性的方式，非常佩服	0.72%
是在特定情况下、迫不得已的选择，可以接受	11.02%
没什么感觉	7.13%
为他感到可惜，活着多么美好，还有其他机会	45.64%
非常反对，觉得这是对生命的不尊重	35.49%

图1 对中学生自杀的看法

（三）中学生对待死亡的态度需要引导，死亡教育相对缺乏

重大疫情防控期间，67.7%的中学生表示学校有开展死亡教育，46.9%的中学生表示家中有开展死亡教育。调查结果显示，65.1%的中学生认为此次疫情影响了自己对死亡的认识。在被问及如何看待死亡时（图2），

56.95%的中学生"觉得很正常,应该正确对待",9.07%的中学生"很害怕",23.18%的中学生"偶尔会焦虑",6.48%的中学生表示"没想过"。通过进一步分析发现,52.7%的初一学生、64.3%的高三学生能正确认识死亡。由此可知,在对待死亡的态度上,初一学生比高三学生更消极。另外,绝大多数中学生迫切希望接受到各方面的生命教育,包括死亡教育,但相比之下,死亡教育的选择比例稍偏低。

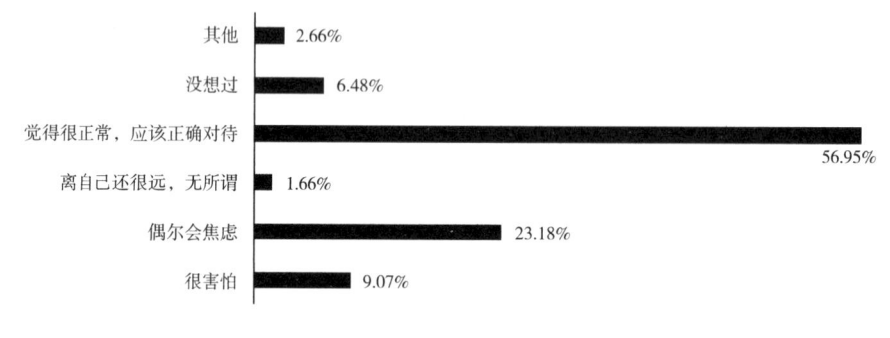

选项	比例
其他	2.66%
没想过	6.48%
觉得很正常,应该正确对待	56.95%
离自己还很远,无所谓	1.66%
偶尔会焦虑	23.18%
很害怕	9.07%

图 2　对死亡的看法

(四) 部分中学生生命价值观有所偏差,女生、高三学生更易有享乐主义倾向

重大疫情防控期间,79.2%的中学生表示学校有开展生命价值观教育,70.5%的中学生表示家中有开展生命价值观教育。调查结果显示,83.6%的中学生认为此次疫情影响了自己对生命价值和意义的思考。在看待生命意义与价值时,多数中学生注重自我实现,勇于贡献社会和国家,整体表现积极(图3),但仍有11.23%的中学生认为生命的意义与价值在于"追求金钱和社会地位",27.21%的中学生认为"生命苦短,及时享乐"。通过进一步分析发现,31.4%的女生、22.3%的男生有享乐主义倾向,16.2%的初一学生、35.3%的高三学生有享乐主义倾向。相对而言,女生、高三学生更易有享乐主义倾向。

(五) 学校生命教育开展形式零散单一,生命教育体系尚未形成

调查结果显示,此次重大疫情下学校开展生命教育最多的形式是教师口头简单讲解、视频录像播放、举办主题班会,而开设专门的生命教育课程、各学科课堂教学中渗透等形式较少(图4)。66.81%的中学生期望通过开展主题班会的形式进行生命教育,56.88%的中学生期望通过视频录像的形式开展生命教育,51.62%的中学生期望开展生命教育实践活动,48.88%的中学

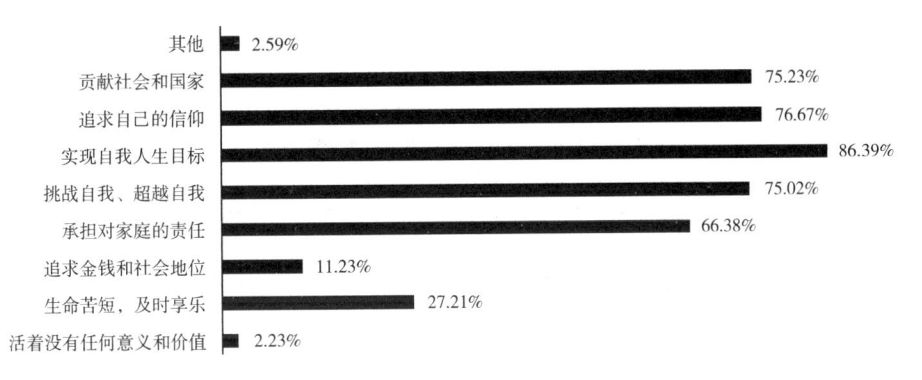

其他	2.59%
贡献社会和国家	75.23%
追求自己的信仰	76.67%
实现自我人生目标	86.39%
挑战自我、超越自我	75.02%
承担对家庭的责任	66.38%
追求金钱和社会地位	11.23%
生命苦短，及时享乐	27.21%
活着没有任何意义和价值	2.23%

图3 中学生对生命意义与价值的看法（多选）

生期望在各学科课堂教学中渗透生命教育（图5）。这反映出学校开展生命教育形式相对单一，主要形式外的其他维度配合较少，缺乏整体性与系统性。在各学科课堂教学中渗透生命教育、开展生命教育实践活动，可为今后的生命教育提供形式上的参考。

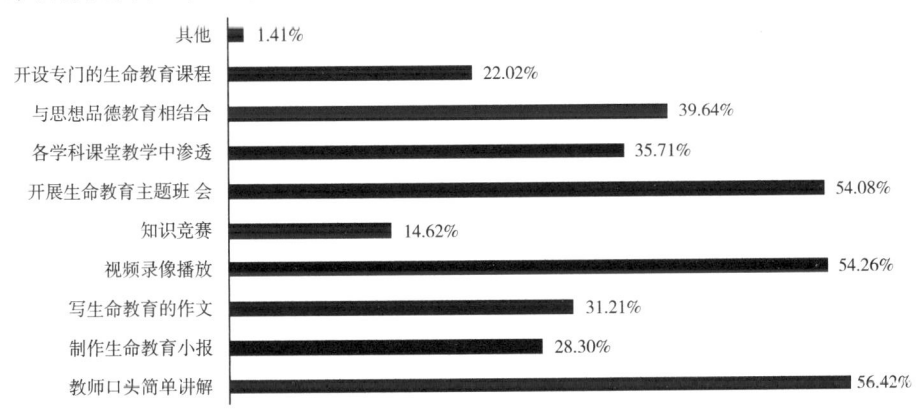

其他	1.41%
开设专门的生命教育课程	22.02%
与思想品德教育相结合	39.64%
各学科课堂教学中渗透	35.71%
开展生命教育主题班会	54.08%
知识竞赛	14.62%
视频录像播放	54.26%
写生命教育的作文	31.21%
制作生命教育小报	28.30%
教师口头简单讲解	56.42%

图4 重大疫情下学校开展生命教育的形式（多选）

四、反思与建议

（一）化危机为契机，加大疫情防护健康教育，推进生命安全教育

重大疫情影响范围广、伤害大、传染性强，开展疫情防护健康教育是做好疫情防控工作的客观需要。尽管学校和家庭能够付诸行动，但调查数据显示，中学生对疫情防护知识的实际掌握程度并不高，对基础防护措施的了解不充分，主观认识与实际水平有较大差异，故有效开展疫情防护健康教育是此次重大疫情下开展生命教育的艰巨任务。学校和家庭应将疫情防护健康教育落到实处、落到深处，化危机为契机，为中学生的生命健康打下良好基础。

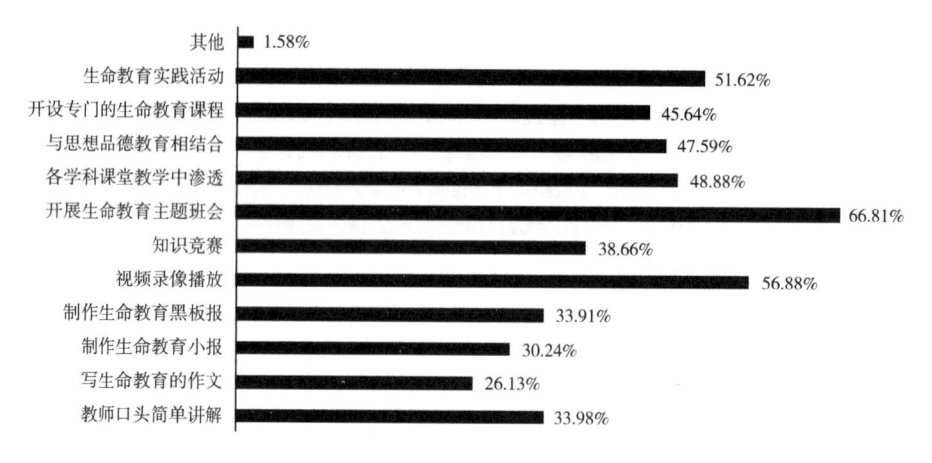

形式	百分比
其他	1.58%
生命教育实践活动	51.62%
开设专门的生命教育课程	45.64%
与思想品德教育相结合	47.59%
各学科课堂教学中渗透	48.88%
开展生命教育主题班会	66.81%
知识竞赛	38.66%
视频录像播放	56.88%
制作生命教育黑板报	33.91%
制作生命教育小报	30.24%
写生命教育的作文	26.13%
教师口头简单讲解	33.98%

图5　中学生期望学校实施生命教育的形式（多选）

同时，中学生疫情防护知识的薄弱警示着我们，系统化、常规化的生命安全教育势在必行。生存是生命的第一要义，生命安全教育是生命教育的基本内容，是否具备充分的生命安全防护知识，往往直接关系到生存的可能性及其质量。因此，要以疫情防护知识为突破口，拓宽生命安全教育内容，践行以人为本的教育理念，引导中学生系统学习安全防护知识，使其掌握必要的保护生命、维护健康的知识和技能，提高生命安全素养，形成积极的生命安全观念，以达到预防和解决生命安全问题的目的，在最大程度上保障中学生的生命健康。

（二）化灾难为素材，深度开展生命教育，树立正确的生命价值观

此次重大疫情带来的不只是无情的灾难，也是良好的教育素材。灾难与公众生命直接紧密相连，学校应充分利用重大疫情这一特殊时期的具体情境积极主动开展教育[7]，充分把握特殊教育素材，融合珍爱生命教育，"淡化形式，注重实质"[8]，以非常态的方式促进中学生对生命的深层认识，帮助中学生从感性认知过渡到理性认知，从而从根本上重视生命、珍爱生命、领悟生命的重量。同时，如何帮助学生理性面对死亡也要重视。死亡教育就是通过适当的方式探讨死亡的生理过程，了解死亡的原因、预防措施，消除学生对死亡的恐惧和焦虑，促使学生正确认识和思考死亡，勇敢地面对和接受死亡，从而更加珍惜生命、欣赏生命。面对疫情防控期间许多生命突如其来的死亡，学校和家庭如何深度引导中学生学会面对死亡值得深思。当前，中学生对待死亡的态度并不乐观，初一学生面对死亡时更易感到害怕和焦虑，教育者需立足于每一位学生的发展，并着重关注初一学生。由于传统观念等多方面因

素影响，我国的死亡教育相对缺乏，国外的死亡教育值得借鉴。一些国家的生命教育着重从死亡教育出发，将死亡教育视作生命教育的核心内容，[9]其死亡教育从小开始，几乎渗透到各个学科，部分学校开设有独立的死亡教育课程，举办死亡教育的讲座，教导死亡的相关知识，引导学生直面死亡现实，坦然面对死亡。当然，生命教育不仅应该引导学生珍爱生命以预防和解决生命问题，更重要的是指向对生命价值的思考，启发学生积极探索生命的意义和价值。尽管目前多数中学生具有积极的生命价值观，但享乐主义倾向依旧不少，尤以女生、高三学生为甚。将教育与生活紧密联系，对中学生生命价值观的引导尤为有效，如可将抗疫期间"最美逆行者"的大爱精神、牺牲精神、奉献精神化作生动素材，融入中华民族传统文化，让学生在感动中感悟、在感悟中成长，激发生命活力，点燃生命热情，树立正确的生命价值观。

（三）发挥学校的主渠道作用，构建生命教育体系，丰富生命教育形式

作为学生接受教育的主要场所，学校应发挥其主渠道作用，从实际出发落实生命教育。生命教育是一项系统工程，为使其牢牢扎根于中小学课程内容体系之中，学校需要构建系统的生命教育体系（包括开设显性、隐性课程），开展师资培训等。真正落实生命教育，需要把生命教育纳入学校课程计划，开设专门的生命教育课程。[2]专设课程是系统的显性课程，教学时间、内容相对集中，是实施生命教育的重要载体，是提高生命教育有效性的关键。考虑到目前独立的生命教育专设课程难以在短时间内形成，一方面，学校可考虑开展重点突出的专题式教育、符合时代特点的主题实践活动等，围绕生命热点问题展开，丰富学生的生命认识和体验，在此过程中充分体现生命的整体性、现实性、创造性、多样性；[10]另一方面，学科渗透是重要的隐性课程，对学生的生命教育起着潜移默化的作用，生命教育的内容非常广泛，了解其在不同学科的交叉融合关系，不仅有助于丰富生命教育的形式，还能够促进学生从不同角度领悟生命教育内容，对生命形成全面的认识。此外，构建全方位的生命教育体系离不开生命教育师资培训。在一定意义上甚至可以说，教师的生命教育素养关乎生命教育的成败。教师的生命教育素养构成包括健康的人生观、正确的生命教育理念、系统的理论知识、相关的技能和技巧。[11]生命教育师资培训旨在增强教师生命教育的意识和能力，提高教师生命教育素养，搭建生命教育合作与交流的平台，同时让更多的教师参与到生命教育中，从而扩大生命教育的有效性与影响力。

（四）夯实生命教育根基，建立"三位一体"的中学生生命教育网络模式

教育从来不是孤立的，而是需要多方参与，进而达到共同育人的目的。生命教育不应局限于学校，还应在家庭、社会中开展，从而建立"三位一体"的中学生生命教育网络模式。家庭是一切教育的第一场所，并在这方面负责情感和认识之间的联系及价值观和准则的传授。[12]生命教育的实施离不开家庭，家长是对中学生开展生命教育的重要主体，良好的家庭氛围是生命教育有效实施的重要保障。由于疫情的特殊性，学生不得不把学校生活中的教室、寝室、操场等通通"搬到"家里，其学习氛围、生活氛围发生了较大变化。[13]因此，中学生与家人的相处时间增多，家长更应把握有利时机，根据学生的实际情况有针对性地开展生命教育。同时，家庭教育与学校教育相互影响、互为补充。一方面，家长需要加强和教师、学校的联系，共同关注生命教育；另一方面，学校也应采取多种方式逐渐强化家长的生命教育意识，不断提高其开展生命教育的能力，以此构建学校与家庭互通的生命教育平台。社会教育是家庭教育和学校教育的扩充，随着中学生与社会联系的不断加深，其影响逐渐增强。在互联网发达的今天，传媒已成为中学生获取信息的重要途径，政府要加强舆论导向，媒体应发挥自身优势，通过电视、名人等宣传媒介以恰当、多样的方式进行生命教育知识的传播、引导和普及，为中学生正确生命观的形成提供良好的社会舆论环境。由此，通过良好的家庭氛围和社会风气把日常生活中的生命教育和学校的生命教育结合起来，构建起"三位一体"的中学生生命教育网络模式，共同推动生命教育的发展。

诚然，目前我国的生命教育仍处于探索阶段，理论与实践都还不够成熟，生命教育还有待进一步深入。但此次重大疫情的发生，或将成为生命教育加快发展的契机，尤其是在教育部的大力号召和全社会携手抗击疫情形势的感染下，学校和家庭均对中学生开展了内容丰富、形式多样的生命教育，中学生的生命观受到较大的、积极的影响。由于受调研取样区域、样本人数以及调研内容偏好所限，此次对中学生生命教育现状的调研可能不尽全面，但通过本次调研，无疑可窥见重大疫情防控期间中学生生命教育开展的一些特征，为今后继续深入研究提供参考，以期未来的中学生生命教育在深入剖析并充分汲取此次重大疫情经验的基础上，结合我国生命教育现状以及具体需要，从多角度深入挖掘，持续推动生命教育理论和实践的发展。

参考文献：

[1] 宋乃庆，赵秋红，罗士琰. 重大疫情下中学生学习毅力现状、问题及对策研究［J］. 教育发展研究，2020，40（8）：32-37，44.

[2] 冯建军，朱永新，袁卫星. 论新生命教育课程的设计［J］. 课程·教材·教法，2017，37（10）：12-18.

[3] 刘慧. 生命教育内涵解析［J］. 课程·教材·教法，2013，（9）：93-95.

[4] 肖川，陈黎明. 生命教育：内涵与旨趣［J］. 湖南师范大学教育科学学报，2013，12（4）：30-36.

[5] 徐斯雄，何会宁. 重大疫情下生命教育的内容、原则与实施策略［J］. 教育与教学研究，2020，34（4）：55-66.

[6] 杨晓萍，刘海，雷吉红. 重大疫情下儿童生命教育的内涵、价值及实施路径［J］. 教育与教学研究，2020，34（3）：32-40.

[7] 卫晋丽，宋乃庆，王春婵. 重大疫情对中学生价值观影响的实证探析［J］. 中国教育学刊，2020（3）：17-21.

[8] 宋乃庆，陈重穆. 再谈"淡化形式，注重实质"［J］. 数学教育学报，1996，5（2）：15-18.

[9] 李曦，黄鸿鑫. 英国、美国、日本的生命教育实践及其启示［J］. 教育探索，2014（7）：146-148.

[10] 何孔潮，杨晓萍. 课程实践中生命意义的缺失与追寻［J］. 教育与教学研究，2012，26（3）：17-21.

[11] 过仕明，邸春姝. 生命教育视域下高校教师素养研究［J］. 思想政治教育研究，2014，30（4）：117-119.

[12] 联合国教科文组织国际教育发展委员会. 教育——财富蕴藏其中［M］. 北京：教育科学出版社，2001.

[13] 宋乃庆，蒋秋，罗琳. 初中生在线学习情绪影响因素研究［J］. 教育与教学研究，2020，34（4）：7-15.

复学后的学校面临的学生心理问题及应对策略

边玉芳[①]

当前，我国新冠肺炎疫情已在全国范围内得到有效控制，各省市教育主管部门正积极推进中小学有序地开展开学复课工作。但在重返校园的喜悦之余，中小学生中也出现了一些心理问题，一些地方学生心理危机事件频发，甚至在全国多地出现学生跳楼及其他各种极端事件。因此，复学后学校在抓好常态化疫情防控、回归正常教育教学秩序的同时，应特别关注中小学生的心理问题，做好学生的心理调适和心理健康教育工作，抓好学生心理危机的预防与干预工作，变"危"为"机"，促进学生健康成长。

一、复学阶段学生可能出现的心理问题

（一）疫情期后学生复学会使"开学综合征"加剧，学生入学适应将变得更加困难、情绪问题增多

通常，学生在假期过后，从比较轻松的居家环境、松弛的休息状态直接进入有规律的、紧张的学习状态时，会出现"开学综合征"[1]。这是由于假期结束返校复学时，学生的"心理假期"还在持续，需要重新调整，才可以快速适应学校生活的节奏。每一次调整和适应都将消耗大量的心理能量与内部资源，当心理能量不足而造成适应困难时，就会出现焦虑、烦闷等心理反应，同时可能伴随着注意力下降、学习适应不良、人际交往困难等行为问题[2]。2020年，受新冠肺炎疫情的影响，中小学生经历了前所未有的"超长假期"，面对返校复学，诸多适应问题叠加，"开学综合征"对学生的影响有所加剧。

疫情期后导致学生入学适应困难加剧、焦虑等负面情绪较普遍的原因主要有以下几方面：

一是疫情本身导致。目前，新冠肺炎疫情在全国范围内已得到有效控制，但仍存在外来感染者及无症状感染者，病毒尚未被完全击退。面对疫情持续

[①] 边玉芳，北京师范大学心理健康与教育研究所所长。

带来的心理压力，以及学校的常态化疫情防控工作，中小学生对疫情的担忧和恐惧情绪仍会持续一段时间。

二是学习适应中的困难导致。居家学习阶段，学生容易出现懒惰懈怠心理。同时，网络授课的形式相对于课堂教学来说，更加依赖于学生的自觉性和自控力，许多学生在线上学习时注意力不集中，学习效率不高。面对开学后课程内容的增加，授课节奏的变化以及各学科的测验评估，会产生不适应学校学习、对学习产生畏难情绪等现象。

三是对电子产品的过度依赖导致。学校通过在线教学的方式，保证了学生在非常时期居家学习的应急之需，但这也增加了学生使用手机、电脑等电子产品娱乐的机会。丰富的网络世界会给学生带来非常强烈的感官刺激，促使多巴胺的产生，令人感到愉悦。这种愉悦感容易使学生丧失对其他活动的兴趣，加深对电子产品的依赖。经过漫长的假期，学生网络成瘾的现象会有明显增加。返校复学后，随着电子产品使用的减少，学生会因为缺乏持续的外部刺激而感到无趣，可能会出现上课注意力不集中、学习积极性不高、情绪低落等情况，有的学生甚至会出现厌学情绪。

四是一些特殊学生的特殊问题导致。如毕业班学生的升学压力。延期开学后，毕业班学生原有的复习计划被疫情打乱，备考复习的焦虑情绪明显增加。此外，随着中高考的临近，学生容易产生压力应激反应，出现记忆力下降、注意力无法集中等情况。

（二）疫情阶段多重因素叠加以及长时间居家造成情绪积压，学生的心理健康问题有严重化的可能

疫情防控期间，中小学生长期处于居家隔离状态，需要不断应对不确定感，适应变化，其心理状态也出现阶段性波动，会产生一系列情绪问题。疫情暴发初期，学生面对这一突发事件，可能会产生应激反应。面对过载的疫情报道，学生会产生焦虑、恐慌、多疑等情绪，随之而来的还可能有身体反应；随后的居家隔离阶段，学生的社会交往被切断，长时间处在相对狭小的空间中会产生无聊与烦躁的情绪；"停课不停学"阶段，学生在适应居家学习状态的过程中会由于注意力不集中、效率不高而产生烦躁与焦虑情绪。面对居家阶段出现的多重负面情绪，如果没有及时觉察和合理排解，逐层累积，随着时间的推移会严重影响学生的心理健康，加大引发各种心理疾病的风险[3]。

同时，中小学生群体中，部分学生原本就受到学业压力、人际关系的困扰，存在一定的心理问题，甚至心理障碍。近几年，我国青少年心理健康相关研究显示，我国青少年的心理问题检出率在20%左右[4]，留守儿童和流动儿童等特殊群体的心理健康问题则更加突出[5]。这些学生的心理问题在疫情防控期间存在加重的风险。疫情给学生带来的情绪问题与原本的困扰叠加，使得心理负担加重；而疫情防控期间，许多咨询机构、医院停诊，学生的心理困扰无法得到有效及时的排解，极易诱发极端心理危机事件。

（三）日常家庭教育失当与长时间居家造成的亲子冲突可能在复学前后激化，处理不当将引发学生各种心理问题和不良行为

疫情居家隔离给父母和孩子创造了更多的相处机会，但长时间共处在相对狭小的家庭空间，家长与孩子间的亲子冲突会被激化，更容易引起学生的心理危机。

首先，面对新冠肺炎疫情这一突发事件，亲子关系中的一方或双方会出现应激情绪反应和行为表现，对外界的人和事格外敏感、多疑，极小的问题都可能成为压垮亲子关系的最后一根稻草。

其次，"停课不停学"这一新型的授课模式对学生的自律能力是一种较大的挑战，同时也考验着家长对孩子"不良"表现的耐受力。一方面，线上授课期间学生的作息相对宽松，学生的学习效率不高；另一方面，学生长时间接触电子产品，对电子产品的依赖性大大增加。这种情况下，家长想要指导孩子调控情绪，纠正不良习惯的动机和需求更加迫切，而中小学生正处于自我意识迅速发展的阶段，独立意识和自尊心都大大增强，对于家长的过度保护和过度控制会产生逆反情绪和冲动行为。

再次，面临返校复学，家长会对孩子的学习提出更高的期待，对孩子使用电子产品的管控也会相应增加，但往往忽略了沟通方式。研究认为，家长与孩子不良的亲子沟通方式，会削弱亲子关系，直接或间接地对孩子的心理造成伤害[6]。家长采用责备、命令、说教的方式与孩子沟通，孩子接收到的也更多是家长不接纳的信号，必然会引发亲子冲突，甚至导致孩子出现极端冲动行为。因此，复学后的亲子冲突将成为引发学生心理问题，甚至是危机事件的最主要因素之一，应当引起学校和教师的高度重视。

二、复学后学校应对学生心理问题的若干建议

面对返校复学后学生可能产生的诸多心理问题以及这些问题带来的挑战，

学校应提前进行研判，做好相应工作部署，为学生的心理健康保驾护航。

（一）加强对学生心理保护机制的建设，营造安全和谐的校园环境

1. 学校要做好校园疫情防控措施的部署，创设安全的校园环境。中小学可提前发布开学后的防疫工作安排，增强学生的返校安全感，使学生对开学有积极预期并主动配合学校的开学防疫工作。了解是降低焦虑、建立信任的基础。由于疫情持续带来的心理压力，学生对于重返校园难免会产生排斥和担忧情绪。复学前，学校应强化防控宣传教育，通过学校微信公众号、班级微信群等网络渠道，宣传、普及疫情防治知识和防控要求。复学后，学校应施行严格的防控措施，包括校园消毒、安全距离、佩戴口罩等，缓解学生对被感染的焦虑；要做好风险沟通，及时将校园的防疫安排告知学生，避免因沟通不到位引发不必要的担忧，减少学生因无法及时配合学校的防疫措施而产生紧张、烦躁情绪。

2. 学校要提前了解学生居家学习阶段的学习状况，在教学安排上预留调整适应期。学生在假期里处于相对宽松的学习状态，开学之初，应适当放慢教学进度，减少作业量和测试频率，为学生营造一个安全的学习环境，帮助学生度过适应期。学科教师要加强返校后的教学方法与教学心理研究，通过丰富生动的课程内容和适当的教学方法帮助学生调整学习状态，提高学生的学习兴趣，帮助学生树立学习信心，找回学习效率，逐步提高学习适应力。

3. 学校要重视校园文化的建设，营造积极向上、和谐友爱的校园氛围。很多人关心学生返校后如何上好"复学第一课"，我们建议教师开展主题班会，引导学生分享居家学习阶段的学习体会和成长感悟，通过营造积极班级氛围，增强学生对集体学习生活的归属感。同时，学校应引导教师关心、关爱每一位学生，与学生建立更紧密的情感联结；巧用同伴关系，让在集体中较有号召力的学生带头做好榜样，关心爱护身边的同学，形成良好的人际氛围。校园内人际关系的建立，能够保证学生在遇到问题的时候有资源可利用，起到良好的心理保护作用。

（二）组织专业力量全面开展学生心理状况的摸排工作，做好评估监控

学校应组织专业力量，协调校内资源，做好学生心理状况的评估监控工作。在开学前，学校可组织班主任、心理教师通过网络问卷调查、电话访谈、视频家访等方式，了解学生受疫情影响的情况，掌握学生目前的心理状况以及困扰学生的压力来源与情绪问题。在开展心理摸排工作时，对于来自重点疫区的中小学生、家属或自身患有新冠肺炎并对此感受到压力的学生、抗疫一线工作人员子女、毕业年级学生、原本存在心理问题的学生要予以重点关注，并在返校复学后组织心理教师和班主任对这些学生开展清单式排查，重点了解疫情防控期间学生生活环境中是否有重大事件发生，学生是否存在痛苦、绝望等极端情绪，是否出现明显的性格与行为变化等。根据清单式排查的结果对存在严重心理问题的学生进行动态跟踪观察，确保学生心理安全。

（三）构建健全的心理健康教育工作机制

学校应注重结合学生的不同年龄特征和个体差异，构建多层次、多类别、多形态的心理健康工作体系，提高心理健康辅导的针对性和有效性。

1. 针对全体学生开展疫情心理健康专题教育。一是根据疫情防控期间学生可能产生的情绪困扰（如紧张、过度焦虑、恐惧、心情低落、失眠等）开展专题心理讲座、团体辅导等活动，帮助学生掌握简便有效、容易操作的心理调适方法，如"自我抚慰""呼吸训练""蝴蝶拥抱"等，同时可以结合适当的运动、阅读、艺术活动等多样化的调适方式，释放心理压力，缓解焦虑情绪。二是面向各年级开展系列班级辅导课程，培养学生对于突发事件的心理应对能力。课程的主题建议结合学生不同的年龄特征和个体差异进行设定，确保课程开展的有效性和针对性。如面向毕业班学生可以围绕如何应对毕业升学的焦虑、如何做好高效的时间管理、如何提升自信心等主题展开。三是复学后学校应全面开放心理辅导室，并向学生公开各地心理求助热线电话，鼓励学生遇到问题积极求助，提高学生的求助意识和能力。

2. 加强对于受疫情影响较大学生的心理关怀，给予其充足的情感、生活、学业支持，开展有效的心理辅导。重点关注来自重点疫区、防疫一线人员子女或身边有亲人感染新冠病毒的学生，主动提供支持性心理辅导，积极改善其周边人际环境，减少可能存在的排斥和歧视现象；密切关注疫情防控期间情绪波动较大或出现明显情绪问题、行为偏差等情况的学生，提供陪伴性心理辅导，建立同伴互助小组，协助其调节思想和行为方面的偏差，促进认知转变，提升心理素质；特别关注疫情前已存在心理问题的学生，结合以往的咨询记录，提供防御性心理辅导，协助其维持心理健康水平。

3. 针对疫情防控期间产生严重心理问题的个别学生，学校应提供长期专业心理干预、转介和支持服务，并联合家庭、班主任和社区共同制定心理危机干预方案。对于存在严重心理和行为问题以及精神异常的学生，学校应做好隐私保护，将有关情况反馈给家长或亲属，及时向社区以及专业医疗机构和心理中心求助。

（四）家校协同为学生创造稳定的心理支持环境

家庭教育对学生的心理健康教育和人格发展具有重要影响，家校协作也是心理健康教育的重要途径。居家学习阶段，亲子关系经受诸多考验，难免产生裂缝，良好的家校沟通对于平稳复学至关重要。一方面，学校要指导班主任及各科教师做好与家长的互动交流，利用线上线下等多种形式与家长定期联系，了解学生在家的真实情况，也要及时向家长反馈学生返校后的情况，倾听家长和学生的困惑，给予适当关怀，缓解家长的焦虑，争取家长的支持、配合和协助。此外，鼓励家长与教师保持积极联系，如果发现孩子复学阶段在家有异常的行为表现，如情绪低落、行为冲动等情况，及时向学校教师求助。另一方面，学校要定期开展家长辅导活动，就困扰家长的典型问题开展专题讲座，例如，复学前家长如何引导孩子制定学习目标和计划、家长如何及时觉察孩子的情绪以及掌握必要的心理安抚方法；复学后如何帮助孩子缓解学习压力、如何与孩子进行有效沟通等，提高家长对于孩子各阶段发展特征的了解，增加家长积极参与孩子教育以及科学实施家庭教育的能力，协助家长建立良好的亲子关系。同时，也要让家长控制自己的情绪，要让家长知道，自身的负面情绪也和新冠病毒一样具有传染性，要保证孩子有积极良好的心态，家长自身首先要有积极良好的情绪。

面对这场疫情防控战，学校、家庭以及全社会要形成心理健康教育的合力，采取多种措施，营造适宜学生成长的安全环境，引导学生做好开学准备，以更积极的心态投入学习，尽快适应新学期的生活。

参考文献：

[1] 张辉, 杨礼艳. 正确面对"开学综合症"[J]. 中小学心理健康教育, 2011 (18): 39.

[2] 余志芳, 杨葳. 开学, 你准备好了吗——开学恐惧症的元认知心理干预案例[J]. 中小学心理健康教育, 2013 (21): 29 – 31.

[3] 冯丽娜. 中学生负性情绪及情绪调节能力测评研究[J]. 中小学心理健康教育, 2019 (15): 26 – 29.

[4] 陈丹, 等. 青少年心理健康状况及影响因素[J]. 中国健康心理学杂志, 2020 (9):

1402-1409.

[5] 祁双翼,西英俊,马辛. 中国人心理健康研究综述 [J]. 中国健康心理学杂志,2019,27 (6): 947-953.

[6] 刘莉,等. 青少年期亲子和谐特点及与内外化问题行为的关系 [J]. 中国特殊教育,2014 (1): 73-78.

对中小学课程中加强灾难教育的几点思考

雷 实[①]

新冠病毒来袭,灾难不期而至,九省通衢封城,人类生命遭遇微生物严重威胁之际,已有网文建议将"灾难教育"纳入学校教育内容,提高学生应对突发灾难的基本素养。这是动荡时期的必然焦虑,更是着眼未来所应有的必然思考与行动。

一、为什么要提出加强灾难教育?

从某种意义上说,人类的历史就是一部灾难应对史。人类在灾难中积累经验,提升修养,发展科学,加强预测,智慧应对,曲折前行,所以才有"多难兴邦"之说。

所谓灾难教育,顾名思义,应是以人类遭遇过的重大灾难为基本素材,引导学生认识自然、认识社会、认识自我,珍惜生命,提高危机意识,掌握科学方法,加强品格修养,增强社会责任感,培养应对各种灾难的基本能力。灾难教育的类别,纵向看大体有这么几种:一是对历史上发生过的灾难的记述与反思,此为历史性的灾难教育;二是对可能出现灾难的预警和应对,属于前瞻性的灾难教育;三是人类对抗正在发生灾难的态度、策略和方法,是过程性的灾难教育,这种教育机会极少又极为不幸。2020年春,大范围的中小学因疫停课,被动地接受着这一过程性的灾难教育,许多教师设计了多样而又沉重的灾难教育网课,这是极为特殊的课程实践,具有特殊意义。

从现实出发的灾难教育,不是今天才有的。人类进化的初期,蛮荒大地危机四伏、灾难重重,如果没有初民之间一代又一代的灾难教育,也就没有当今世界的70多亿人口。现代中小学各类课程,语文、数学、英语、道德与法治、生物、历史、地理等诸学科里,或多或少,直接或间接都有应对灾难的教育内容。已经呈现在中小学课程、教材里的灾难教育内容,横向看大概有如下四类。

[①] 雷实,华中师范大学教授。

1. 战争灾难。历史课程于此是主要阵地，艺术课程里反映战争灾难的艺术作品，震撼人心。在中小学语文教科书里，战争灾难教育从未缺席，杜甫的"三吏""三别"和《兵车行》，曹松的《己亥岁》，揭示了战争给人民带来的巨大不幸，深刻道出民间疾苦，表达了前贤对黎民百姓倍受战祸摧残的深切同情。《奥斯维辛没有什么新闻》《南京大屠杀》《就英法联军远征中国致巴特勒上尉的信》《安妮日记》是对近现代侵略战争灾难的控诉，曾经多个版本的语文教科书收录了这四篇文章。激越的古代出塞诗章，抗击侵略的英雄故事，历来也都是语文教科书中的经典课文。应对战争灾难需要强大与团结，需要理性与智慧，既要有可贵的民族独立精神，也要有世界大局视野和国际理解情怀。

2. 社会灾难。社会灾难也可以说是人为灾难，包括政治、经济、技术带来的灾难，如黑奴贩卖、性别歧视、邪教迷惑、移民灾难、人为火灾、核泄漏、高危化学物质泄露、大型建筑事故、海难、空难等。在新闻报道里，这一类灾难比较常见，借此开展灾难教育能够帮助学生更全面地认识世界，更深入地关注人类疾苦，探寻灾难的原因和应对策略，提高警觉性，热爱当下生活。

3. 自然灾难。自然灾难是指大自然界变化给人类带来的灾难。如气象灾难、地质灾难、流行病灾难以及天体灾难等。自然灾难对人类社会所造成的危害往往是触目惊心的。1347—1353年，席卷整个欧洲的被称之为"黑死病"的鼠疫大瘟疫，夺走了2500万欧洲人的性命，占当时欧洲总人口的1/3。1976年7月28日3时42分53.8秒，唐山突然发生里氏7.8级强烈地震，23秒钟后，唐山被夷成废墟。2004年12月26日发生的印度洋海啸，波及14个国家，导致约23万人死亡，成为造成死亡人数最多的海啸。

可怕的还有灾难叠加，即战争灾难叠加自然灾难，或自然灾难叠加人为灾难，或者三难叠加。东汉中期到三国初期，在短短数十年里，战争、苛捐、饥荒、瘟疫叠加，人口锐减近60%。

4. 虚拟灾难。科学幻想作品是人类思考和寻找人类未来可能性的文类，也是映射现实世界的镜子。星球大战、外星生物入侵、地球末日逃生、去宇宙流浪等科幻作品，以虚拟灾难演绎灾难教育，更表现了对人类异化的深深忧思，体现了对人类的另一种关怀。

二、中小学课程、教材里的自然灾难教育

自然灾难教育在中小学课程里主要有三项内容：自然灾难记载，自然灾难预警和应对，自然灾难的哲学思考。自然灾难预警和应对是主要内容，自然灾难的哲学思考大多融入灾难记载及灾难预警应对之中。

什么是灾难预警与灾难应对？《汉书·霍光传》里有个"曲突徙薪"的典故，强调要学会听进别人的忠告和批评，对可能发生的事故应防患于未然，也表达了要重视提前发出预警的人。在现代，做出气候和地震预报、大坝预警、核子泄露预警、传染病毒监控及疫苗研制等的科学工作者，都是提出"曲突徙薪"方案的智者，一直在努力做灾难预警和灾难应对。数学、物理、生物、信息技术等基础学科于此贡献最大。

在已经出版的高中生物教科书里，《遗传与进化》中"基因工程技术"是造福人类应对生物灾难的重点内容，此外，还有禽流感的防控、禁止研制开发生物武器等都与灾难教育相关。现行地理教科书里介绍了各种地质灾害及应对方法。物理教科书中有专节讲述核泄漏、核污染；教科书中的运动学、电学、光学、热学均是基础科学内容，应对各种灾难不可或缺。有一些物理成绩不甚理想的高中生，却对"基本粒子与恒星演化"一章很感兴趣，引发了他们对恒星命运的思考——看来科幻作品虚拟的未来灾难，也具有科学教育意义。

当前再提加强"灾难教育"，并不是简单增加一门课程或主题活动。毕竟中小学课程有着严密的内在结构，学生的学习时间是个常数。笔者认为，可以在基础性课程中进行微调以保持中小学课程结构原有的平衡，这是基本原则，即不要形式主义的热闹，而应切实从加强基础学科课程的学习着手。

有些基础学科看似"无用"，实则是一切实用科学的基础。1606年，传教士利玛窦和徐光启开始共同翻译《几何原本》前六卷。徐光启在《刻〈几何原本〉序》中指出，"不用为用，众用之基"。可惜徐光启翻译的《几何原本》自明末至清将亡，近三百年没有进入中国普通学校的课程。我们在思考如何应对现在及未来的各种挑战时，学校要少些功利，关注基础学科，甚至"无用之学"。建议高中语文教科书请进徐光启的《刻〈几何原本〉序》，激励学生镕铸坚实科学基础，迎接大自然和生活中的各种挑战。

三、增加课程中"天人之辨"的哲学思考

"天人之辨"是中国古代哲学的重要命题,争论激烈,核心分歧是如何看待大自然与人的关系。中国古代有"天人合一"哲学观,也有"天人之分"哲学观,诸子百家,见解不同,各有建树。《左传》里既有"天人合一"的大量记述(实际是"天人感应"),也有"天人二分"的反驳。先秦文化里"天人合一"的内涵也十分复杂,儒道墨分歧大。"天行健,君子以自强不息"(《易·系辞》),以天体运行刚健,激励君子进德修业,永不停止。孔子说:"天何言哉?四时行焉,百物生焉,天何言哉?"(《论语·阳货》)他对"天"表现出一种极强的敬畏之情,在君子的"三畏"中,"天命"位居第一。庄子认为,天人之间、物我之间、生死之间以至万物,只存在着无条件的同一,即绝对的"齐";主张齐物我、齐是非、齐生死、齐贵贱,幻想一种"天地与我并生,万物与我为一"的主观精神境界,安时处顺,逍遥自得,这是另一种"天人合一"思想。西汉董仲舒的"天人感应""君权神授"则是一种文化退步。古代"天人合一"思想与现代"人类与大自然和谐相处""保护环境"等理念似乎并不完全一致。

"天人之辨"有着伟大的哲学意义,是值得继续讨论的哲学命题。荀子持"天人之分"观点,他说:"天行有常,不为尧存,不为桀亡。"(《荀子·天论》)现在看来,"天人合一"有文化研究价值,但是不能放弃"天人之分"的唯物哲学观,也不宜单独将"天人合一"宣传为中小学课程要传承的中华传统思想。法国高中有哲学课,我国的高中生也可以试着讨论"天人之辨"。

从"天人之辨"的视角看灾难教育,笔者认为,在中小学基础课程里,相关内容可以做一些微调。例如,在理科教材里陈述科学成就时,对大自然的未知或疑惑也可一同介绍,启发学生探究讨论;谈水利建设成绩时,也可适当展示可能存在的隐患及应对举措。另外,对高度传染性的病毒微生物的介绍在相关学科课程中显然还应加强,从而提高警示性,提出应对措施。

四川安县桑枣中学叶志平校长汲取唐山大地震教训,加固学校大楼,定期开展避震演习。2008年5月12日汶川发生强烈地震,位于震区的安县桑枣中学,2200余名师生在1分36秒内,全部安全撤离。这都是灾难教育的成效,虽然可用之时极少,但是一旦用上了,作用很大。

文科教材里的灾难题材,以赞美团结奋斗、讴歌奉献牺牲为主,这是必

须的，但有的教材缺乏对灾难的理性叙事，灾难的根本教训缺位。没有理性的反思，就会陷入悲剧的死循环。过程中的灾难教育显示出更为复杂的教育问题，如对新闻真实性的判断，对各种不同呼吁的分辨，紧急情势里的言语表达等，都值得反思。例如，提出"不传谣、不信谣"。非常时期，要讲真话，让公众做到远离谣言，才有利于局面控制。还要明确什么叫造谣？"以虚假信息故意扰乱公共秩序"才叫造谣。生活中许多认识及表达的分歧是"对与错""真与假""淡定与过敏""理解与误解""片面与全面""慎言与妄言"的差别，要让学生学会分析判断，提高分辨能力，做到为自己所说负责。

新冠病毒灾难之后的国家层面制度重建已经启动。中小学课程应反思灾难，大力加强认真负责、坚毅担当、实事求是、扶危济困、守望相助、言语文明等最基本的人文素养教育，继承"树诚信，批巧言，通言路，敢直言"等中华优秀传统文化精神。努力激发学生的科学兴趣，激起好奇心与求知欲，让他们学习科学技术知识，掌握科学方法，深入理解自然与人类的复杂关系，树立远大理想，培养科学精神。期望在今后的课程、教材研究和教学实施层面，能够实实在在地提升学生的人文素养和科学素养。唯有如此，方可慰藉几千个逝去的鲜活生命，不辜负数万崇高天使的艰辛奉献，不枉费十几亿人几十天的生活困顿。

（注：本文写于2020年3月，因新型冠状病毒肺炎暴发被封之城武汉。）

日本中小学生命教育探析及其启示

郑晓华[1] 李晓培[2]

一、日本中小学生命教育的背景

（一）日本中小学生命教育的萌芽

20世纪70年代，日本学者东井义雄在其成名作《学童的臣民感觉》中谈到，"教师的职责是给予学生生命的温暖，学校则是让臣民对生命有所理解的场所"，这可以说是日本生命教育思想的萌芽。[1]东井义雄认为，生命教育的内涵应该包括：其一，生命教育不是单纯地对"生命"或"生命教育"进行概念界定和理论论证，而是要强调躬行实践，使人们提高生存技能，提升生命质量；其二，生命教育过程中不应强调盲目顺从，而应注重发挥人的主观能动性，指导人们通过记录生活点滴，在潜移默化中感受生命，体会生命的真谛；其三，每个人不同的人生经历和教育背景会影响其世界观、人生观、价值观的形成，但不可忽视科学的教育在此过程中的引导作用。因而，教育者应该认真思考怎样将生命教育的理论和实践整合成一套完整的体系，使它成为一门专门的学科。

（二）日本中小学生命教育的现实背景

20世纪60—70年代的日本经历了"二战"后最困难的时期，开始重整旗鼓，大步迈进发达资本主义国家的行列。但物质经济的迅猛发展并没有带动美好人性和优良品质的相应发展，反而使日本陷入了民殷财阜但道德迷失的矛盾局面。在教育领域，自残自杀、校园欺凌、谋害他人、刑事犯罪、奢侈浪费、逃学辍学等现象层出不穷。中小学教育面临着前所未有的挑战和威胁。整个社会深刻地意识到，教育界要大刀阔斧地改革才可以改变日益颓废的人心。

1985年，日本临时教育审议会《关于教育改革的第一次审议报告》明确

---

[1] 郑晓华，岭南师范学院基础教育学院讲师。
[2] 李晓培，岭南师范学院基础教育学院教授。

指出，当下日本社会盛行物质中心论，人们精神空虚，只重眼前利益，认识不到人生的价值，教育已跟不上时代的变化和社会的要求。并提出教育改革的基本设想：要改善教育环境，培养学生丰富的知识、美好的心灵和健康的体魄。1989年，日本文部省修订了新的《教学大纲》，增加了培育"敬畏生命的理念"的内容，规定要以"培养儿童美好的心灵和丰富的社会性"为重要原则施行青少年学校教育。20世纪90年代，日本中央教育审议会提出了培养学生"生存能力"的思想。生存能力包括"智、德、体"三种能力，其中"德"的内容详细表述为："对美好事物和大自然的感动之心，铭记良好行为、憎恶不良行为的正义感，重视公正性、珍惜生命、尊重人权等基本的伦理观，同情他人之心、志愿服务社会等为社会奉献的精神等。"[2]至此，日本建立起基本的生命教育框架，生命教育纳入国家和中小学校的正规课程体系。

二、日本中小学生命教育的主要内容

（一）余裕教育

"余裕教育"旨在减轻中小学生沉重的课业负担，引导他们从应试教育的牢笼里解放出来，努力为学生营造轻松宽裕的教育环境，通过寓教于乐的教育方式恢复学生纯真的本性，让他们学会自处、坚强生活。

"热爱生命、选择坚强"是余裕教育的口号，而热爱生命的前提是培养学生善良的人性，鼓励学生走进自然，常去乡间牧场体验生活。城市里的动物经过专人专业的调教都已驯化，但乡间牧场长大的牛马却没那么温顺可驯，这就要求学生与动物和谐相处。这有助于培养学生善良淳朴、呵护生命的品质。余裕教育还鼓励学生多利用周末或假期时间去农业学校体验务农生活。日本的农业学校大多由农户开办，目前在日本已有近1600所。通过体验农村生活，学生可以明白衣食物资来之不易，养成尊重他人、珍惜劳动、勤于动手、吃苦耐劳的性格，有利于将来更好地融入社会大环境，实现终身良性发展。

（二）生存教育

生存教育是一个通过系统的理论和技能培训，使青少年提高生命意识、丰富生命常识、提升生存技能、明确生命价值的过程。早在1972年，联合国教科文组织国际教育发展委员会发布的《学会生存——教育世界的今天和明天》报告中就呼吁世界各国教育必须把目光聚焦在生存教育上："我们再也不能刻苦地一劳永逸地获取知识了,而是需要终身学习如何去建立一个不断演进的知识体系——'学会生存',使人日臻完善,使他的人格丰富多彩,表达方式复杂多样,使他作为一个人,作为一个家庭和社会的成员,作为一个公民和生产者、技术发明者和有创造性的理想家,来承担各种不同的责任。"

日本践行生存教育可谓不遗余力。1996年7月,日本第15届中央教育审议会发表的咨询报告《展望21世纪我国教育的应有状态》中,明确提出了要培养青少年的"生存能力",主要内容包括:(1)无论社会怎样变化,都能自己发现问题,自学,独立思考,自主地作出判断并行动,更好地解决问题的素质和能力;(2)不断地律己,与他人相协调,同情他人之心,感动之心等丰富的人性;(3)茁壮成长所不可缺少的健康和体力。[3]这为日本生存教育的开展指明了前进方向。日本中小学每年都会开设"孤岛学校""田间学校""森林学校"等实践课程,组织青少年学生在相对艰苦的环境中体验生存艰辛,接受实际训练,以培养他们吃苦耐劳、坚韧不拔的精神意志。学校还为生存教育配备了专业的指导教师,指导青少年独立思考、积极践行生存教育理念,为其终身发展打下坚实的基础。同时,学校还建立专门的实践基地,采用体验式教学的方式,让青少年设身处地地明白加强生存知识和生存技能培养的必要性,同时还可以培养他们的冒险精神和团体协作能力。在家庭层面,日本家长积极响应学校号召,教育学生从小学习劳动知识,在培养学生劳动意识的同时,安排他们做力所能及的家务劳动,让学生通过亲身的劳动体验,掌握必要的家庭生活技能,为未来的家庭生活做准备。

(三)安全教育

安全教育的主要目的是让青少年掌握相关安全知识,对生活中可能发生的各种事故的起因、发展及应对方式有相应程度的认识,还要学会如何防范各种事故的发生,更好地保障自身的生命安全。

日本小学、初中和高中安全教育的内容不尽相同。小学和初中的安全教育主要涵盖了保健领域中的身体与心理的成长、预防伤害事故、预防疾病、健康与生活等四个方面的必要知识及技能;而在高中则涵盖现代社会与健康、环境与健康、终身健康和集体健康等四部分知识。[1]可见,在小学和初中,安全教育主要学习各种基础性知识,而高中阶段的安全教育则提升了层次,旨在培养青少年良好的安全意识和健康的生活态度。另外,日本中小学校的安全管理工作也做得非常细致。安全管理包括对物的管理和对人的管理。对物的管理主要是定期对学校各类设施设备的安全检查和对整个校园环境的美容美化。对人的管理则更为完善细致，主要蕴含两大方面：一是人的身心安全管理，内容包括帮助学生分析事故灾害的主要原因、评估自己的身心状态、对学生日常行为的细致观察以及传授对人的救济处置和急救措施等；二是生活安全管理，内容涉及学生的学校生活（各科教学、特别活动、休息时、放学后）安全和校外生活（上学放学的路途中、玩耍游戏的场所）安全管理。对人的管理工作中，防灾教育做得尤为出色。日本位于全球地震高发带，为了加强人民的防灾意识，保护生命财产安全，最低程度减少人员伤亡，政府把每年的9月1日设置为法定防灾日，这天全国各地都会组织防灾演习。教育部门编写了多本防灾避难教材，从学生进入幼儿园就开始定期对他们进行专业的防灾指导和演练，教育学生如何从容冷静地应对灾难、保护自己和他人的生命安全。学校给学生免费发放《危机管理和应对手册》，专门配备防灾心理辅导员，每个教室后墙都贴有"紧急安全逃跑路线图"，并且联合相关政府部门和组织机构定期开展防灾知识讲座和防灾演练。电视、网络平台、报纸杂志等也通过制作公益广告、发放宣传单、刊登专业文章等方式给人们传递抗震救灾、防火防洪等方面的专业知识与应对办法。毋庸置疑，日本的防灾预警和应对体制是相当完善的。

（四）心灵教育

日本当代企业家稻盛和夫及著名的哲学家梅原猛认为，"心灵教育"就是一心向善的教育，教给学生"善的生活态度"，即什么是真善美。[4]心灵教育旨在培养青少年弃恶扬善、热爱生命、充实心灵、奉献社会的人生观念。日本在20世纪80年代针对青少年自私自利、不懂得尊重他人、贪图享乐、丧失人生目标等现象提出了以"充实心灵、丰富人性"为主要目标的"心灵教育"。

心灵教育主要采用体验式的教育方法：一是创设以社区儿童教室、社区运动组织为主的社区体验活动场所，让学生通过亲身体验、活动和实践，增强沟通交往能力、培养团结友爱品质、培育丰富人性；二是带领学生走进大自然，诸如郊游、远足、短途旅行等，让学生感受自然界的馈赠，对世间生命心存敬畏和热爱，养成刻苦、自律、感恩的优秀品质；三是定期组织包括爱心捐款、资源回收、为特殊人群提供服务、到福利机构慰问等社会公益活动，培养学生的公民意识、责任意识和服务意识；四是学校开设"心理相谈室"，定期安排教师对学生进行心理健康辅导，及时排解他们的情绪问题和情感障碍，同时聘请校外经过严格条件筛选出来的"心灵导师"，开通 24 小时服务热线，随时为学生和家长提供心理咨询服务。

（五）性教育

性教育意在让学生掌握科学系统的性知识，培养他们正确的性意识和性观念，纠正性行为偏差，爱惜自己、珍视他人。日本正式提出"性教育"概念前施行的是"纯洁教育"。战后的日本社会在相当长的一段时间里处于道德沦丧、性犯罪率高和性病蔓延的混乱状态。鉴于此，1947 年日本文部省正式提出实施"纯洁教育"，呼吁学校教育要为学生传授科学的性知识，提高性道德水平。1949 年，文部省又下发了《纯洁教育基本纲领》，明确纯洁教育的目的是确立道德观念，弘扬性道德，促进学生身心健康发育。

随着时代的变迁和教育观念的进一步开放，1974 年后，日本性教育取代纯洁教育登上了历史舞台。当时，日本在全国范围举办了大规模的性教育教师进修与研讨会，地方各教委同步刊行了《性教育指导手册》，使性教育问题得到了日本社会的广泛关注。20 世纪 80 年代初，日本文部省下发的《关于学生指导中的性指导》明确指出了中小学性教育的四大目标：（1）使学生清楚认识自己的性特征、性取向；（2）培养学生尊重人性、男女平等的精神，构筑和谐的男女人际关系；（3）培养学生作为家庭和社会一员的基本意识，适应身心的发展；（4）使学生习得正确的生活方式。[5]日本中小学性教育主要让学生学习了解自己的身体构造、生命如何诞生、保护和清洁性器官、预防性伤害、男女性成熟和性心理的差异、异性交往的注意事项、性信息及其应对、性疾病的预防、正确看待性欲、避孕措施和人工流产、爱情与结婚、性与人权、性与社会、性与文化等内容。而教育方式主要分两种：一种是"性学习"，一种是"性指导"。性学习主要融合到部分的学科当中教学，如体育科、家政科、生活科、国语科等。虽然这些学科并不是严格意义上的性教育专门课程，各自都按照本学科的教学计划和教学目标进行教学，但它们发挥了学科融合的特点和作用，避免了专门学科教学枯燥无味的缺陷，让学生在轻松愉悦的氛围中习得科学的性理论。在性指导方面，日本中小学有专门的指导委员会，成员有主管学生工作的领导、相关学科任课教师、年级主任、教育督导员、心理医生、校医等。主要有两种实施途径，一是通过主要由班级活动、儿童会和学生会、学校例行活动等形式构成的"特别活动"进行；二是通过教师利用课余时间对学生进行个别教育的"领域外活动"进行，目的是指导学生亲身活动和实践体验，使他们端正对性的态度，掌握基本性知识，具备解决自身性问题的能力。

三、日本中小学生命教育的启示

（一）政府要重视，法律要保障

日本是世界上开展生命教育较早的国家，政府出版了多本有关中小学生命教育的"白皮书"、指导纲要、指导教材等供各类单位、机构部门参考借鉴；出台了多项生命教育实施计划，协调政府、社会、社区、学校、家庭等各方面关系，并用财政开支添置了各式各样的教学设施设备，保障了中小学生命活动和实践的顺利开展。我国在 20 世纪 90 年代初开始了对中小学生命教育的系统研究。2010 年，《国家中长期教育改革和发展规划纲要（2010－2020 年）》中首次出现了"生命教育"的表述，明确提出国家和政府要"重视安全教育、生命教育、国防教育、可持续发展教育"。这体现了我国政府对中小学生命教育工作的重视，是国民教育理念的一大进步。但不可否认的是，我国相关的方案规章文件对生命教育的描述还不够全面周详，如教育的具体目标和内容、管理主体、职责范围、师资建设、活动实施、评价方式、经费分配等问题还没有得到很深入的研究和部署，这还有赖日后不断完善以保证学校生命教育的顺利推进。

（二）内容要丰富，方式要多样

日本中小学生命教育内容丰富、体系完整，值得我国的生命教育借鉴。国家在制订生命教育课程时，要把知识的需要和学生的需求有机结合，尽量多加一些与学生生活实践息息相关的知识，让学生切实体会到生命教育的重要性和必要性。学校在施行生命教育的过程中，一方面要发挥显性课程的作用，体育、自然、历史、道德与法治、生命科学等课程均涉及生命教育内容，教师要注意在学科教学中抓准时机，及时施教，让学生乐于接受、主动学习相关内容。另一方面要注意挖掘隐性课程中蕴含的生命教育内容，如语文教学，"语文教材中蕴涵着巨大的生命教育资源，有大量直接阐述生命，呼唤热爱生命、敬畏生命的课文，我们要善于从语文课本中发现生命教育的素材，并及时抓住机会对学生进行教育，那么语文课堂将充满了生命教育的气息和活力，生命教育的效果也就不言而喻了"[6]。除了必要的讲授教学，还应更多地运用课堂讨论、考察探究、角色扮演、心理咨询、辩论演讲、专题讲座、参观访问等方式，帮助学生增强体验，理论联系实际，把生命教育理念和思想内化于心。

（三）师资要加强，培训要适当

日本主要通过两种渠道培养生命教育师资。一是对专业教师的培训，即针对生命教育专业的教师进行培训；二是对非专业教师的培训，即对所有从事教育行业的从业人员进行培训。关于专业教师的培训，一可在大学层级开设生命教育专业，安排专门的学习方式，训练及培养生命教育的师范人才，补充目前深度不足、广度不够的生命教育师资结构；二可借助大学层级的教育资源，将目前已有的与生命教育有关的学科任教教师以及对生命教育有兴趣的教师集中起来进行培训，使他们转型为专业的生命教育教师。而对其他专业教师的培训，则可因地制宜灵活处理。高等院校可以根据实际需要组织短期的生命教育培训班，对教师采取强化式教学，以解中小学校燃眉之急；中小学校可以经常组织专题讲座、专家指导会、经验交流会及教师外出培训活动，使教师充分认识到生命教育的紧迫性、必要性和长期性，将生命教育的理念很好地渗透到各个学科教学中；同时，学校还要关注教师的生存状态、生存质量和心理状态，提高教师本身的生命质量，使生命教育成为每位教师的自觉意识和行为。

（四）资源要优化，各方要配合

日本中小学生命教育资源早已实现校内校外全覆盖，校内有各种书面教材、文本资料、影像视频等，校外还有由政府部门、福利机构、社区街道、公共图书馆、博物馆、家庭等组成的庞大社会资源库，合力构筑了完整的生命教育支持体系。我国的生命教育多数还局限于校内实施，需要获得社会各界的广泛支持。政府部门、社会组织、民间机构以及新闻媒体或网络平台都应该为生命教育提供支持。政府和教育部门可设立专项基金，鼓励社会组织、福利机构和民间团体合作成立生命教育基地、活动中心或俱乐部，方便青少年进行生命教育的活动实践。各图书馆和博物馆要对中小学生免费开放，定期聘请专业人士举办生命教育讲座，开阔学生眼界，增长学生见闻。学校除了积极开设生命教育相关课程，还可成立生命教育部门，定期聘请专家学者到校演讲，促进观念的更新和理论的交流；同时可以与政府、社区、公益组织、医院、企事业单位等积极合作，共同筹划生命教育实践活动。家庭方面，则需要家长树立"生命是发展的前提"的理念，积极配合政府、学校和相关组织开展生命教育活动，同时要以身作则、榜样示范，以积极向上的人生态度感染学生、教育学生，让他们耳濡目染，感受到最好的生命教育就在身边。

参考文献：

[1] 余伟芳. 日本学校生命教育及其借鉴 [D]. 北京：首都师范大学，2014.

[2] 曹能秀. 当代日本中小学道德教育研究 [M]. 北京：商务印书馆，2007.

[3] 张德伟. 日本基于新学力观和生存能力观的教材观 [J]. 外国教育研究，2002，29 (10)：27-32.

[4] 稻盛和夫，梅原猛著. 回归哲学——探求资本主义的新精神 [M]. 卞立强，译. 上海：学林出版社，1996.

[5] 石川哲也. 学校中的性教育进行到什么地步好呢？[J]. 教职研修，1994 (7)：201.

[6] 陈璐. 浅谈语文教学中的生命教育 [J]. 上海师范大学学报（基础教育版），2006，35 (9)：120-122.

第二节　构建适宜学生健康发展的课程

新中国成立 70 年来我国中小学健康教育的发展历程、特征与展望

陈云龙[①]　吴艳玲[②]　杨玉春[③]

新中国成立以来，伴随着我国经济的快速发展，中小学生整体发育水平和营养状况不断提高和改善，但也存在一些问题。系统回顾梳理我国中小学健康教育的发展历程，总结其特点，对于新形势下如何开展中小学健康教育、提高中小学生健康素养，落实"健康中国"战略意义重大。

一、我国中小学健康教育的发展历程

我国中小学健康教育是伴随近代教育的兴起而逐步形成和发展起来的。1904 年的《奏定初等小学堂章程》《奏定高等小学堂章程》《奏定中学堂章程》就已将体操课正式列入中小学课程。20 世纪二三十年代，中小学健康教育盛极一时，为现代中小学健康教育的发展奠定了基础。新中国成立以来，中小学健康教育大致经历了以下几个发展阶段。

（一）起步奠基阶段（1949—1976 年）：卫生宣教与社会动员融为一体，重点关注学生体质健康

新中国成立伊始，党和政府即把人民的健康问题放在首位。1950 年，第一届全国卫生会议确立了"面向工农兵，预防为主，团结中西医"的卫生工作方针。中央人民政府卫生部宣传处结合当时美国在侵朝战争中实施的细菌战，领导中小学校广泛开展了反细菌战和爱国卫生运动。一时间，各校"除四害"、讲卫生、疾病预防等宣传教育活动蓬勃兴起。

由于长期的战乱以及医疗水平的落后，这一时期中学生体质差、营养不

[①] 陈云龙，教育部基础教育课程教材发展中心副主任、课程教材研究所副所长。
[②] 吴艳玲，教育部基础教育课程教材发展中心、课程教材研究所博士后，副编审。
[③] 杨玉春，北京师范大学副教授。

良，并不时遭受疾病和瘟疫的困扰。1950年，毛泽东针对学生健康状况差的问题做出了"健康第一，学习第二"的重要指示。1951年，中央人民政府政务院发布《关于改善各级学校学生健康状况的决定》，要求加强卫生教育，培养学生良好卫生习惯，奠定了这一阶段中小学生健康教育以预防为主、培养良好卫生习惯为主要特点的卫生宣教模式。1963年，中国共产党中央委员会印发的《全日制中学暂行工作条例（草案）》和《全日制小学暂行工作条例（草案）》指出，要对中小学生进行卫生常识教育，使其养成良好的卫生习惯。1964年，国务院批转的教育部、体育运动委员会、卫生部《关于中小学学生健康状况和改进学校体育、卫生工作的报告》要求师范院（校）课程内增添学校卫生知识的内容，中小学通过晨（午）间卫生检查和有关课程讲授生理卫生常识，为卫生教育纳入课程体系做出了有益的尝试。

从新中国成立到1966年间，中小学健康教育的内容主要围绕体育和学校卫生环境问题宣传卫生常识与政策，开展卫生运动，进而提高学生身体素质。通过这些努力，中小学生不仅自身的教育能力得到提高、卫生习惯得以养成，还成为宣传新中国健康教育政策的一支重要力量，为之后中小学健康教育乃至国家公共卫生事业的发展起到了重要作用。"文化大革命"爆发以后，中学健康教育随着我国教育事业的破坏而受到干扰。

（二）恢复重建阶段（1977—1989年）：课程地位独立，侧重卫生知识的宣教

"文化大革命"结束初期，我国百废待举，党和政府非常重视中小学生身心健康问题，将其作为基础教育领域的一项重要工作来抓。1978年，教育部颁布的《全日制十年制中小学教学计划（试行草案）》要求中小学开设生理卫生课程，是为中小学健康教育课程在经历"文化大革命"后恢复重建的开始。同年9月，修订后的《全日制中学暂行工作条例（试行草案）》强调中学要上好生理卫生课，并加强对学生卫生常识的教育。1979年，教育部、国家体委、卫生部、共青团中央联合在扬州召开"全国学校体育、卫生工作经验交流会议"，明确了"增强学生体质"的指导思想，确立了体育卫生在学校教育中的重要地位。此次会议的召开在我国中小学健康教育发展史上具有里程碑意义，加快了中小学健康教育恢复与重建的步伐。1981年，教育部颁布的《全日制六年制重点中学教学计划试行草案》《全日制五年制中学教学计划试行草案的修订意见》规定，生理卫生课在初三年级开设，每周2课时。课时数量的具体规定对推动健康教育课程的有效实施有着重要意义。1984年，教育部、卫生部、国家计划生育委员会发布的《关于改进和加强中学生理卫生知识教育的通知》指出，初中除了在初三开设生理卫生课以外还可以提前安排有关"生殖和发育"的讲座，高中可以结合《人口教育讲座》讲授这方面内容。1986年，国家教委转发《关于开展中小学卫生教育问题座谈会纪要》的通知，强调中小学卫生教育对提高教育质量、促进学生德智体全面发展的重要性，并提出了卫生教育的实施途径。

在我国改革开放起步阶段，人们对中小学健康教育的理解仍局限在卫生常识的宣教上，甚至将卫生常识教育等同于健康教育，把中小学生个人卫生习惯养成和疾病预防作为对其进行健康教育的主要目标。即便如此，恢复重建阶段中小学健康教育的成绩还是十分显著的，中小学健康教育在基础教育课程体系中的重要地位得以确定，不仅有着独立的课程地位，相关教育内容有所增加，注意与其他学科交叉渗透，还灵活采用选修课、专题讲座等多种措施开展教育活动，为下一阶段中学健康教育进入快速发展轨道打下了良好的基础。

（三）快速发展阶段（1990—1998年）：规范化、制度化加强，身体、心理健康并重

随着改革开放的推进，国家经济发展水平逐步提高，人们的观念也在发生变化，中小学健康教育更加规范。1990年，国家教委和卫生部联合颁布了新中国成立以来最全面也是最重要的一个中小学健康教育行政法规《学校卫生工作条例》。该条例借鉴世界卫生组织关于健康及健康教育的定义，首次以"健康教育"的名义规定"学校应当把健康教育纳入教学计划。普通中小学必须开设健康教育课"，健康教育在基础教育课程体系中的地位正式确立。1992年，我国第一个专门的健康教育文件《中小学生健康教育基本要求（试行）》出台。该文件系统提出了中小学健康教育的目标、要求、适用范围及基本内容，标志着我国中小学健康教育开始进入规范化指导阶段。1994年，国家教委印发的《实行新工时制对全日制小学、初级中学课程（教学）计划进行调整的意见》，将健康教育的课时作为中小学课程（教学）计划安排的内容进行了规定，使得中小学健康教育不但有了时间保证，还为课程的持续、稳定开展提供了政策依据。1995年，国家教委印发的《学校健康教育评价方案（试行）》为健康教育评估提供了具体标准，健康教育的评价问题被提上日程。

1998年，为贯彻落实《学校卫生工作条例》，国家教委印发《普通中小学和中等职业学校落实〈学校卫生工作条例〉检查评估细则》，确定了中小学和中等职业学校健康教育的具体评估指标与方法，并要求将健康教育的实施情况纳入评估检查范围。在此期间，国外心理健康知识不断传入我国。1992年，卫生部、国家教委、全国爱卫会印发的《中小学生健康教育基本要求（试行）》首次将"心理卫生"纳入健康教育内容。1999年，教育部颁布中小学生心理健康教育文件《关于加强中小学心理健康教育的若干意见》。从此，心理健康教育成为健康教育的一项重要内容。

在这近十年时间里，中小学健康教育迎来黄金发展期，无论从课程名称、地位、内容、课时安排还是课程评价来看，中小学健康教育都呈现出规范化、制度化的良好发展态势。与前两个阶段片面强调体质健康相比，这一阶段开始强调心理健康的重要性，提倡身、心健康并重。但是，此时的健康观过多局限于对体育课程和心理健康教育课程的单一认识，缺乏对健康教育学科和课程体系构建的整体认识。无论课程实态还是研究实态都滞后于政策要求以及学生发展的实际需要。在价值取向上，以学科知识为中心，偏重向中学生传授生理卫生知识和相关的健康技能，以提高学生的体育与保健的能力；与体育有关的健康教育内容呈现出成人化、竞技化倾向，健康教育学科自身所具有的一般教育价值则有欠考虑。

（四）在矛盾中转型与探索阶段（1999—2013年）：取消独立课程地位，注重与其他课程相融合

1999年，中共中央、国务院颁布《关于深化教育改革全面推进素质教育的决定》，明确要求加强课程的综合性、全面推进素质教育。2000年，国家质量技术监督局颁布的《中小学生健康教育规范（GB/T18206—2000）》从国家质量技术管理的角度对中小学健康教育的内容进行了规范，确定了中小学健康教育的基本框架。2001年，教育部颁布《基础教育课程改革纲要（试行）》，明确规定小学阶段以综合课程为主，初中阶段设置分科与综合相结合的课程。中小学健康教育不再单独开设，与体育合并为体育与健康课程，并与其他学科交叉融合，一直延续至今。这一时期，心理健康教育受重视的程度进一步加强。2002年，教育部颁布《中小学心理健康教育指导纲要》，将心理健康教育工作纳入对学校的督导评估中。2008年，教育部颁布《中小学健康教育指导纲要》，全面、系统地介绍了中小学健康教育的指导思想、目标、基本原则、基本内容、实施途径和保障措施等，体现了新的健康教育理念，为中学健康教育提供了切实可操作的行动指南。2011年，卫生部、中国国家标准化管理委员会出台《中小学健康教育规范（GB/T18206—2011）》，对中小学健康教育的课程设置进行了补充说明，重申健康教育要与学校其他课程教育相互结合和渗透，强调从身体和心理两个维度对其实施效果进行评定。2012年，教育部出台《中小学心理健康教育指导纲要（2012年修订）》，进一步强调了心理健康教育的重要性，要求将心理健康教育贯穿于中小学教育教学的始终。

这一阶段，基础教育课程改革的一个突出特点是强调课程整合的重要性，重视综合课程的建设，倡导学科之间的交叉渗透。在此背景下，健康教育以融入体育课程及与其他相关学科相融合的方式推进，各地创新探索出丰富多彩的健康教育实施方式。但在应试教育的大环境和评价监督机制不完善的情况下，体育教育尚不被一些学校重视，"重体育轻健康"的情况更是比较普遍。

（五）迈向专业化的高质量发展阶段（2014年至今）：上升为国家战略，课程地位开始回升

2014年，教育部印发《关于全面深化课程改革 落实立德树人根本任务的意见》，中小学健康教育以此为契机，进入了注重学生健康素养培育的新阶段。2015年，党的十八届五中全会提出"健康中国"的概念，国民健康问题上升为国家战略，中小学健康教育迎来新的发展机遇。2016年，中共中央、国务院印发的《"健康中国2030"规划纲要》以及国家卫生计生委等10部门联合颁布的《关于加强健康促进与教育的指导意见》，均提出将健康教育纳入国民教育体系，以中小学为重点建立学校健康教育推进机制，采取多种健康教育模式，加强健康教育师资培养。2018年，教育部发布《普通高中体育与健康课程标准（2017年版）》，强调要注重学生健康素养的养成，把健康教育作为该课程中一个独立的模块，确保了健康教育在体育与健康课程中的相对独立性。同年，国家卫生健康委员会发布《中国青少年健康教育核心信息及释义（2018版）》，针对当前青少年主要面临的健康问题和影响因素提出了合理建议。2019年，国务院印发《国务院关于实施健康中国行动的意见》《关于印发健康中国行动组织实施和考核方案的通知》，成立健康中国行动推进委员会并印发《健康中国行动（2019—2030年）》，从总体工作部署、具体实施路径及考核机制三方面为推进健康中国建设提出了全方位的解决方案。该系列文件明确了中小学健康教育的意义，健康促进行动的目标，以及不同主体对应的责任；强调中小学开齐开足体育与健康课程，把学生体质健康状况纳入对学校的绩效考核，将体育纳入高中学业水平测试或高考综合评价体系等。"健康中国"战略系列政策是当前我国最系统、最全面也是最高级别的健康政策，为中小学健康教育的发展指明了方向。

这一时期，一系列重磅利好政策为将健康教育纳入国民教育体系、将健康素养养成作为健康教育的发展方向和主要目标提供了坚实的政策保障，使中小学健康教育开始迈向专业化的发展轨道。

二、我国中小学健康教育的特征及展望

将健康教育纳入国家教育战略已成为国际社会的共识。70 年来，我国紧跟国际趋势，对中小学健康教育的干预和推进力度不断增强，在价值取向、理念认识及课程设置上逐渐积淀形成我国中小学健康教育自身的特征。

（一）在价值取向上，从强调社会价值转向社会价值与个人价值相统一

在相当长一段时间，我国中小学健康教育以苏联的劳卫制为蓝本，把国家和社会作为健康教育的价值主体，强调社会性、工具性，注重运动技能和技巧的传授。这种价值取向下的中小学健康教育，为新中国成立初期国家培养人才做出了重要贡献，但也出现了教育的个体发展价值未得到应有关注与重视的现象。1993 年，《中国教育改革和发展纲要》针对当时相当一部分的学校出现的明显应试教育的倾向提出，"中小学要由'应试教育'转向全面提高国民素质的轨道"，开始对基础教育的价值取向进行反思。2001 年"新课改"启动后，中小学健康教育顺应形势，开始关注学生人格塑造和道德品质养成，带有从学科本位向育人本位过渡的特点。党的十七大报告提出："健康是人全面发展的基础，关系千家万户幸福。"这是党的政策文件从个体发展的角度明确健康的地位。《健康中国行动（2019—2030 年）》再次强调："加强中小学健康促进，增强青少年体质，是促进中小学生健康成长和全面发展的需要。""全面发展"成为中小学健康促进行动的宗旨。

中小学健康教育的价值取向回归人的本位，体现出中小学健康教育社会价值与个人价值的和谐统一。

（二）在理念认识上，从"没有疾病即是健康"向以身体健康为主，心理、社会适应性、道德、环境等逐渐纳入其中转变

20世纪五六十年代，中小学生健康教育以掌握卫生常识、培养个人良好卫生习惯的预防教育为重点；七十年代，增加了营养知识和常见病预防知识普及；八十年代，青春期卫生知识受到重视。伴随着世界卫生组织对健康概念的再定义，以及国外心理健康知识的引入，我国对健康教育的认识日渐深入。20世纪九十年代，心理健康受到重视，中小学健康教育呈现心理健康与身体健康并重的二元格局。21世纪以来，传染病防治、控烟、艾滋病与毒品预防、社会适应、道德健康及环境健康等逐渐受到关注，中小学健康教育的内涵更加丰富。

新中国成立以来，人们对中小学健康教育的理解和认识经历了一个从长期的身体健康一方独尊到以身体健康为主、多个健康要素多元发展的改变，体现出与时俱进的特点。但是，对影响生命健康更深层的主导因素仍然重视不够。近年来，越来越多的健康教育专项问题凸显，这恰恰说明了当前我们仍没有把握好中小学健康教育的内涵和外延。

（三）在课程设置上，从独立课程到与体育课程融合，再到作为体育与健康课程中的一个独立模块并与其他学科课程交叉融合

近年来，健康教育除了开始作为体育与健康课程中一个独立的模块外，与其他学科交叉渗透的趋势也进一步加强。如《普通高中历史课程标准（2017年版）》规定，选择性必修2《经济与社会生活》新增"医疗与公共卫生"单元。中小学健康教育实践路径与国家发展战略间的差距正在逐渐缩小。

当前，"健康中国"系列政策不仅为中小学健康教育描绘了"设计图"，而且提供了"施工图"。以提升健康素养为核心的健康教育首先需要我们更新传统观念，立足于基础教育的本质，围绕大健康观对中小学健康教育进行系统设计，坚决贯彻"以预防为主"的方针，从"以治病为中心"向"以健康为中心"转变；从注重"治已病"向注重"治未病"转变。其次，应聚焦中小学生健康影响因素中的突出问题和热点问题，针对中小学生不同生命周期特点，建构科学合理的健康教育体系，把提升学生健康素养、落实立德树人的要求贯穿于健康教育相关课程目标、内容、实施和评价的全过程。最后，还应推进课堂教学和非课堂教学的有机结合，形成校内外相互配合、互为补充的教育机制。编制大中小幼垂直贯通、水平互补的健康教育大纲，各学段

内容既要兼顾学生发展的统一要求，更要按照年级的不同依次递进、逐级深化，使学生在校期间接受连续、系统的健康教育。

同时，积极推动个人为主、全社会联动的机制，通过政府购买服务等方式，鼓励社会组织为学生提供高质量的健康教育服务。引导社会组织利用"互联网+教育"优势建立融媒体精品课程资源库；以家校合作为突破口，充分发挥家庭在中小学健康教育中的独特作用；组织专家学者加强健康教育课程与教学论研究；加强师资培养等。实现从过度依赖教育和卫生健康系统向全社会整体联动转变，多个主体同时发力，共同推进"健康中国行动"在中小学群体中落地。

加强健康教育，促进儿童青少年"五育"全面协调发展

吴艳玲[①]　陈云龙[②]

2021年11月，教育部印发《生命安全与健康教育进中小学课程教材指南》（以下简称《指南》），对中小学课程教材加强生命安全与健康教育进行了系统设计。《指南》强调健康对于学生成长的重要性，指出要以学生健康成长和终身健康为核心，引导学生形成健康意识，养成健康生活方式，提升健康素养。新时代加强健康教育，以健养德、以健益智、以健强体、以健育美、以健促劳，推进健康教育与德智体美劳"五育"融合，发挥健康教育对"五育"的促进作用，有利于儿童青少年德智体美劳全面协调发展。

一、健康教育的内涵

健康教育是一门包含生理学、解剖学、卫生学、护理学、心理学、行为学等多个学科知识与理论的综合性学科。人们对健康教育思考的角度和层次不同，便会给出不同的定义。如美国健康教育与促进联合委员会（Joint Committee on Health Education and Promotion Terminology，JCHEPT）认为，健康教育是在一定的健康理论指导下有计划地进行多样化健康知识的学习和教育，为个体、团体和社区提供获取健康知识与技能的机会，提高其健康行为决策。[1]日本高石昌弘认为："培养儿童在健康问题上的自主性并不仅仅是为了健康本身，它服从于和服务于培养造就人这个基本的教育目的，因此，健康教育是实现教育根本目的的一种极为重要的教育活动。""具有如此含义的健康教育当然不仅是学校范围的事，它还渗透于家庭教育和社会教育之中。不过，既然各类教育皆以学校教育为主要形式，健康教育活动也不例外。学校教育具有能适应儿童发展阶段进行系统教育的特点，正因为如此，健康教育应以学校教育的方式大力展开。"[2]

借鉴世界各国对健康教育内涵的理解，结合儿童青少年特点，我们可以

---

① 吴艳玲，教育部基础教育课程教材发展中心、课程教材研究所博士后，副编审。
② 陈云龙，教育部基础教育课程教材发展中心副主任，课程教材研究所副所长。

对以儿童青少年为主体的健康教育做出如下定义：健康教育是根据一定的社会要求条件和规范，针对儿童青少年身心发育特点和健康需求，以学校为主、家庭为基础、社会协同支持而进行的有目的、有计划、全面系统的教育活动和过程。其目的是使儿童青少年获得必要的健康知识，树立正确的健康观念，培养良好的健康素养，养成积极的健康行为和生活方式，消除或减轻影响健康的危险因素，预防疾病，增进健康，提高生活质量，促进全面发展，为终身健康打牢基础。

由此定义可以看出，以儿童青少年为主体的健康教育的基本特征主要包括：（1）本质上是一种以健康为主要内容和目的的培养人的活动；（2）核心是帮助、引导儿童青少年树立健康意识，形成积极的健康行为和生活方式；（3）具有理论与实践相结合的特点，强调可操作性；（4）儿童青少年健康教育的场所十分广泛，包括学校、家庭和社会等，以学校为主。

二、新时代加强健康教育的必要性

加强健康教育，充分发挥健康教育在儿童青少年全面培养体系中的重要作用，为人民提供全方位全周期健康服务，保障人民健康，建设健康中国，是实现"两个一百年"奋斗目标的长久之策和固本之举。

（一）贯彻落实习近平总书记以人民为中心的健康观

党的十八大以来，以习近平同志为核心的党中央高度重视人民的健康问题。习近平总书记强调："人民身体健康是全面建成小康社会的重要内涵，是每一个人成长和实现幸福生活的重要基础。"[3]党的十九大报告指出："人民健康是民族昌盛和国家富强的重要标志。要完善国民健康政策，为人民群众提供全方位全周期健康服务。"习近平总书记始终把儿童青少年的健康挂在心头，明确指出"要重视少年儿童健康，全面加强幼儿园、中小学的卫生与健康工作"[4]"要树立健康第一的教育理念，开齐开足体育课，帮助学生在体育锻炼中享受乐趣、增强体质、健全人格、锤炼意志"。针对我国儿童青少年近视呈现高发、低龄化趋势，习近平总书记强调："健康是一个关系国家和民族未来的大问题，必须高度重视，不能任其发展。"新时代加强健康教育，是贯彻落实习近平总书记以人民为中心的健康观、学懂弄通习近平新时代中国特色社会主义思想的必然要求。

（二）落实立德树人根本任务、提升人才质量

健康教育作为德智体美劳全面发展教育体系的重要组成部分，是促进儿童青少年终身可持续发展和全面实施素质教育的基本保障，是实现立德树人根本任务的"基础工程"。培养儿童青少年健康的身心是落实立德树人根本任务的一项重要工作目标。切实有效的健康教育在培养儿童青少年养成良好的健康习惯和行为方式，促进其身心健康发展，提升其健康素养方面发挥着独特作用。加强健康教育，有助于儿童青少年全面发展和多样化成长，养成健全人格，进而提升整体人才质量。

（三）顺应时代发展趋势、推进"健康中国行动"

健康教育日益为人们所重视，是时代进步和社会发展的必然结果，也是时代进步和社会发展对教育提出的必然要求。儿童青少年是健康教育的最佳目标人群，儿童青少年健康教育是推进全民教育、提高整个民族健康水平的有效途径。《"健康中国2030"规划纲要》强调，将健康教育纳入国民教育体系要以中小学为重点，建立学校健康教育推进机制。加强儿童青少年健康教育是切实践行"健康中国行动"，响应将健康融入相关政策，推进健康教育与健康促进工作在学校和儿童青少年群体落地的体现。儿童青少年通过科学合理的健康教育获得系统的健康知识，形成正确的健康观念和行为技能，对整个社会能够起到移风易俗的作用，为提高全民健康水平奠定基础。

三、以健康教育促进"五育"全面协调发展

健康教育与德智体美劳"五育"深度耦合，"五育"中都蕴含一定的健康教育因素。正如有学者所说，德育、智育、美育属于"心理发展层次"，体育属于"身心和谐发展层次"，劳育属于"创造性实践能力层次"[5]。健康教育具有融通性，是"五育"之间的桥梁，服务于学生德智体美劳全面发展的总目标。科学合理的健康教育能够为儿童青少年德智体美劳全面协调发展、健康成长保驾护航。具体体现在：

（一）以健养德

健康是德行的基础，德行又是健康的外显，合作、团结、礼敬、奉献等文明习惯和道德规范是健康教育与德育共同关注的要点。新时代德育的实质表现是努力追求社会功能与个体功能的有机统一，不仅要强调其社会功能，着重培养儿童青少年正确的世界观、人生观、价值观，还要重视儿童青少年

的个体发展，关注其思想、道德、心理健康等。健康教育涉及儿童青少年日常生活、学习、交往等各方面，是培养儿童青少年道德认知、道德情感、道德行为、道德信念和健全人格的重要途径。当前，儿童青少年学业负担较重，与同伴游玩的机会较少，成长空间狭小，有的还存在不懂得谦让和分享、自私狭隘、害怕失败等问题及倾向。围绕儿童青少年的现实需要和生活实际，在理解、尊重他们的基础上，以潜移默化的形式开展丰富多彩的健康教育主题活动，引导他们拓展兴趣范围、扩大交际面、加强与外界的联系与沟通，产生心理共鸣、增强内在体认，有助于培养他们良好的行为习惯、健康的心理、广阔的胸怀、开放的视野、坚韧不拔的意志和团结合作的品质，提升其道德修养，促进其成长为合格的公民。

（二）以健益智

智育是引导儿童青少年认识客观事物，并运用知识解决实际问题的智力提升教育。而智力指人认识、理解客观事物并运用知识、经验等解决问题的能力，包括观察力、记忆力、想象力、分析判断能力、思维能力、应变能力、创造力等。其中，创造力是智力的核心要素。科学合理的健康教育是创造力得以产生和发挥的前提，在健康教育中通过强化观念、记忆、思维等方面的训练，帮助儿童青少年形成稳定的心理特性，有利于儿童发展智力，灵活运用知识解决复杂问题，提升智育水平。儿童青少年成长成才的过程中，除了智力因素以外，非智力因素可以对他们的学习起到推动、引导、维持、调节、强化等作用。培养儿童青少年良好的心理品质，引导他们合理调控情绪，培养积极乐观的心态，调动学习的积极性、主动性和创造性，通过一系列的非智力因素强化学习动机，激发内在动力，可以使学习事半功倍。相反，焦虑、紧张等不良的健康因素则会影响儿童青少年认知灵活性的发展。此外，还需要注意的是，在物质相对丰富的今天，人们容易忽视食物是决定健康最重要、最基本的因素。当前，国民生活水平提高显著，生活方式变化极大，但非健康饮食习惯依然大面积存在，新的食品安全、错误营养观念问题不断出现。因此，应当引导学生养成健康的生活行为方式和饮食习惯，夯实儿童青少年智育发展根基。

（三）以健强体

在健康教育中，体育锻炼起着重要的健康促进作用。人的身体素质和心理素质相互制约、密不可分。身体素质健康与否会对心理素质产生影响，反之亦然。现代体育坚持"健体"和"育人"并重，追求身心并健，注重全面加强学生自我保健能力，提升其整体健康水平。大量研究表明，人们在运动时分泌的多巴胺、血清素和肾上腺素有助于提高学习力。运动可以促进大脑二次发育，使大脑长出新的神经突触，进而使大脑反应更灵敏，创造力更强。在这种理念下，儿童青少年不仅要掌握基本的体育运动知识和技能，还需要了解诸如心脏和肌肉如何工作、如何避免运动损伤、如何调理运动后的膳食营养、如何合理安排运动负荷与休息等相关健康知识与技能。体育与健康课程中健康行为核心素养的培育，更离不开科学健康知识的指引。儿童青少年处于身体发育的关键时期，加强健康教育，使他们树立正确的健康意识和健康观念，掌握与体育有关的健康知识、理论和方法，加强健康行为实践，有助于培养他们终身体育意识，养成健康行为，促进生长发育，培养优良的体育品德。科学合理的体育锻炼还有利于儿童青少年的骨骼、肌肉生长，增强心肺功能，改善血液循环系统、呼吸系统、消化系统的机能状况，提高疾病抗病能力和机体适应能力，降低儿童在成年后患上高血压、糖尿病等慢性疾病的概率。

（四）以健育美

美育是指培养学生认识美、爱好美和创造美的能力的教育，也称美感教育或审美教育，是全面发展教育不可缺少的组成部分。健康教育和美育无论是内容还是形式上都存在明显关联，健康教育中蕴含心灵美、礼乐美、语言美、行为美、科学美、秩序美、健康美、勤劳美、艺术美等丰富的美育资源。加强健康教育不仅能够帮助儿童青少年强身健体、增强体质，还可以引导他们树立健康向上的人生态度，塑造美丽高雅的气质，提升对美的感知与判断能力，促进身心和谐、全面发展。儿童青少年身心发育尚不成熟，情绪情感不够稳定，对"美"的判断较为粗浅和模糊。因此，开展有针对性的健康教育，对儿童青少年进行必要的审美引导，丰富他们的审美体验，能够帮助他们在客观认识历史、读懂现实的基础上，发展培育观察想象能力、创新创造能力，增进并提高发现美、感知美、鉴赏美、创造美的能力和水平；引导儿童青少年感受学习中的新鲜刺激和生活中的美好，促进其追求整齐清洁的优美环境，健康向上的优雅生活，陶冶性情，净化心灵，有助于他们宣泄情感、调整情绪，缓解和释放负能量，规避影响心理健康的问题，形成正确的审美判断，培养健康高尚的情感和较为稳定的个性倾向，成为具有崇高审美追求、高尚人格修养的社会主义合格建设者和接班人。

（五）以健促劳

加强劳动教育是构建新时代德智体美劳全面发展教育体系的基石，健康教育则是二者之间的关键连接点。新时代劳动教育要求以体力劳动为主，注意手脑并用，让儿童青少年在劳动中出力流汗、锻炼能力、磨炼意志。健康教育是劳动观念、劳动态度、劳动习惯、劳动精神培养的重要途径。通过科学合理的健康教育，增强体质、强健体魄，可以为儿童青少年从事劳动实践打下良好的身体基础。引导儿童青少年掌握系统的健康知识，更多地了解日常生活常识，养成健康的生活习惯和个性品质，可以促进他们自我悦纳，增强劳动的愉悦感和社会责任感，形成正确的劳动观念和劳动态度，养成热爱劳动的习惯、尊重劳动、尊重普通劳动者，培养勤俭、奋斗、创新、奉献的劳动精神。将健康教育理论学习与实际操作训练有机结合，训练儿童青少年的专注力、意志力、创造力和行动力，使其提高分析问题和解决问题的能力，掌握与劳动相关的基本知识和必备技能，学会处理与自我、与他人、与自然、与社会的关系，养成团结友爱的精神品质，这将有利于促进他们发现世界、探索世界，激发劳动创新的活力，提高劳动实践能力，增强从事复杂劳动和创造性劳动的能力，提升劳动素养。

参考文献：

[1] Gold R S, Miner K R. Report of the 2000 Joint Committee on Health Education and Promotion Terminology [J]. American Journal of Health Education, 2001 (2): 89 – 94

[2] 高石昌弘. 学校保健概说 [M]. 东京：东京同文书院，1978. //转引自：苏立增. 当代学校健康教育课程发展 [M]. 广州：广东高等教育出版社，2005.

[3] 李斌，李铮. 习近平会见全国体育先进单位和先进个人代表等时强调 发展体育运动 增强人民体质 促进群众体育和竞技体育全面发展 [N]. 人民日报，2013 – 09 – 01 (01).

[4] 习近平在全国卫生与健康大会上强调 把人民健康放在优先发展战略地位 努力全方位全周期保障人民健康 [EB/OL]. http://www.gov.cn/xinwen/2016 – 08/20/content_5101024.htm?isappinstalled = 0，2016 – 8 – 20.

[5] 桑新民. 对"五育"地位作用及其相互关系的哲学思考 [J]. 中国社会科学，1991 (6)：159 – 166.

为生命安全与健康筑牢防线

——《生命安全与健康教育进中小学课程教材指南》解读

马 军[1] 马迎华[2]

一、《生命安全与健康教育进中小学课程教材指南》出台的背景与过程

党中央、国务院历来高度重视儿童和青少年的健康成长。习近平总书记多次强调儿童和青少年健康成长的重要性，明确指出"要树立健康第一的教育理念"，"让青少年健康成长，是国家和民族的未来所系"。2016 年，中共中央、国务院印发《"健康中国2030"规划纲要》，要求"把健康教育作为所有教育阶段素质教育的重要内容"。2017 年，党的十九大做出了实施健康中国战略的重大决策部署。

儿童和青少年处于身心快速成长阶段，在这一阶段，树立健康意识、提升健康素养至关重要。在全球化、网络化、信息化的大背景下，儿童和青少年的生活方式发生剧变，其生命安全与健康正面临前所未有的挑战。传染性非典型肺炎、新型冠状病毒肺炎、埃博拉病毒病、中东呼吸综合征等新发传染病，给儿童和青少年带来了新的健康威胁。

加强儿童青少年的生命安全保护意识，提升其健康素养，需要将有关内容全面融入课程教材并予以强化，需要进一步明晰生命安全与健康教育的目标任务、主要内容、载体形式等，需要对中小学课程教材中应落实的生命安全与健康教育内容进行顶层设计和整体规划，进一步加强学段学科间的纵横衔接。

2021 年 11 月，教育部印发了《生命安全与健康教育进中小学课程教材指南》（以下简称《指南》），首次对中小学课程教材如何有效落实生命安全与健康教育进行了系统谋划。

---

[1] 马军，北京大学儿童青少年卫生研究所所长，《生命安全与健康教育进中小学课程教材指南》研制负责人。

[2] 马迎华，北京大学儿童青少年卫生研究所副所长，《生命安全与健康教育进中小学课程教材指南》执笔人。

为保障《指南》的研制与出台，教育部委托北京大学儿童青少年卫生研究所成立研制组，深入调研，广泛听取各级教育和卫生健康管理人员、学校负责人、健康教育教师、校医和专家的意见建议，分析我国生命安全与健康教育面临的新形势以及当前生命安全与健康教育内容存在的问题，明确研制目标，梳理生命安全与健康教育相关的政策文件和研究文献，参考该课题在国际上最新的研究成果和经验，对照各学科课程标准，确定中小学课程教材中应落实的生命安全与健康教育内容，寻找各学科课程的融入点和融入内容，提出融入建议，起草完成《指南》征求意见稿。

研制组先后征求并采纳国家卫健委、应急管理部和部分省级教育行政部门的意见，多次征求义务教育各学科课程标准修订组的意见，特别要求各学科组对附录中学科覆盖建议的可行性、准确性进行反复核实。最后，《指南》经教育部党组会审议通过，于近日印发。

二、《指南》的意义、总体目标和制定的原则

（一）实施的总体目标

良好的生命安全与健康教育，有助于学生树立正确的生命观、健康观、安全观，养成健康文明的行为习惯和生活方式，自觉采纳和保持终身健康行为，为终身健康奠定坚实基础。将生命安全与健康教育全面融入中小学课程教材，是实现生命安全与健康教育系列化、常态化、长效化的重要举措，对培养德智体美劳全面发展的社会主义建设者和接班人具有重要意义。

《指南》实施的总体目标是：力求做到生命安全与健康教育进教材、进课堂、进学生头脑，在中小学课程教材中的布局安排更加系统、科学，内容更具针对性、实用性、适宜性。课程教材致力于增强学生"生命至上、健康第一"的意识和健康管理能力，提高学生体质健康水平和心理社会能力，为学生的健康成长、终身发展和全民健康素养的提升奠定坚实基础。

（二）制定的基本原则

《指南》以习近平新时代中国特色社会主义思想为指导，全面落实党的十九大和十九届二中、三中、四中、五中全会精神，全面贯彻党的教育方针，牢记为党育人、为国育才的使命，落实立德树人根本任务和"健康第一"的指导思想，以健康素养培养为导向，对各学段各学科相关内容进行整体规划、系统安排，结合各学段各学科特点，融入生命安全与健康教育内容并提供具

体建议，研制具体目标内容及学科覆盖建议，保证其符合学科特色，保障学段学科间衔接严密。

《指南》制定的基本原则有四个：

一是坚持"生命至上、健康第一"理念。以学生健康成长和终身健康为核心，覆盖生理、心理和社会适应领域，关注影响儿童和青少年生长发育的自然环境与社会环境因素，帮助学生树立关爱生命、热爱生活的观念，形成健康意识、养成健康生活方式，提升健康素养。

二是增强"安全为本"的意识和能力。立足日常生活情境，覆盖居家、校园及其他公共场所，关注网络空间，引导学生学会科学应对自然灾害、事故灾害和社会危机事件，增强防灾减灾意识，提升危险预判、紧急避险、求生逃生等自救和他救技能，培养应急救护能力，提高防范网络电信诈骗的意识和能力。

三是遵循学生身心发展规律。充分考虑不同年龄学生的身心发育特征和认知水平，对教育目标和内容进行系统设计，在小学、初中和高中三个学段有序铺开，总体呈现循序渐进、螺旋上升的特点。

四是注重有机融入学科。依据学科特点，以核心素养为导向，选取生命安全与健康教育相关内容，作为学科教学素材，有机整合融入学科教育，注重趣味性、互动性、体验性、生成性，提升教育实效性。

三、《指南》的主要内容和对各学段的要求

生命安全与健康教育内容主要涉及5个领域30个核心要点。5个领域为健康行为与生活方式、生长发育与青春期保健、心理健康、传染病预防与突发公共卫生事件应对、安全应急与避险。

《指南》的正文和附录两部分涵盖了生命安全与健康教育进中小学课程教材的指导方案和具体的实施建议等内容。正文包括重要意义、基本原则、总体目标、主要内容、学段要求、组织实施等六个部分；附录《生命安全与健康教育进中小学课程教材目标内容及学科覆盖建议》则提出了"进什么、进多少、进到哪儿"等建议，对各学科需要落实的具体内容要求提出了具体的实施意见。

小学阶段，注重基本知识介绍、具体技能训练和个人卫生习惯培养；初中阶段，注重讲解原理和机制，深化学生认识，强化健康行为养成的主动性

和自觉性；高中阶段，主要强调培育学生的生命责任感和意义感以及发现问题和积极解决问题的能力。

四、《指南》的组织实施建议

教育部及各省卫生健康行政部门、教育部门和体育部门，会同教材编写出版单位及其他有关部门，应采取多种形式推进《指南》的实施。

一是加强专业指导。组建以生命安全与健康教育专家为主的指导组，加强统筹、指导，确保生命安全与健康教育进课程教材的准确性、系统性。委托专业机构围绕生命安全与健康教育各领域各核心要点开发数字资源，供教学实施时选择使用。

二是加强专题培训。组织开展对编写、审查团队的专题培训，加强对各学科课程教材生命安全与健康教育专题落实情况的审查把关，确保应进必进、落实到位。

三是强化学科落实。坚持核心素养为导向，结合学科特点，以体育与健康学科落实为主，有机融入其他相关学科，明确各学科各学段生命安全与健康教育进课程教材的具体目标内容等，教学实施以实践体验为主，组织开展实验探究、情境体验、虚拟仿真、现场教学、演练等活动，确保有效落实。

四是强化科学评价。科学确定评价重点，既要考评学生的健康认知水平，也要关注学生的健康行为和习惯养成，以及对他人健康行为的影响等。采取多元评价方式，注重在学生学习过程及行为表现观察记录的基础上进行评价。有效使用评价结果，发挥评价的诊断促进、反思改进等作用。

第六章

美　育

发挥美术课程的育人价值

尹少淳[1]

一、普通高中美术课程的定位

只有方向定了，美术课程教学才能顺利推进。

根据普通高中课程的定位，我们将普通高中美术课程定位为：既与义务教育阶段美术课程相衔接，又具有自身的突出特点。其根本任务是立德树人，以美育人，促进学生全面而有个性的发展，帮助他们适应社会生活，为其进入高等教育和职业生涯做准备。为此，普通高中美术课程要体现《普通高中课程方案》提出的时代性、基础性、选择性和关联性……

首先，它属于基础教育，因而必须具有基础性。主要体现为美术知识和技能的基础性，是为人的未来或终身发展打基础的。它是基础美术教育的顶端，一方面要继义务教育之"往"，另一方面要开职业生涯和高等教育之"来"，因此是基础美术教育的特殊阶段。其次，与高等美术教育和职业发展密切联系。一方面需要考虑一些学生的升学需求，另一方面需要考虑一些学生的职业发展和终身爱好。基于上述对普通高中美术课程的判断，普通高中美术课程必须坚持基础性与选择性统一，强调共同基础的同时，突出多样性

---

[1] 尹少淳，首都师范大学教授。

和选择性。在课程结构和内容的安排上，应该精选必修课程的内容，以强化共同基础。同时，还需要提高选修课程在全部课程中所占的比例，应尽可能地提供多种学习模块和不同学习水平的课程，为学生选择课程提供方便，从而满足学生多样化发展需求。再次，还要巩固和发展学生逐渐形成的艺术思维方法和自我学习能力，以及将美术运用于生活的意识和能力，为将美术融入整个生命过程提供动力。

结合上述理解，此次修订工作旨在发挥美术课程的育人价值，这和传统"为专业而教"的教育思想有着很大不同。

二、普通高中美术课程标准修订的重点与基本原则

本次修订的重点是：以社会主义的核心价值观为指引，突出立德树人根本任务，注重体现美术学科育人价值的五大核心素养的养成，整合普通高中美术课程内容，完善普通高中美术课程实施建议。整个修订工作紧紧围绕美术学科核心素养的提炼、实施和评价展开。在具体的修订过程中，坚持了如下几个基本点。

（一）强调以美育人导向，把立德树人根本任务落到实处

根据《国务院办公厅关于全面加强和改进学校美育工作的意见》，在普通高中美术课程教学的全过程中，我们始终强调以美育人的导向。其中在美术学科五大核心素养的"审美判断"中，还特别突出正确的价值观引领，培养学生健康的审美观念和审美情趣，把立德树人根本任务落到实处。

（二）提炼美术学科核心素养，进一步明确美术学科的育人价值

依据美术学科核心素养，确定课程性质与基本理念；依据课程性质与基本理念，设定课程目标与教学追求；依据学科核心素养和课程目标，确定课程内容；依据课程内容，完善教学实施建议。这都使美术学科核心素养起到"纲"举目张的作用。

（三）进一步整合课程结构，强调转变教学方式

本次修订工作，我们依据美术学科的媒材特性和技法特点划分课程结构，在综合考量美术通行的分类方式、教师的专业背景以及普通高中美术课程实施效果的基础上，将课程结构整合为美术鉴赏、绘画、中国书画、雕塑、设计、工艺和现代媒体艺术7个模块。为培养学生美术学科核心素养，我们强调转变教学方式、创设问题情境，倡导学生的自主学习以探究性地获取知识

与技能，进而掌握解决问题的方法和能力。

（四）坚持理论联系实际，强调实践性和可操作性

此次标准的修订力图将国际领先的教育理念和当下中国课程改革的现实结合起来，创设出符合中国国情、现实教学环境及师生真实需求的高质量的课程标准。我们在课程标准的诸多环节努力体现这一初衷，如在每一模块增加了"教学提示"，以提高教学的指导针对性；在"学业质量"中三级水平的划分，凸显了美术学科的特征，以增强评价的可操作性；鼓励开发和利用地方课程资源，开展适合地方实际、符合师生需要的课程内容，等等。这些都体现了美术课程标准对于实践性和可操作性的重视。

三、美术学科核心素养的内涵及其相互关系

修订中，我们选择与凝练出美术学科五大核心素养，即"图像识读""美术表现""审美判断""创意实践"和"文化理解"，界定了其内涵，描述了主要表现，这是此次修订的一大突破，也是区别于2003年颁布的课程标准实验稿的最为核心的内容。

五大学科核心素养中，"图像识读"和"美术表现"是高中阶段学生学习美术后所要形成的基础素养，目的在于培养学生对图像的感受与解读能力，在当今的"读图时代"，使学生学会选择、辨析和解读现实生活中的视觉文化现象和信息。在此基础上，学生能够运用美术表现能力创造有意味的视觉形象，表达自己的意图、思想和情感，解决学习、工作和生活中的现实问题。而"审美判断""创意实践"和"文化理解"则是前两个核心素养的衍生素养，旨在使高中生形成正确的价值判断和较强的审美能力，具有一定的创新意识和实践能力，理解美术与文化的关系，形成较强的文化自信心。

五大学科核心素养体现了鲜明的美术学科的特色。我们着眼于"视觉形象"这一美术学科的"立科之本"，以美术学科核心素养覆盖美术学习的基本活动方式——感知（观察、观赏）、理解（解读、阐释）、创造（表现）。五大学科核心素养，有各自不同的取向却又互相联系。如美术鉴赏学习活动，主要培养学生的"图像识读"和"审美判断"素养，同时对"文化理解""美术表现""创意实践"素养的形成有促进作用。

四、美术学科核心素养在美术课程结构与内容设置及教学、评价中的作用

依据五大学科核心素养，我们对美术课程结构进行了重新梳理和组织。

我们采取了必修、选择性必修与选修课程相结合的形式，通过必修课程体现学生在高中阶段的基本学习要求，打造共同基础；通过选修课程满足不同兴趣和志向学生的学习需求，发展不同的美术能力。

具体来看，考虑到美术学科普遍认同的分类方式和目前美术教师的专业背景及工具材料的特性，新修订的课程标准划分了"美术鉴赏、绘画、中国书画、雕塑、设计、工艺和现代媒体艺术"7大模块。与实验稿相比，此次修订尝试对学习内容加以整合，如"电脑绘画/设计""摄影/摄像"被整合为"现代媒体艺术"，"中国画""书法"和"篆刻"被整合为"中国书画"。这不仅凝练了美术课程的内容，降低了高中阶段美术学习的难度，还强化了内容之间的关联性，便于学生的认知与应用。尤其是"中国书画"模块，突出了中国画和书法艺术紧密相关的特征，强调了对中国优秀传统文化的传承和弘扬，是本次标准修订的一大亮点。

同时，学科核心素养的培养需要与之相适应的教学和评价方式的支撑，因此如何解决"知识与技能""过程与方法""情感态度与价值观"向"核心素养"的转化，是本次修订的关键性问题。在"实施建议"部分的"教学与评价建议"中，我们从理论上标明了"学科核心素养本位"美术教学与评价的取向，将创设问题情境、探究性地获取知识与技能、掌握解决问题的方法视为以核心素养为统领的美术教学的基本特征；评价方面，不仅针对学生对美术知识与技能的掌握程度，更关注学生在探究和解决问题中所体现出的学科核心素养发展水平。具体和美术学科紧密相关的学习方式有"倡导主题性研究型美术教学""经历像'美术家'一样创作的过程""以多种角度和方法进行美术鉴赏"等，体现了美术学科特质。

此外，新标准还针对不同模块的学习内容，精心设计了相应的学业质量水平，划分为3个水平：必修和选择性必修课程水平1是学生在义务教育毕业水平基础上，经过一段时间的高中学习所要达到的；必修和选择性必修课程水平2是高中毕业生在本学科应达到的合格要求；必修和选择性必修课程水平3对应于高考或用于高等院校招生的学科学业水平测试等级要求。选修课程学业水平分为3级，新标准仅列出2、3级水平，均对应高考或用于高等院校招生的学科测试要求。这些水平划分使得核心素养本位的美术教学可评、可测，增强了对教学的导向作用。

可以说，此次标准修订的过程中，核心素养是重中之重，在课程结构、课程内容、教学和评价、学业质量等方面都有着充分的贯彻，是其中的"灵魂性"的内容。

五、基于核心素养的美术教学的建议

我们的新标准在现实情境中的具体执行，还有一些要注意的问题。这些问题对于教材编写者、课程设计者、教师等来说都值得重视。我想，大概有如下要点：

第一，要辩证把握"知识与技能"与"学科核心素养"的关系。"核心素养"的提出与践行是基础教育最具挑战性的改革。建议在宣传策略上，应充分肯定"知识与技能"在参与问题情境、解决问题的过程中所具有的作用。同时，要充分揭示"知识与技能"转化为"学科核心素养"的途径和方法。在此方面，可以通过呈现可操作的"结构和程序"和具体的案例，帮助教师认识如何在问题情境中，根据解决问题的需要，选择和获取知识与技能，并根据一定的研究程序和方法加以运用，解决问题，进而获得学科核心素养。

第二，在现有课程体系中体现美术学科的技能性特征。美术学科具有术科的特征，技能练习和掌握是一个不能忽视和回避的问题。没有基本的美术技能，所谓表现和创作以及用美术的方式解决问题，只能是空谈。学科核心素养本位的美术课程倡导在单元主题中，依据问题情境选择某种"需要的"技能进行学习，技能成了解决问题的整体中的一个构件。但任何技能的形成都回避不了在一定的时间内进行练习，以达到最低的可用程度。这样，一个单元学习的周期就会比较长，有些技能也不能现用现学。对此，一些最为基础的技能，可以独立地进行练习。

第三，既要保持新标准实施的统一性，又要避免雷同。面对"学科核心素养本位"美术课程观念的重大变化，必须提供抽象性和实践性兼顾的"结构和程序"才能帮助实施者有效地实施课程。一个两难的问题随之产生——如果不提供"结构和程序"，实施者将无法作为；如果提供特定的"教学结构与程序参考"，实施者可能在一知半解的状态下照猫画虎，造成全国普通高中美术课程实施雷同或千篇一律的现象。因此，在实践过程中，希望实施者既能从"结构和程序"的角度思考问题，形成教学的稳定性，同时又能力争有所突破和创新，找到符合自身需要和授课风格的教学方式方法。

聚焦素养 以美育人

王安国[①]

一、普通高中音乐课程标准修订的背景与重点

《普通高中音乐课程标准（实验）》2004年秋开始使用，至今已历13载。此次音乐课程标准修订工作，既是对本学科十余年课程改革经验的总结提升，更是本学科进一步深化改革、破解现实存在问题的需要。教育部曾先后组织针对普通高中课程标准实施现状的调研，结果表明，音乐学科课程改革取得重要成就，当然也反映出一些亟待改进的问题。主要是：美育目标不够突显，立德树人根本任务的落实缺乏学科素养支撑；课程内容不够丰富，未能体现美育形式的多样性；课程结构不够灵活，不能满足学生的不同兴趣爱好和发展需求；课堂教学与课外艺术活动分离，尚未形成校园文化协同育人的美育格局；学业质量水平缺乏明确等级划分，课程实施与评价过于宽泛，缺乏针对性和音乐学科特点。

因此，本次对实验稿的修订工作，是在巩固和发展十余年改革实践成就和经验的基础上，在国际比较研究成果的启示下，聚焦课程标准实践中的问题，将修订工作视为深化课程改革的机遇，提出有针对性的修订方案，努力构建适应新时代要求的、具有现代意义的课程标准。

修订工作的重点是：根据新时代人才培养要求和现阶段高中教育改革发展实际，探索实施美育的有效途径；建构以立德树人为根本任务的学科育人机制；拓展普通高中音乐课程结构，丰富课程选择，满足学生需求；研制不同教学模块的学业质量水平，为基层学校提供便于操作的教学建议和评价方式；对教材编写提出适应新时代精神的更高要求。

为此，修订组在以下几个方面做了努力：凝练学科核心素养，推动落实立德树人根本任务；进一步明确普通高中教育定位，在基础性与选择性相统一的原则指导下调整课程结构与学生选课方式，优化课程内容；依据人才培

[①] 王安国，首都师范大学教授。

养要求，明确不同教学模块的学业质量水平与考试评价内容，同时促进高中教育与高考对接；细化课程实施建议，增强课标的可操作性，做到"好用、管用"。

二、音乐学科核心素养是如何凝练的

学科核心素养是学生发展核心素养在特定学科（或学习领域）的具体化，是学生学习一门学科（或特定学习领域）之后所形成的正确价值观念、必备品格和关键能力，是学科育人价值的集中体现。修订组从音乐教育性质、价值和"以美育人""能力为重"的目标要求出发，确立"审美感知""艺术表现"和"文化理解"三方面音乐学科核心素养。三方面核心素养强调培养学生在聆听和体验中深入理解和把握音乐艺术的听觉特性、表现要素、艺术形式和独特美感；能够通过歌唱、演奏、综合艺术表现和音乐编创等活动表达音乐艺术美感；能够在审美感知和艺术表现的过程中和基础上理解不同文化语境中音乐艺术的人文内涵。

音乐学科核心素养的确定，不是一些相关词语的表象组合或罗列。首先，它有音乐艺术能力形成的学理依据：通过音乐听觉体验、感受和亲身参与不同形式的音乐艺术表演实践，奠定可终身发展的音乐审美感知力和艺术表现力，并在听觉感知及艺术表现的过程中和基础上，增强文化理解力，培育艺术情趣，丰富人文素养。同时，音乐学科核心素养的确定，以党和国家权威文件为根本依据。十八届三中全会政治文件关于改进美育教学的17个字中，就明确要求"提高学生审美与人文素养"。如果音乐学科将"审美与人文"具体化为"审美感知"和"文化理解"，那么"艺术表现"的实践过程和基本能力，则与前二者相辅相成，密不可分，三者结为一个整体，共同体现高中学生音乐学习中应形成的必备品格和关键能力。

普通高中全部音乐教学活动，均围绕学科核心素养培育进行。依据每项素养的内涵表征，分别对学生在音乐学习环境或日常生活中的素养表现做出3级水平的具体划分，使学科核心素养以实实在在的可知、可感、可观测的音乐能力和行为表现形式呈现，培育目标具体而明确，便于实际操作。

三、普通高中音乐课程的结构及调整思路

依据音乐学科教学材料与学习方式的独特性、多样性和实践性特点构建

课程体系,在综合考虑与现行课程平稳对接、音乐师资专业背景及全国绝大多数学校开展美育活动的实际,将必修课程分为音乐鉴赏、歌唱、演奏、音乐编创、音乐与舞蹈、音乐与戏剧 6 个模块,供全体学生根据自身兴趣爱好和发展需求选择修习。每个必修模块均由相对独立、完整,又相互关联、适度渐进的两部分教学内容组成,规定每位学生在应修满的 3 个学分中,至少有 2 个学分要从 1~2 个必修模块学习中获得。在此基础上,将合唱、合奏、舞蹈表演、戏剧表演、音乐基础理论、视唱练耳作为选择性必修模块,其主体(前 4 个模块)是表演实践课程,是与之相对应的 4 个必修模块(歌唱、演奏、音乐与舞蹈、音乐与戏剧)的延伸拓展,重在通过表演实践巩固和提升学生艺术表现能力。后 2 个模块是为音乐学科核心素养培育提供基础知识和基本技能支撑,同时应对高考要求。此外,还有学校安排开设、学生自主选择修习的选修课程。以上设计使高中音乐课程结构和课程内容得以进一步优化,有利于形成音乐课堂教学、课外艺术活动、校园文化建设协同育人的美育格局。

普通高中音乐课程的性质、价值、学生学科核心素养培育途径,以及"丰富课程选择 满足发展需求"的课程基本理念,是做出上述调整的主要依据。

四、有关教学的建议

为便于教师在教学中实施,课程标准有针对性地对培育和增强学生音乐学科核心素养提出了具体的、可操作的建议。

1. 学生审美感知素养的培育,应立足音乐艺术具有的特殊音响特征,可从学生易于接受的各种可感可知、可提示操作的音乐体验通道切入,引导学生有意识地将自身对音乐的主观感受融入对客观音响的体验感知中。

2. 艺术表现在音乐学科核心素养中是最直观、最易显现,也最易引起关注的音乐基本素质和能力。教师应深刻理解音乐教育的实践性特征,将艺术表现素养只能在艺术实践中形成和提升的教育理念,贯穿全部音乐教学活动始终。

3. 教师在鉴赏性或表现性等不同模块的教学中,应有意识地从学生生活经验和知识积累出发,顺应高中生求知、探究的学习心理,引导学生通过音乐感知和艺术表现等途径,理解不同文化语境中音乐艺术的人文内涵。

五、基于音乐学科核心素养的评价

针对课程评价,新标准提出了基于学科核心素养的评价建议。

评价的中心内容是音乐学科核心素养内涵及相应的学业质量水平,主要包括以下四方面内容:一是学生学习音乐的意愿、状态、方法和效率(素养的基础和表现);二是学生体验、感知音乐的能力和审美情趣(素养1);三是学生音乐实践活动的参与度、表现水平及合作协调能力(素养2);四是学生利用音乐材料进行创意表达及对音乐文化的理解评鉴水平(素养2、3)。

针对以上四个方面的评价内容,提出与之相适应的评价方式。如第一方面评价内容建议采用"日常学习表现"的方式,第二、四方面评价内容建议采用"模块学业质量"评价方式,第三方面评价内容建议采用"综合"评价模式。

六、学校在音乐课程实施中应注意的问题

一是关于课程教学内容分模块设置如何体现音乐教学的综合性问题。在各必修模块"内容要求"的拟定上,将各模块水平1定位为面向全体学生的基本要求,确保必修模块教学内容的基础性和学生参与的广泛性。同时,在各模块"内容要求"和"教学提示"中,充分体现相关模块教学活动的综合性与交叉互补性。如"音乐鉴赏"模块"教学提示"第2条"在教学中可以根据音乐作品的特点,引导学生在听赏环节中唱、奏音乐主题或随乐律动,并适当穿插相同题材歌曲演唱或综合艺术表演等实践活动,激发学生音乐鉴赏参与感,体验作品的音乐情感,加深音乐理解"。又如"歌唱"模块"教学提示"第1条"在歌唱中要结合对优秀声乐作品的赏析,帮助学生理解歌曲的题材及风格,学习声乐的相关知识"。再如"舞蹈表演"模块"内容要求"第1条"欣赏中外优秀舞蹈作品或片段,体验舞蹈艺术的魅力和丰富的表现力"等。

二是关于学校开设众多学习模块的可行性问题。新标准明确要求:"根据我国教育实情,不要求大多数学校短期内开齐本课程标准列出的所有必修和选择性必修模块,重要的是立足本校现有的教学资源","各地、各校应从师资和设施设备的实际出发,以至少开设一个必修模块和相应的选修模块起步,有计划地分步开设更多的必修模块和选修模块,逐步完善普通高中音乐课程

结构。"上述内容表明，立足本校现有教学资源，从师资和设施设备实际出发，分步实施，逐步完善，是模块开设的基本策略，也是目前我国大部分普通高中能够做到的。

三是不同模块的教学组织实施问题。强调课程选择性，实施分层分级教学，必然涉及多种多样的教学组织形式。对此，课程标准做出了相应安排：首先，根据学校音乐教学模块开设和学生选课情况，六个必修模块可按班级开课，或跨班级、跨年级组成教学班，以学生"走班"形式组织教学。其次，六个选择性必修模块中的四个表演实践性模块（合唱、合奏、舞蹈表演、戏剧表演），根据学校条件及学生选课情况，可分为班级表演组合、跨班（年）级表演组合及学校艺术社团三个层次组织教学。再次，选择性必修课程中的两个基础理论模块（音乐基础理论、视唱练耳）及选修课程，根据学生选课情况灵活组织教学。这种安排涉及的教学组织形式与过去全体高中生按班级统一学习同一课程的单一教学组织形式相比，是一种新的探索和突破。

四是关于学生选课环节可能出现的问题。为适应普通高中音乐课程结构和不同模块教学实施的要求，学校和教师应加强对学生选课的指导。学校领导应会同音乐教师从本校实际和学生需求出发，制定音乐课程开设计划。提前发布选课指南，将音乐课拟开设模块的性质、内容、任课教师和教学班组成情况向学生和家长详细介绍，广泛了解学生选课意向。在这一过程中，音乐教师和班主任应担负学生个体发展的指导责任，接受学生选课咨询，解答学生选课中遇到的各种问题，及时了解学生选课需求，引导学生根据学校音乐教学模块开设的实际，提出适合个人兴趣爱好、发展需求的选课意愿。在收集汇总学生选课信息之后，应努力协调学生选课与模块教学组织容量不一致或其他可能出现的问题。采用整合、调配、分流、疏导等方式，通过师生间的沟通交流，最后形成切实可行的学生选课计划，确保音乐课程不同模块教学的有序实施。

按照美的规律塑造学校

——南菁高级中学发展素质教育的美学范式

成尚荣[①]

当下有个很热的话题：未来教育与未来学校。我以为，这是个说不清、道不明的问题，也许你能说出那么几条、几点来，但却无法触及未来教育、未来学校的本质。"未来是我们创造出来的"才是最准确的判断。

江苏省南菁高级中学（以下简称"南菁高中"）正是这样的判断者，因为他们正在用自己的教育哲学，创造一所朝向未来的最美学校。这所学校之美，是因为按照马克思所说的"按照美的规律进行塑造"[1]，重构校园生活，让校园生活审美化，在学校发展素质教育。南菁高中发展素质教育的方式、立德树人的实现方式，具有鲜明的校本特色，不妨称作"南菁范式"。但是，因其彰显的规律性、时代性，以及较为深刻而丰富的学理性又具有重要的普遍意义，又不妨称作"一般范式"。那么，南菁高中在办好普通高中、发展素质教育、落实立德树人方面，对我们究竟有哪些重要的启示呢？我们能从中获得什么，又有什么样的基本遵循呢？

一、持续地追问，深刻地反思，确立审美立意，表现为深度的文化自觉

首先，他们从沉浸其中的日复一日、年复一年的日子里抽身出来，对高中教育进行追问与反思。他们的追问是：一所普通高中究竟该怎么办？高中教育的宗旨是什么？是进行素质教育，还是与应试教育所谓"合流"、难舍难分？南菁人负责任地回答：普通高中不能只关注升学率，必须推进学校变革，落实素质教育，为学生创设一段丰富美好的教育经历。其次，他们又站在教学之外看教学，对教学育人的本质进行追问与反思。他们的结论是：教学应当发生重大转向，回到育人这一根本宗旨上去。再次，他们一次又一次徜徉在校史馆里，一次又一次面对校园里的文化景象沉思，对学校美育进行追问与反思。他们的结论是：美育现状必须改变，否则，"南方之学，得其精华"

[①] 成尚荣，原江苏省教育科学研究所所长，国家督学。

的命脉就会断裂，使命不能实现，党的教育方针难以全面落实，素质教育难以发展。

追问是持续的，反思是深刻的，表明了南菁高中的使命感、责任心。他们提出一个极为重要的命题："如何破解普通高中的发展困境？"他们认为，对于南菁高中的未来来说，育人是学校教育的原点，审美教育是学校发展的逻辑起点，从美出发，走向育人。这是南菁高中的必然选择，因为这里隐含着一个育人的逻辑，合理而又清晰：以美育德，立德树人；教育臻于文化进步的最高境界：自由与创造。这就是南菁高中的破解之道，是南菁高中的文化建设之道，说到底是南菁高中的育人之道。

二、"按照美的规律进行塑造"，要聚焦于生命的尊严、完整、自由，在审美追求中形成美学表达，建构起学校的教育哲学

马克思的思想理念是南菁高中变革学校、发展学校的信念。在美与人的生命的关系上，南菁高中的美学立意是关注师生生命的幸福。美是有生命的，美的生命与人的生命紧密关联在一起，而这种关联在于用美与自己、与他人、与世界的"和解"，这一观点就是自然的和马克思关于人的论述相联系、相统一："人，并不是跪在世界之外的抽象的存在。人，意味着人的世界，意味着国家，意味着社会。"[1]人的世界离不开人的生命的灵魂，正因为此，南菁高中的美学观照有一个十分重要的价值主张："从促进人的全面发展这一价值出发，探寻师生教育生活的审美表达"。他们的思考并没有止步于此，而又将生命生活定位于三个美学特性。一是生命的完整性。这种生命的完整性表现为从学生的"身心分离"到追求"身心一体""身心愉悦"的美学立意，促进学生的全面发展。二是生命的和谐性。生命和谐相处，各种生命之间相互"和解"，在对话中相互理解、相互尊重、相互依存、相互支撑、相互促进。三是生命的自然性。毋庸置疑，南菁高中的学校审美表达是以"小关注师生生命幸福的教育"为旨归的。在南菁高中，生命永远在美的追求中。

三、"按照美的规律进行塑造"，要落实在课程建设上，普通高中大美育课程的建构，让美育得以落实，成为学生的心理文化结构

南菁高中有一个十分精彩的观点："在价值取向上将课程视为一种美学"。对这一观点又从三个维度进行阐释：从课程实施的美学情境出发，赋予课程

以美学旨趣；从课程价值的美学关怀出发，将美育定义为人的全面发展的教育；从艺术教育本身出发，阐释艺术教育的审美特性。三个"出发"，也即为课程的三个"抵达"。从出发到抵达，体现的是课程建设、课程学习的美的历程。可见，南菁高中寻找到学校课程建设的另一个视角，正是这个独特的视角，才对学校课程改革有了独特的建构。

首先，将学校课程统称为"大美育课程"。所谓"大美育课程"，不只是艺术课程，用赫伯·里德的话来说，实质上是"通过艺术的教育"[3]，即用艺术、用审美来改造、优化课程，让课程具有美学特质；所谓"大美育课程"之"大"不是限于美育，而是以美育为纽带，带动学校课程的统整。"大美育课程"指向了学校的整个生活。

其次，构建了"大美育"课程实践模型。这一模型称为Y模型，即以学生发展为中心，尤为重视学生的审美个性的发展；将课程分为上层与下层，形成了"两轴三级五域"的课程结构。

再次，重构美育课堂课程建设最终要通过课堂教学改革去实现。在南菁高中，"整合式""融合式""综合式"成了课堂教学常态。这既是艺术的课堂，又是审美化课堂，包括南菁所有课堂，显现为美，生长着美，享用着美，又创造着美。从课堂出发，抵达远方的地平线，那里，上空星光闪烁，未来更加明亮、美好。

南菁人始终把黑格尔的"审美带有令人解放的性质"[2]这句话奉为圭臬。解放，让"按照美的规律进行塑造"有了无穷的魅力和崇高的境界，南菁高中的"用美育重构校园生活"，是发展素质教育的美学范式，其核心是解放，是解放中的自由，由自由带来创造，这就是"按照美的规律"塑造学校。

参考文献：

[1] 马克思. 马克思箴言[M]. 北京：中国长安出版社，2010.

[2] 黑格尔. 美学（第一卷）[M]. 朱光潜，译. 北京：商务印书馆，2018.

[3] 赫伯·里德. 通过艺术的教育[M]. 吕廷和，译. 长沙：湖南美术出版社，1993.

以美育重构校园生活

杨培明[1]

江苏省南菁高级中学（以下简称"南菁高中"）是一所有着厚重历史的百年名校，其前身是江苏学政黄体芳在左宗棠的协助下创办于1882年的南菁书院，从这里走出了黄炎培、陆定一、吴文藻、汪曾祺、沈鹏、顾明远、金立群等杰出校友。新时期，南菁高中传承厚重的传统书院教育文化，确立了鲜明的教育价值追求：以美学精神优化统领学校课程教学文化，促进师生教育生活的审美化；以美育重构校园生活，以实现立德树人根本任务。通过实施"大美育"，今天的南菁高中既保有百年书院的学府气质，更彰显出与时俱进的时代风采。南菁师生的蜕变与成长，皆是一段段追寻与体验"美"的旅程……

一、价值追求：办关注师生生命幸福的教育

普通高中教育的价值是什么？是单纯迎合社会对升学率的现实期待？还是顺应国家和民族长远发展的理想诉求？基于对教育价值的深刻认识和对新时代教育使命的深刻把握，南菁人的选择是——办关注师生生命幸福的教育，以"大美育"课程重构校园生活。南菁希望，通过"大美育"来指引学生，让每一个学生在当下与将来都能够审美地对待自然、社会与自我。

党的十八大以来，习近平总书记提出要"传承和弘扬中华美学精神"，国务院要求"把培育和践行社会主义核心价值观融入学校美育全过程"，为南菁高中的美育课程改革指明了方向。但这一方向如何落实到学校课程的整体建构中仍是难题。这一难题包括四个方面：一是学校教育功利化倾向严重，素质教育推行困难；二是学校美育薄弱，弱化、窄化现象严重；三是学校美育课程以及课堂的育人功能缺失，技艺、技能教育泛滥，核心价值观难以切入；四是学校美育缺少可行路径，"大美育"理念难以落地。2011年至2014年，南菁高中依托江苏省美育课程基地建设，充分利用学校文化艺术资源，开设

---

[1] 杨培明，江苏省南菁高级中学校长、党委书记。

了近百门美育校本课程，初步解决了美育落地的问题。应该说，这一时期的南菁美育得到了较好的发展。但校本课程多而杂，师生课业负担重且繁，以技能培训和知识传授为主要内容的传统美育课程模式在这一阶段的教学实践中令学校课程领导左支右绌。碎片化的学校课程已难以适应时代需要，重构学校美育课程体系对南菁高中而言迫在眉睫。

二、实践探索：从课程体系建构到校园生活重构

2014年以来，南菁高中的美育课程进入了整体建构阶段。学校坚持课程整体建构和具体美育课程门类开发相结合的策略，并以理论研究和教学创新实践来对原有课程进行提升。通过校园空间的美学再造、课程体系的整体建构、教学生态的深度变革，真正实现了校园生活的审美化和美育对校园生活的重构。

（一）依托百年书院教育传统和学校文化艺术资源开发美育课程

从传统书院到现代高中，美学精神已经融入南菁的文化血脉。南菁高中重视书院文化精神的传承，将中国传统书院注重人的精神气节的培育和君子人格养成的传统进行时代转换，提出了对新时期南菁学生的气质要求——有思想会表达，有责任敢担当，有爱心能宽容。这一气质融合学生的学习认知、行为规范和精神价值等方面的要求，凸显了南菁教育注重立德树人、铸魂育人的追求。这一教育目标的确立是对传统应试教育的改良，充分体现了"促进人的全面发展，培养完整的人"的美学主张。学校对传统书院精神的传承与发展还体现在校园文化建设中对南菁传统书院风貌的再现，营造了洋溢着美学追求的校园文化空间。学校建有书院文化碑廊、正学亭、书味亭等文化景观，亭子上悬挂着当时左宗棠为南菁书院写下的对联："辅世长民莫如德，经天纬地之为文"，告诉南菁学子，要胸怀天下，服务社会和人民才是最大的德。南菁高中充分挖掘书院文化，营造了既古朴又现代的校园美学环境，也彰显了书院育人的价值追求，使之成为熏陶学生成长的隐性课程。

南菁高中还充分依托学校文化艺术资源和校友资源，开发了多门文化艺术课程和校友生涯课程，涵养学生审美精神。2011年以来，南菁校友、中国书法家协会名誉主席沈鹏先生和中国教育学会名誉会长顾明远教授等分别捐赠建立了沈鹏艺术馆、明远书屋等校园文化艺术场馆。这些场馆本身就是艺术的、审美的空间，学校进行深度的课程开发，形成了彰显美学意蕴的校本

课程，如"沈鹏书法艺术赏析""国画鉴赏"等。学生在这些课程中进行充分的审美体验，同时感受学校艺术馆所承载的校友回馈母校的精神境界和家国情怀。这些都引起了学生深层的情感冲动，唤起了学生崇高的审美情感。

（二）从理论与实践两个层面整体建构学校美育课程体系

南菁高中的美育课程面向全体学生，通过美育课程体系的整体建构，在课程基地的基础上建立大美育的课程理论模型与实践体系。具体来说，南菁高中探索针对普通高中美育课程设置的路径与方法包括以下四个方面：

一是启动省级美育课程基地建设，2011年南菁高中就获准创建"江苏省普通高中美育课程基地"。

二是构建大美育课程实践体系和理论模型。"大美育"是普泛意义上的美育，是培养全人、面向全体学生、进行全程渗透的美育，对所有课程都实施审美化淬炼。对此，南菁高中在实践的基础上整体建构了大美育课程体系"Y"型理论模型（图1），以"学生个性"为中心，将美育课程分上下两层：上层为通识课程，需要进行审美渗透；下层为专业艺术类课程，天然具有审美素质。在课程建构中，审美经验的传递应由下层通往上层，而社会主义核心价值观则需从上层向下层传递，在"学生个性"上实现连接。

三是在此课程理论模型的指导下，开设了与学生现实生活、校园经验和未来趋势密切相关的体系化的美育校本课程，构成了涵盖学生全部生活的"两轴、三级、五域"的美育课程总体结构，使美育面向学生全体、覆盖教育全程、成就全人发展。"两轴"是美育课程应"继承传统"和"面向未来"这一源自校园空间历史和现代轴两条轴线的创想，为中华传统文化和南菁书院的传承与创新提供了基础；"三级"是指学校美育课程包括基础课程、拓展课程和综合课程三种分层类型，力求实现全程、全面；"五域"是涵盖学生核心素养的人文社科、科技创新、生活健康、艺术创造、公民社会等五大领域。

四是在上述教育教学改革的实践中，编写出版了覆盖各学科的美育教学用书26本，在近百所普通高中推广使用。

（三）以审美课堂建设提升教学的价值立意

普通高中美育存在着课堂教学育人功能缺失、学生学习被动、缺少审美价值立意等问题。南菁高中对此的解决方法是在美育课程体系整体建构的基础上，将美育实践的重心下沉至课堂，通过倡导审美课堂建设，着力培育学生的核心素养。审美课堂的主要内容是以艺术的、审美的方式提升课堂教学

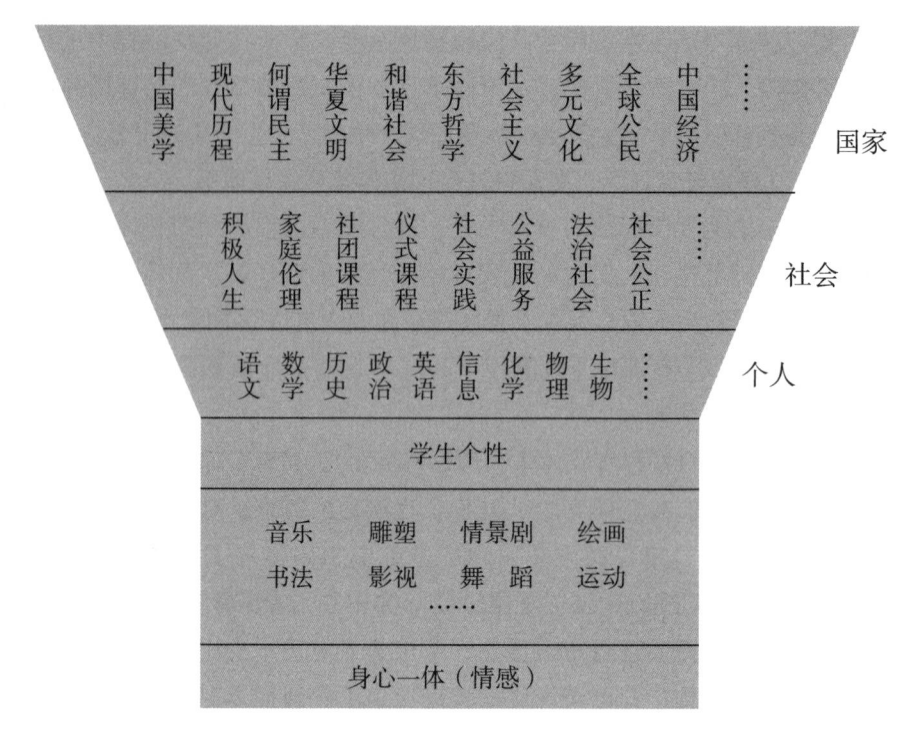

```
┌─────────────────────────────────────────┐
│ 中  现  何  华  和  东  社  多  全  中     │
│ 国  代  谓  夏  谐  方  会  元  球  国  …… │  国家
│ 美  历  民  文  社  哲  主  文  公  经     │
│ 学  程  主  明  会  学  义  化  民  济     │
├─────────────────────────────────────────┤
│   积  家  社  仪  社  公  法  社           │
│   极  庭  团  式  会  益  治  会       ……  │ 社会
│   人  伦  课  课  实  服  社  公            │
│   生  理  程  程  践  务  会  正            │
├─────────────────────────────────────────┤
│    语 数 历 政 英 信 化 物 生               │
│    文 学 史 治 语 息 学 理 物   ……         │ 个人
├─────────────────────────────────────────┤
│              学生个性                    │
├─────────────────────────────────────────┤
│      音乐    雕塑   情景剧    绘画         │
│      书法    影视    舞蹈    运动          │
│                  ……                     │
├─────────────────────────────────────────┤
│              身心一体（情感）              │
└─────────────────────────────────────────┘
```

图1　大美育课程体系"Y"型理论模型

的品质，深度变革教与学的方式。具体来说：第一，唤醒学生。通过环境创设、文化培育、学科整合、渗透，营造审美的教学生态，激发学生内在的生命活力。第二，强化育人。课堂教学强化课程意识和价值引领，从注重知识传承转向全面育人，培育学生核心素养。第三，教学审美。将教学因素转化为审美对象，使教学实现内在逻辑美和外在形式美的统一；进行学校教学生活的审美化渗透，创设促进教与学转化的教学情境；强调学生主体、身心一体，制定审美化的教学评价标准。如语文组组织课本剧大赛，将文本研读、学生体验、艺术设计、舞台表演等内容有机统整；历史组开设的文物鉴定课程，综合运用了历史、文学、艺术、科学等各科知识；地理组开展的研学活动，学生远赴都江堰、黄龙等文化遗址，将课堂搬进大自然；学生社团"麦田"连续三年赴西部开展助学活动，展现了南菁学子的社会担当。总之，审美课堂就是让课堂成为"恢复课程与审美经验的连接"的基本场域。

三、初步成效：成就师生更美好的教育生活

南菁美育营造了审美的校园生活，初步形成全科育人、全程育人、全员

育人的美育课程体系，美育逐渐渗透在学校教育的各个环节，学校教育逐渐走向审美的境界。

南菁美育有力促进了学生的全面发展。近年来，学生在学科、艺术、体育、人文等方面频创佳绩，涌现出江苏省现场作文大赛特等奖、学科竞赛国家以及省一等奖、各类国际科技发明大赛一等奖、各类艺术比赛大奖等，每年获奖人数超过300人。

南菁美育整体提升了教师的育人境界。曾获得"全国优秀教师"殊荣的马莉老师，将其成功的班主任工作经验总结为：用阳光、美丽的生命姿态站在学生面前，用快乐激发快乐；用安静、平和的生命姿态陪伴学生，用尊重换来尊重；用低头、并肩的生命姿态倾听学生诉说，用真情感染真情。她将"以美育人、育美的人"的教育理念，渗透到教育教学管理的全过程，被学生亲切地唤作"Super Mario"。

南菁美育带动了一大批学校开始以美育人的实践。2014年开始，学校的部分美育课程在甘肃省兰州一中、山西离石高中和天津北辰区等学校和地区进行实践推广。2015年，中国教育科学研究院将南菁高中作为该院"全国名校长、名教师挂职研修基地"。近年来，学校教师每年外出上课、讲座介绍美育课程实践100多人次，每年接待10多个省市近100多位校长来校挂职研修，南菁美育的辐射示范作用得以充分发挥。

站在新时代眺望未来教育，南菁高中正以崇高、自由、解放的美学精神重构校园生活，让学生从广阔、真实的世界舞台出发，理解学习的意义，高扬人的主体价值，成就个体的美好人生，创造人类共同的美好未来。

构建大美育课程的实践探索

朱月明[①]

湖北省荆州市沙市区大赛巷小学（以下简称"赛小"）创建于1908年，在百年的发展历程中，完成了从私塾学堂到规范学校，再到特色学校的蜕变。近十余年来，学校在长期的办学实践中孕育了"让学生在美的陶冶中成长，让学校在美的创造中发展"的办学理念，以美育突破促进"五育"的和谐发展，并对德育活动的审美化、课堂教学的审美化、学校管理的审美化、文化环境的审美化进行了系统的构建与实践，其间形成了具有美育特色的育人目标——语言蕴美、仪表求美、行为融美、心灵塑美、人格立美，育有特色的学生、办有特色的学校，已成为赛小人共同的价值主张与追求。

一、植根历史文化，提炼赛小特色的核心素养

《中国学生发展核心素养》研究成果正式发布，以及《沙市学生发展核心素养》的出台，让我们深刻意识到面向未来培养人的核心素养的重要性，也促使我们再一次对赛小要"培养什么样的人"进行深入思考。我们认为，核心素养校本化的表达首先应该植根于学校的历史文化底蕴和办学理念，对我们已有的育人目标进行梳理与创新。同时，放眼未来社会发展的需要，个性化表达对人的全面发展的诉求，可以抓住关键的少数素养来带动其他素养的全面发展。于是我们明确提出要培养"赛小美少年"这一目标，并正式提炼了赛小美少年的五大核心素养。

1. 美善人格：具有积极的心理品质，自信自爱，坚韧乐观；有自制力，能调节和管理自己的情绪，具有抗挫折能力；能正确认识与评估自我；能明辨是非，具有规则与法治意识，有社会责任感。

2. 人文表达：具有古今中外人文领域基本知识和成果的积累；能理解和掌握人文思想中所蕴含的认识方法和实践方法等；有沟通意识和交流能力，在拥有人文底蕴的基础上具有一定的美的语言表达系统。

[①] 朱月明，湖北省荆州市沙市区大赛巷小学校长。

3. 科学探究：崇尚真知，能理解和掌握基本的科学原理和方法；尊重事实和证据，有实证意识和严谨的求知态度；能不畏困难，有坚持不懈的探索精神；能大胆尝试，积极寻求有效的问题解决方法。

4. 合作共享：展现与不同团队有效合作共事的能力；为协同工作共同承担责任，能分享共同努力的成果；具有文化自信，尊重中华民族的优秀文明成果，能尊重世界多元文化的多样性和差异性。

5. 审美创造：具有发现、感知、欣赏、评价美的意识和基本能力，具有健康的审美价值取向；具有艺术表达和创意表现的兴趣和意识，能将创意和方案转化为有形物品或对已有物品进行改进与优化等。

我们把五大核心素养分成三个层次：

第一层次包括"美善人格"，它是其他素养的基础，体现对"做人"的要求。

第二层次包括"人文底蕴、科学探究、合作共享"，它处于核心素养的中心，是对"做事"的要求。

第三层次包括"审美创造"，它处于核心素养的最高层次，它是对"做品位"的要求。

应该说，我们的学校核心素养与"中国学生发展核心素养""沙市学生发展核心素养"的内核是一脉相承的。我们希望以承载学校文化的五大核心素养为着力点，来促进学生的全面发展，塑造真正的赛小美少年形象。

二、基于核心素养，整体构建大美育课程体系

核心素养在提醒我们，要回到育人原点，思考学校课程建设的出发点。基于此，我们以培育核心素养、培养赛小美少年为根本任务，构建了大美育课程体系，具体由基础型课程、拓展型课程、综合型课程和渗透型课程构成。

基础型课程即学科课程，主要侧重于对学生基础知识、基本能力、基本态度的培养，为学生核心素养的形成奠定坚实的基础。为使学科课程校本化，即学科教学彰显审美价值，我们形成了美育课堂教学模式。这是一种在区域素养课堂理念下的校本化的课堂教学模式。美育课堂是在以学生自主引疑、探疑、释疑为主线的基础上开展小组交流、师生互动的探究性学习活动，且学习活动过程与审美活动机制融为一体，学生能在充满自由与创造的审美活动中愉悦、高效地达成目标，从而完成核心素养自我构建的课堂教学模式，

其实质就是"课堂以问题为主线展开""探究与审美相融合"。核心素养目标在美育课堂教学模式中得到对应体现。

拓展型课程即选修课程，侧重拓展学生的知识、能力和态度，其要求和内容具有选择性、广域性、层次性。为使选修课程特色化，我们制定了"让学生在美的陶冶中成长"的校本课程开发与实施方案，就课程的目标导向、内容框架、实施原则和校本评价进行了初步设计，为学生提供了体现学校美育特色的丰富的选修课程，也从学生立场出发为学生提供众多适合自己的多元化系列课程。

综合型课程即活动课程，侧重于学生的知识应用、实践能力的培养，向生活情境延伸，向实践创新发展，努力提高学生运用所学知识不断美化生活、成长自我的能力。为使活动课程主题化，我们以"承人之美、成人之美、呈人之美"为主题开展系列"美少年成长"活动，使小学生经过六年的时光能真正成长为美少年。我们坚持开设早晨20分钟的"美读美说"微课程，帮助学生涵养人文经典，不断提升人文表达素养。

渗透型课程即隐形课程，侧重于对学生进行潜移默化的美的熏陶。学校氛围是核心素养落地的重要沃土，应积极构建与核心素养相适应的学校文化和氛围。为使隐形课程系统化，我们形成了具有美育特色的校训、校歌、校刊、校徽等文化标识系统；形成了以美创境，构筑生态美的环境文化（如赛小美少年微习惯的楼道文化）；建立了以美润心，构建和谐美的管理文化，形成"处处皆美育，时时受熏陶"的氛围，充分发挥文化育人的效力。

以上四类课程互为补充，具有相互承接、有机融合的关联性。我们的大美育课程体系以整体观、价值论为指导，从核心素养和办学理念的角度进行架构，体现的是课程体系、课程内容、课程实施和核心素养、育人目标的内在一致性，是具有我校办学特色和价值主张的课程体系。

三、开发校本课程，彰显生命美育的价值追求

赛小的重要课题都是以美育为主线的。"十三五"课题"现代城市教育背景下建设'生命美育'教育品牌的研究"，让我们深化了对生命美育的认识，即生命美育就是要培养儿童生命审美的意识和理念，表现为健全的人格、美好的心灵、文明的举止和良好的习惯，体现为生命历程的净化和生命境界的升华。我们力求开发多元化的校本课程，在实践体验活动中渗透审美教育，

让学生在美的教育中培养能力、发展潜能、升华品格，真正成长为美少年。

因此，我们紧扣核心素养，遵循"让学生在美的陶冶中成长，让学校在美的创造中发展"的办学理念，依托学校、家庭及社会资源，在学校大美育的整体框架下进行校本课程开发和实施，将其作为发展学生核心素养、彰显生命美育价值、提升学校办学品位的切入点，形成学校校本课程建设的亮点。

（一）秀艺大课堂——让每个孩子在美的陶冶中成长

1. 课程目标"美"为导向

赛小学生的五大核心素养目标其中之一就是审美创造，即使学生能掌握多种丰富的具有表现力的艺术形式，学生能在认识美、发现美、感受美的基础上展开创造美的实践活动。我们将学生审美素养和创美能力的提升纳入课程目标，确定了课程开发的三大原则——特色性原则、自主性原则、开放性原则，其中特色性原则就是从学校办学特色出发，以美育为导向，渗透于课程目标的设计中。

2. 课程设置"美"为主线

我们以"美"为主线开设了美技、美智、美体、美居等五大门类近50门课程，形成了尊重差异的"菜单"课程，充分关照学生的自主意愿；聘请了拥有专长的导师队伍，充分满足学生需求；强化了关注发展的评价建设，通过《赛小秀艺教师手册》落实过程管理。

3. 教材编写"美"为要素

我们组织教师编制了《舞之恋》《楚之韵》《绿色家园》等20本校本用书，板块栏目设定为"心愿秀""技艺坊""秀艺场""秀美堂"，通过多种途径将发现美、体验美、创造美等要素渗透其中。"心愿秀"是以学生的视角呈现本节课的多维目标；"技艺坊"是学生习得本门技艺的要点和方法；"秀艺场"是让学生以小组为单位进行竞赛、展示、交流、评价；"秀美堂"则是让学生说一说"美"的体验和感悟，演一演"美"的表现和创造。

我们确定每周三下午为"快乐半天行"，学生不用背书包，没有任何学习负担，可以根据个性需要选择课程，进行走班。"金话筒""秀艺剧场""创意梦工厂""小创客""儿童DIY""西点屋"等都是深受学生欢迎、炙手可热的课程。

（二）美少年成长——让每个孩子成长为赛小美少年

1. 课程目标：育核心素养，陶养美少年

美少年成长课程的总目标就是要培养具有五大核心素养的赛小美少年。

我们将具体目标分解为覆盖核心素养的十大美少年称号,包括励志美少年、雅行美少年、善言美少年、探究美少年、才艺美少年、创新美少年等,在每个美少年称号下设置五个行为目标,即"美少年微习惯",这样就形成了美少年成长的目标体系,也使抽象的核心素养外化为可观测、可检测的行为指标体系。

2. 课程内容:重知行合一,培育美生活

美少年成长课程在内容上根据学生的年龄和认知分为三个阶段性课程:一、二年段的是"礼仪美"课程,让学生"学做人"——讲文明、懂礼仪,做一名谦和有礼的美少年;三、四年段的是"知行美"课程,让学生"学做事"——分享经验、践行成功,做一名志立事成的美少年;五、六年段的是"生活美"课程,让学生"有品位"——历练本领、创美生活,做一名拥有未来的美少年;并与国家课程道德与法治的内容进行融合、重组和改造。

3. 课程评价:集美的称号,成长美少年

我们形成了《美少年成长记》评价手册,里面设有小组合作评价、组长寄语、组员心语、教师寄语、父母寄语;有每个美少年称号的评价标准及评分量化表;利用每周班队会的"美时美刻"(分享小组成员进步的闪光点)、"美人美事"(小结本周的好人好事)等活动板块,进行周评、月评、期评。获得美少年称号的学生被授予相应的美少年徽章,学生通过自己的努力集齐所有单项奖章后,就成长为"赛小十全十美好少年"。

我们欣喜地发现,学生在这些多元化的课程中获得了成长,学会了敬畏与尊重、欣赏与热爱、创新与美化……他们正在成长为我们所期待的美少年。

"尽精微 致广大"的美术深度学习

段 鹏[①]

核心素养本位的课程教学改革如今已经成为主流，中国基础教育美术课程在潮流当中，亦处于大变革的关键时期。如何让"美育育人"的理想付诸实践？课堂美术教学中培育学生核心素养的路径和方法为何？除了热情与目标的坚定之外，还需要"逢山开路，遇水搭桥"的智慧。

一、学校美术教育需要由"表浅学习"走向"深度学习"

当前，基于"双基"本位的传统学校美术教育还存在应试教育的强大惯性。"表浅学习"或低水平认知仍屡见不鲜，要么固守知识技能本位、过于强调美术教育的"术课"特质——这使得美术学习呈现出"碎片化"状态，无法引领学生获得学科理解力且形成知识结构、无法获得丰富的艺术体验；要么是狭隘地理解新课程的"活动"理念，使得教学时更多只是形式上的探究（教学成为基于活动的展示或"表演"），与学生高水平认知、思维和探究能力的形成关涉不多。在美术鉴赏内容教学中，上述判断或许体现得更为明显。

笔者曾观摩过一节"生命中的色彩：凡·高绘画赏析"的课堂教学。该课执教教师主要讲解了凡·高坎坷的人生经历，辅以电影视频的播放，呈现了凡·高的生命情感以及对艺术的执着与专注。其中，教师也讲授了凡·高及其同时代著名艺术家的代表性作品，分析了其画面构成和特色。在讲解到《麦田上的乌鸦》这幅作品时，教师提及这是凡·高的最后一幅创作，之后他便结束了短暂的生命……学生在教师的生动讲解下，沉浸在一种悲怆的氛围当中，同时感慨于艺术家的不凡经历。于笔者看来，这样的美术教学较为常规。类似的教学中，有的教师或将"鉴赏"等同于"美术史的讲授"，或只是辅以多媒体的手段呈现艺术家的传奇经历——即便有作品的呈现和讲解，也更多是呈现"教科书般的标准答案"，很难说能够在"分析、思考、判断"的层面给予学生有层次的思维养成和提升。

[①] 段鹏，首都师范大学美术学院美术教育系副主任，副教授。

近年来，课程教学改革中倡导的深度学习，为核心素养、学科核心素养的落地提供了实践层面的路径参考。深度学习对于改进上述教学弊病，无疑是具有启示意义的——区别于浅层次的低水平认知，深度学习涉及更为复杂的思维和行为活动，多针对在真实生活情境下用学科观念、知识、技能等解决有挑战性的现实问题。此间，学习者将习得的内容（或经验）内化、融入已有的知识结构中，其外化形式呈现出的素养可以"举一反三"，进行有效迁移和应用。基于教育学的思考，深度学习具有多重的意义和价值，"教学不仅要帮助学生承继人类认识成果，而且要在这个过程中感受、体验人类认识过程中的思想的、行为的、判断力的精华，成长为能够明辨是非、有正确价值观、有担当的未来社会实践的主人。总之，教学为了发展，教学要促进发展，教学要让学生具备自主发展的意识与能力，要发展学生的核心素养"。[1]

作为学校教育的一门重要学科，美术课程和教学自然也从属于上述深度学习之观念与教学行为逻辑，需要由"表浅学习"走向"深度学习"，由单一的美术知识技能传递、训练走向深度的艺术感知、理解和创造，由信息传输般的"碎片化"教学走向追求理解的统整式教学。本文笔者将结合布鲁姆的知识维度理论勾画其学习进阶的路径与形貌。

二、四种知识类型与美术课堂教学的"深度进阶"

美国教育学家本杰明·布鲁姆在教育目标领域的研究为业内所熟识，现今看来，其对研究深度学习和教学实践仍颇有借鉴作用。布鲁姆曾对教育目标分类体系做出了"知识、理解、应用、高级过程"的设定，[2]承袭于此，其对"知识维度"做出区分也是一大理论贡献。据其研究，教育中有四大类型知识：事实性知识（或"陈述性知识"）、概念性知识、程序性知识、元认知知识。简言之，事实性知识是学科门类中的重要信息和事实；概念性知识涉及知识的类目、区分、关联和关键定理；程序性知识是在具体情境中应用、操作或程序执行的知识；元认知知识又称为反省性知识，其关乎个体对知识的体认和思考，具体体现在分析、综合、评价、批判等多种学习行为。

这里我们同样可以凡·高美术鉴赏为例，对四种知识类型进行说明：

● 事实性知识：讲述凡·高所处的年代、生平、坎坷经历、代表作品。

● 概念性知识：讨论凡·高所属的后印象派及其作品的艺术特征等。

● 程序性知识：呈现和分析凡·高是在什么样的条件下完成了《向日

葵》《鸢尾花》等名作,其创作经历及后人对作品的品评。

● 元认知知识:联系凡·高的生平,分析其作品具有哪些画面形式、风格特点?思考其不同时期的人生经历和不同阶段的作品风格关联在哪里?为什么凡·高的艺术创新在当时不被理解和接受,乃至于只卖出了一幅作品?凡·高的艺术对人们艺术观念形成的影响?其对当下艺术创作的启示为何?等等。

对比前文所述凡·高美术鉴赏的讲授方法,如果凭借知识四大类型来对凡·高及其艺术进行讲授的话,其路径和方式就呈现了"深度学习"之特质——并非只是对艺术家或美术史等进行简单的知识传递,学习者自然也不会对教科书上已有的既定事实"拿来主义"般地直接接受,而是由事实到概念,由概念到方法,由一般性的认知到批判性的思考,这使学习过程呈现出极强的深浅层次。尤其是对"元认知知识"的学习和理解,学生思考艺术家个人的人生经历、艺术作品的特色、艺术风格的形成、社会和时代、艺术审美的标准等之间错综复杂的关系,甚至是对个人艺术创作的启示等,这些都已经直接指涉"高阶思维"的特质——学习过程中学习者势必会对知识进行有机整合,积极主动地学习新的学科观念和思想,并进行个体的反思与判断。秉持如此路径的教学,已经不单是基于既有"知识点"的传递式教学,而是指向了学科知识的结构化和学习者的个体理解。"深度教学反对'知识点'意识,主张从'知识点'教学走向'知识结构'教学。学科思想不是通过零散的知识点来表达的,而是蕴含在结构化、关联性的知识体系之中。"[3]

此外,布鲁姆认知领域的目标还有六大行为要素——记忆、理解、应用、分析、评价、创造,这从"认知过程"的角度对学习进阶进行了区分。同样结合凡·高绘画赏析的教学示例,教师可以据此为学生提出有针对性的问题:

● 记忆:凡·高是谁?其生平如何?

● 理解:结合艺术家个人的生活经历,谈一谈为什么凡·高对艺术如此的执着和热情?

● 应用:凡·高运用色彩、笔触在其情感表达中的作用如何?

● 分析:凡·高为什么偏爱"向日葵"题材?生命的最后为什么又创作了《麦田上的乌鸦》?其蕴含了艺术家怎样的一种情感?

● 评价:凡·高的艺术对后来的艺术家有何影响?其时代意义和价值如何?对艺术史的贡献如何?

● 创造：如何借鉴凡·高对于线条、笔触、色彩的方法"借景抒情"？

综合上述的叙述和案例分析，我们可以发现，"四大类型知识"是对知识领域的横向维度划分，而"六大行为要素"则是对学习者个体认知过程进行的纵向区分。如果将二者结合，即构成了关于课堂"知识—学习"的立体谱系。对此，学者安德逊等人就在布鲁姆研究的基础上绘制了"知识的种类与认知过程的维度"[4]（表1）。

表1　知识的种类与认知过程的维度（L. W. Anderson，2001）

知识维度	认知过程维度					
A. 事实性知识	1. 记忆	2. 理解	3. 运用	4. 分析	5. 评价	6. 创造
B. 概念性知识						
C. 程序性知识						
D. 元认知知识						

在《普通高中美术课程标准（2017年版）》的"教学设计建议"中，就特别指出美术课堂教学要"创设引发探究行为的问题情境"。在笔者看来，这里的"问题情境"即是触发美术深度学习的"发生器"，"它能激励学生有目的的选择和获取知识与技能，综合运用跨学科观念、思维方式和探究技能发现、提出、分析和解决问题"[5]。在课堂学习的深度进阶方面，一个好问题的提出能够引导学生从"陈述性知识"的层面不断向"元认知知识"发展，且更加强调学习者个体的"分析、评价、创造"。在凡·高美术鉴赏教学案例中，如给学生提出"如何用线条、色彩在绘画中表达丰沛情感？"这样的一个问题，可以有效地激发学生对知识的"自我构建"——在凡·高艺术创作的启示下，思考"绘画表现和情感表达"之学科大概念，推进对后印象主义美术风格和艺术语言的持续理解，进而为自身的艺术造型表现提供启示。这绝非是简单的"刺激—反应"般的接受性美术学习活动，而是一种理智的思维与认知活动，"教育在理智方面的任务是形成清醒的、细心的、透彻的思维习惯"[6]。比起表浅的知识学习，如了解凡·高的生平、作品名称、意义和价值等，这样的学习"是学生感知觉、思维、情感、意志、价值观全面参与、全身心投入的活动，是作为学习活动主体的社会活动，而非抽象个体的心理活动"[7]。相对于传统的倚重教师讲授的美术鉴赏方法而言，这样的教学活动无疑是"难的"，因为其需要教师精心进行教学设计，以真正引发学生高质量的

探究性学习行为。

三、美术教与学的"三个度"——纵深度、广泛度与关联度

具体到课堂教学的实践层面,如果对"深度学习"之"度"进行要素分解的话,可以分为"纵深度""广泛度"与"关联度"三个层面。

（一）纵深度,实现美术教学的层层递进

深度学习是对学习者思维状态的关注,以引发其探究性的学习行为与活动表现。对此,课堂美术教学不能只停留于事实性知识的讲述,而需要呈现教学的纵深逻辑。以美术鉴赏教学为例,讲解艺术家生平故事和一般的作品基本信息之外,教师还可以在问题情境创设的基础上,引导学生研究艺术家的生平、风格与创作观,分析与体悟作品的造型表现形式及其内蕴的思想情感表达,关注作品的时代意义和价值,多方面评析后世的不同观点和评价,谈论艺术家对美术史的贡献等。这使得美术鉴赏学习涵盖了"艺术家—艺术创作—美术作品—美术评论—美术史"这一全方位且有纵深感的不同层次,涉及了分析、评价、综合、创造等学习行为与认知过程。由于其不同于常规的"平面化作品讲解"之路数,在对知识进行深度加工和意义建构的同时,也可以带给学生更多的心智挑战,引发学生的鉴赏兴趣与探究欲望。

（二）广泛度,在丰富的文化情境中认知美术

在某种程度上可以说,美术是人类文化的外在视觉表征方式,其以视觉的方式镌写着人类不同时期的社会文化与生活,并强化了人们对于历史、社会和自我的省思。因此,对于学校美术教育来说,在丰富的文化情境中认知美术,培植学生文化理解的学科核心素养实为必须。深度学习中的"广泛度",可以理解为美术学习需要让学生"既见树木,也见森林",使得学习美术知识技能的内涵和外延不断丰富,从而建构自身的审美心理结构。对此,教师有必要将艺术看作形式与意义的动态组合,以引导学生揭示美术作品、美术现象中文化符号的意义。这区别于"知识点"的学习,能够在一个大的"为生活而艺术"的视角和观念下,提升美术教学对培植、涵养学生人文精神的重要作用。以凡·高美术鉴赏为例,教师可以提出的相关问题："凡·高的艺术为什么在当时不被赏识,而现在却成为经典？""如何理解艺术的审美和评判标准在不同时期的变化？"这种基于文化视野的美术学习,可以理解为深度学习之"广泛度"的表现。

（三）关联度，美术教学需要追求理解

"在过去的几十年里，人们越来越强调把世界看作是由相互关联的系统组成的，而不仅仅是一系列离散的单元。世界各地的教育系统已经从将学科和必修课程知识定义为事实的集合，转向将学科理解为相互关联的系统。"[8] 这是经济合作与发展组织（OECD）在最新颁布的"2030年未来教育和技能的概念说明"中开篇明义的话，也为我们鲜明地指出了"世界是关联的"这一朴素的真理。对于学校美术教学而言，亦可以从这个角度来思考"深度学习"在课程层面的实现形式。如了解一个作家或某种艺术，对其背后的"大情境"要所有了解、把握，并进行研究思考，将其诸多要素关联起来进行综合认知，才会有更深入的理解。在某种程度上，这样的学习可以提升学生对学科的深入、全面、丰富的理解力，这是一种真正建构式的学习模式。在核心素养教育的语境下，我们需要不断明晰其所倡导的学习理念不是要脱离学科，而是通过关联的方式让学生"知其然也知其所以然"，直指对学科本质的探寻以及学生对学科知识、思想的意义建构。仍是以凡·高美术鉴赏教学为例，其中的"关联度"可以体现在"凡·高作品中的笔触和色彩特征和艺术家本人生命状态的关联""凡·高和同时代其他艺术家的异同""凡·高艺术中对东方艺术的借鉴"等。

《中庸》有言，"致广大而尽精微"，原是阐述君子德性与学问的完美境界。在笔者看来，这完全可以用来引述核心素养时代美术深度学习之诉求。其中，"精微"可以理解为对美术世界的洞察、发现与体悟，由表及里，由现象至实质，在教学中使学生获得深度的学科理解力；"广大"则可以用来说明美术深度学习的状态——通过问题情境，不断地思考、分析、判断，将知识学习放置在一定的脉络体系（或文化语境）中，进行有意义的推断和发现。

参考文献：

[1] 郭华. 深度学习及其意义 [J]. 课程·教材·教法，2016（11）：25-32.

[2] 钟启泉. 现代课程论 [M]. 上海：上海教育出版社，2006.

[3] 郭元祥. 知识之后是什么——谈课程改革的深化 [J]. 新教师，2016（6）：7-9.

[4] 钟启泉. 基于核心素养的课程发展：挑战与课题 [J]. 全球教育展望，2016，45（1）：3-25.

[5] 中华人民共和国教育部. 普通高中美术课程标准（2017年版）[S]. 北京：人民教育

出版社，2018.

[6] 约翰·杜威. 我们怎样思维·经验与教育 [M]. 姜文闵，译. 北京：人民教育出版社，2005.

[7] 郭华. 深度学习与课堂教学改进 [J]. 基础教育课程，2019（3）：10–15.

[8] OECD. OECD Future of Education and Skills 2030 Concept Note [EB/OL]. www.oecd.org/education/ 2030–project，2019–10.

语文审美教育之应为与可为

卢永霞[①]

《普通高中语文课程标准（2017年版）》首次明确提出语文学科核心素养，实际教学中核心素养培育的落实情况如何呢？2019年3月，笔者结合培训需求调研，面向福建省中小学语文教师发放700份问卷（收回694份），调查显示，约有96%的教师认为落实得最好的是"语言建构与运用"，而最薄弱的是"审美鉴赏与创造"。究其原因，主要有二：一是主观上存在认识误区，或认为审美力不重要，或认为审美与语文无关，或认为审美与考试无关，因而没有引起足够的重视；二是客观上感到能力不足，缺乏相关的知识经验或具体的方法策略。

一、语文审美教育之应为

我国从新中国成立以来的第一部语文教学大纲到现在的语文课程标准，始终都把培养和提高学生的审美情趣作为语文课程任务之一。教科书里一篇篇文质兼美的课文，是作者进行审美创作的结果，必然触发读者在阅读过程中获得有意或无意的审美体验。这种审美体验体现在读者接受语言、音律和文字组合时身心产生愉悦的感觉。中国文艺学理论泰斗童庆炳先生认为，"一部作品审美功能是最为紧要的、首先的。人们必须首先感受到美，并被美深深地吸引，在愉快地享受了美之后，才能认识社会和接受教导"[1]，说明了审美之于语文教学的重要性。

同时，受国际阅读素养测试影响，语文学科测试中不仅阅读量加大，文本类型丰富，思考量提高，更是直接将阅读能力测试板块命名为"阅读与欣赏"，意味着对阅读审美力的重视和加强。无论是为文学体验而阅读，还是为获取和使用信息而阅读，都离不开这四个理解过程——关注并提取明确陈述的信息，进行直接推论，解释并整合观点和信息，检视并评价内容、语言和文本成分。而这四个理解过程也对应了阅读理解的四个能力层级，其中处于

[①] 卢永霞，福建教育学院语文研修部小学教研室主任，语文课程与教学研究所副所长。

最高层级的就是阅读审美力，包括对文本信息实际发生的可能性进行评估；跳出文本的分析能力、对人物心理的体察能力、评估作者的语言表达能力；评估文本内容是否正确、完整或清晰，文本元素的选择如何影响意义的传达等。

二、语文审美教育之现状

对阅读评价鉴赏能力的培养，《义务教育语文课程标准（2011年版）》早已提出"注重情感体验，发展感受和理解能力""能初步鉴赏文学作品，丰富自己的精神世界"等要求。然而在教学中又是如何落实的呢？以下是一节常态课，内容是张志和的《渔歌子》。

1. 读一读，纠正读音。
2. 讲一讲，记住意思。

渔歌子：词牌名。
西塞山：地名，在今天浙江省湖州市西面。
鳜鱼：一种淡水鱼，味道鲜美。（注意："鳜"不要写错）
箬笠：用竹篾、箬叶编制的斗笠。
蓑衣：用草或棕叶制成的防雨用具。
学生用自己的话把意思连起来说一说，教师用教参上的话再串讲一遍。

3. 抄一抄：学生把课件播放的诗句意思抄下来。
4. 背一背，默一默。（不但默写全文，还要默写意思）
5. 拓一拓。

张志和是一位隐士，自称烟波钓徒。全诗表现了他悠闲自在的生活。
这种知识本位的教学，往往把学生阅读古诗词的胃口给败坏了。

新课程改革十几年了，类似的课堂依然存在，语文学科的审美教育功能处于"说起来重要、做起来次要、忙起来不要"的尴尬境地。忽视语文学科的审美性，急功近利，过于强调显性的目标，偏重知识的结果，忽视学生的阅读体验和学习过程，忽视他们作为审美主体的存在，也压抑其丰富的情感体验和审美创造等问题依然突出。长此以往，教师教得枯燥无味，学生学得麻木无趣，与课程目标和核心素养要求渐行渐远。

三、语文审美教育之可为

语文审美教育，即以审美的视角观照语文教学，挖掘教学内容和教学过程中的审美因子，引导学生对语文之美进行感知、体验和评价，使他们在学习语文知识、形成语文能力的同时，体会美的精神和意义，初步形成发现美、体验美、欣赏美、评价美和创造美的能力及品质，建构审美心理机制并逐步培养起完善的人格。

1. 运用审美心理机制展开教学

语文学科的审美对象主要是言语作品，这一审美的专门化决定了语文学科独特的美育功能是以美育人，以文化人。为此，语文教师要为学生提供充分而恰当的审美对象，如文字之美（包括音、形、义）、内容之美（包括自然风光、艺术情致、社会人情）、形式之美（包括节奏、结构、修辞等）、教学之美（包括师生言行、师生关系、课堂氛围等）。当教师带着审美的眼光去解读教材、实施教学时，就能为学生提供更丰富的审美对象，为实施审美教育提供更多的可能性。正如"风景，只属于看风景的人"，在审美活动中，如果离开审美主体的主动参与，客体也就不能成为审美对象，其审美价值只能作为一种潜在可能。

审美主体如何参与呢？首先要了解美感是怎么产生的。美感产生的心理过程是由感知、想象、情感、理解等多种心理功能组成的综合活动。如欣赏一棵古松，必须先有视觉上对古松形象的感知，再交织审美主体的旧有经验，深刻体察古松"古"的意蕴，想象它经霜傲雪、岁寒不凋的劲节，赞美的情感便油然而生，这一情感直接影响着对古松形象的感受和判断。这判断就是一种理解，而这理解是渗透了感知、想象、情感诸因素交错融合的某种认识。[2]

根据上述审美心理产生的过程，笔者提出"感知为先、想象为辅、体验为主、理解为要、品味为核"的审美教学策略。下面以《渔歌子》教学为例加以阐释。

（1）感知为先。诵读全诗，知道这首词有几句，大致写了什么内容，作者是谁。

（2）想象为辅。指导学生借助色彩、动静、远近、点面等方面的语词想象画面。首先是色彩，直接出现的色彩有"白鹭""青箬笠""绿蓑衣"，间接出现的色彩有苍翠的西塞山、粉红的桃花、倒映着绿树红花的流水，构成了一个色彩明丽的山光水色图。其次是动静，西塞山是静的，展翅高飞的白鹭是动的；桃花是静的，流动的水和水里游动的鳜鱼是动的；箬笠、蓑衣、人影是静的,斜风细雨是动的。由此展开想象,仿佛可以看见:远处,身姿轻盈的白鹭在苍翠的西塞山前低低地飞翔,粉红的桃花瓣随风飘落在碧绿的春水之上,偶尔有肥美的鳜鱼跃出水面,又迅速地落下,漾起一圈一圈的涟漪。此时,一位头戴斗笠、身披蓑衣的垂钓者,停舟在这一江春水之上,笼罩在蒙蒙的烟雨中,似乎空气中都弥漫着一股清新的味道。

(3)体验为主。作者为什么写这些,又为什么这样写呢?只有把人物的情感读出来,才能进一步领略这首词表现的意境美,也就是阅读要从表层的意象走向深层的意脉。这首词的作者张志和,既是诗人,又是画家,还是一位隐士,因此他的笔下不仅仅是一片诗情画意,也往往反映了他的生活情趣和理想追求。在他的笔下,这位垂钓者头戴斗笠、身披蓑衣,显然是有备而来,可见出门之时已是风雨交加。如此天气,还要出船钓鱼,是生活所迫吗?非也。"斜风细雨不须归",不是"不能归",而是"不须归",这是一种主动的追求,而不是无奈的选择。有这样高雅的生活情趣的人会是谁呢?想必就是诗人自己了吧。原来,透过描绘这一个宁静而美好的画面,作者要表达的是自己独有的生活情趣。了解了这些,再读全诗,就能读出意境优美、情趣盎然的感觉,这正是作者的用心所在。

(4)理解为要。这首词明白如话,理解起来没有什么难度。唯一有疑问的是:为什么是"青箬笠,绿蓑衣"呢?福建教育学院鲍道宏教授认为,这里的"青箬笠,绿蓑衣"不能简单地理解为写实的景物,而是根据情感表达的需要所采用的一种写意手法。西塞山是整个画面的底色,斜风细雨晕染了这个画面,远远望去,箬笠和蓑衣都晕染在这湿漉漉的画面中,它本身的颜色反而显得淡了。这样的解读,使画面呈现出一种朦胧的美感,充分表现作者的艺术匠心和他悠然脱俗的意趣。正是这"无理之妙",成为这首词最具艺术价值的一种表达。

(5)品味为核。文学审美是一种情理智趣的综合交融,其最终目的是获得审美享受,提高审美情趣。诗歌之美,可从"文情"和"声情"两方面得之。文情之美,通过上述感知、想象、体验、理解等多种心理功能已可领略;声情之美,诸如音韵、节奏、平仄等产生的艺术之美,则需要通过读、诵、吟、唱等方式来表现。在学生对这首词有了一定的审美认知、获得整体的审美体验后,教师还应引导学生调动其接受情感、音律和文字组合时身心产生的愉悦感觉,通过诗画结合、配乐诵读等方式进一步加以品味和涵泳,从而陶冶审美情趣，丰富精神世界。

对比前面《渔歌子》的教学，表面上学生都会读、会写、理解了，从知识与技能的角度来看差别不大，但是从审美鉴赏的角度来看却有显著的不同。前者指向干巴巴的知识，把丰富饱满的诗歌压缩成了一块块无情无趣无味的知识饼干；而后者则是展开想象（在头脑中实现文字与画面之间的自由切换）、体验情感（从意象深入意脉，体会意蕴）、审美享受（品味涵泳，获得精神享受），更加凸显语文的学科特性。

2. 以审美感受促言语品质提升

以审美的视角观照言语表达，有助于学生从表达清楚（言之有理、言之有序）走向谈吐文雅（言之有礼、言之有趣），提高言语表达的艺术性，在使人明白意思的同时，还能给人带来舒服愉悦的感受。

（1）不同表达，传递不同感受

如果说语用教学解决的是温饱问题，那么审美教学满足的则是精神层面的追求。语用教学可能更多地关注正确地理解、恰当地运用，也就是语言文字用得对不对；审美教学则更多地关注对美的发现和欣赏，也就是关注用得好不好，重视其表达效果。比如用"专心致志"造句。A说：我在专心致志地做作业。B说：我在专心致志地读书。C说：我在专心致志地看电视。从语用的角度看都没有问题，用词正确，句子完整，表达清楚；但从审美的视角来观照，就暴露其艺术性不强、创造力不足、缺乏美感的问题。如果教师加以引导："这个词在这里用对了，但还不够好。读者头脑中的画面还不够清晰，也不够完整。你能把画面说得更具体些吗？在什么情况下专心致志地做作业？周边的环境怎么样？"学生就能描述一个具体的语境，如"晚饭后，爸爸妈妈在客厅安静地看书，我在书房里专心致志地做作业。窗外的月亮也静静地看着我们，生怕打扰了我们似的。"无论是阅读情境，还是生活语境，都要注意引导学生体会"不同的表达，带来不一样的心理感受"，从而培养学生良好的表达习惯，尽可能地把话说得明白晓畅、优雅得体、生动形象。

（2）不同感受，决定不同表达

培养学生的感受力比培养他的观察力重要。一个孩子如果缺少对美的敏感，那么他看到的山只是山，水只是水，写出来的作文就是这样的：

今天，我和爸爸妈妈到公园去玩。公园里有花有草，有树有鸟，有人在钓鱼，有人在打牌，有人在照相。

花草树鸟，各式各样的人，他都观察到了，而且也写得条理清楚，语句通顺，用词准确，但没有他自己的独特感受，就显得干巴巴的。

而一个感受力比较强的孩子会这样写：

啊，公园里的花都开了，有的高高地昂着头，好像在说："瞧，我的花多美啊！欢迎你们来欣赏！"有的挤挤挨挨在一起，好像在说悄悄话；还有的静静地垂下脸，好像在为自己昨夜掉落的花瓣而伤心。草地绿茵茵的，为大地铺上了绿色的地毯，如果躺在上面仰望蓝天白云，一定非常惬意吧⋯⋯

同样是看到了花花草草，审美力不同的人，感受不一样，写下来的文字自然就不同。

如何提高审美力呢？一个人的审美力无非体现在他观照事物的能见度和联想的深广度上。我们可以通过阅读与欣赏，改变看世界的眼，发现这世间的美。如参观博物馆、书画展，听人讲解，借专业之眼提高审美；听音乐、观影视，研究歌词，借诗歌语词活化表达。此外，郊游旅行、观赏园林、栽花种菜、手工实验、声乐舞画剪刻，无不增加学生的生活经验，丰富其人生体验。有经验的语文教师会随时随地培养学生的感受力，想方设法让他们的全部心灵、全身心的感觉与自然、与周边的事物建立某种联系，并借由通感，产生联想，让颜色有温度，声音有形象，万物有灵性。当儿童的头脑越来越多地建立起这样有联结、有情感的物象，他们的觉察就会越来越敏锐，联想越来越丰富，其表达的内容也就越来越有情味、有趣味、有意味了。

3. 从审美视角构建教学评价体系

构建以美为导向的评价体系，如课堂教学有没有美感，师生是否享受其中，教师是不是有美的示范（包括服饰、言行、板书、朗读等），学生的字写得美不美，能否发现并评价作品的内容、形式、意蕴之美，学生言语表达是否得体、优雅，感受是否丰富、敏锐，联想是否有深度、有广度等，即以美渗透融合价值、思维、文化、语用，从而形成素养。

上述研究，对解决当下语文教学中审美目标缺失、审美主体地位丧失、审美过程消失等问题有一定裨益，但是语文教学中的审美问题是复杂而细致的，解决之道也应是丰富而多样的，期待更多语文教师沿着语文审美教育的研究和实践之路，和学生一起遇见更美的自己。

参考文献：

[1] 童庆炳. 审美意识形态的再认识 [A]. 2000中国年度文论选 [C]. 桂林：漓江出版社，2001.
[2] 潘丽珠. 语文经典教学 [M]. 北京：九州出版社，2002.

以美育人：给乡村孩子一个缤纷的世界

王 恂[1]

睢宁县是江苏省西北角一个古老的县城，也是原文化部命名的全国唯一的"儿童画之乡"。1955年，睢宁县实验小学的李训哲等教师成立美术兴趣小组，组织学生进行儿童画创作。60多年来，共有32000多幅作品被选送到美、英、法、德、日、意等70多个国家和地区展出，荣获国际奖项2000多项，9次应邀进京在国家美术馆和国家展览馆等地展出，是外交部指定的"国宾礼品"，多次被党和国家领导人赠送给外国政要和国际友人。触摸睢宁儿童画美育实践的历史发展轨迹，可以清晰地发现，睢宁儿童画的发展是中国基础教育改革的缩影，也是乡村美育的典型案例。

一、呵护童心，给乡村孩子一个缤纷的世界

由于历史、师资、理念、教育设施配置等原因，当下在全国范围内，还有不少地区学校的美术课没有正常开齐。但睢宁儿童画创始人李训哲、武家兴两位教师，在20世纪50年代就在睢宁实验小学成立了儿童画美术兴趣小组。60多年来，睢宁儿童画始终坚持"源于生活，归于童心"的教学原则，给乡村孩子创造了一个缤纷的世界。

"儿童是天生的画者，艺术的最高境界就是童心。"这是睢宁儿童画教师代代相传的信念。基于此，睢宁儿童画做到了大面积普及教学，面向全体儿童，鼓励学生用画笔传达自己最大真、最本真的感受。很多看过睢宁儿童画的人都会说："很奇怪，为什么在这些画中可以轻易地找到和毕加索、米罗作品相似的东西？"但在老师们看来，这很正常。因为绘画是儿童最直接、最自由、最便捷的情绪表达方式，通过绘画，他们可以充分表达内心情感和对外部世界的感受。这些感受因为直接、朴素、纯粹、稚拙而有了震撼人心的力量，也和那些"用一生的时间向儿童学习绘画"（毕加索语）的大师们达成了心灵的相通。

---

[1] 王恂，江苏省徐州市睢宁县教师发展中心美术教研员。

"没有生活就没有艺术,儿童画不在课堂上,而在生活中。"这是睢宁儿童画教师对教学的基本理解。为了开阔孩子们的视野,从李训哲、武家兴,再到朱永,几代美术老师不辞辛苦地带着学生进工厂、下乡村、访名川、涉溪流……孩子们看渔村唱晚,听荷塘蛙鸣,走黄河古道,闻桃李芬芳。美丽的风景,火热的生活,铭刻在他们的心中,也铺陈在他们的画中(图1)。老师们既尊重教育规律,又尊重孩子生理、心理生长发育的规律,总结出一套行之有效的童画辅导模式。一方面,他们始终坚持的教学目的是育人,核心是儿童,载体是儿童画,秉承艺术创作规律,努力发掘儿童与生俱来的审美直觉,形成了"真、纯、善、美"的儿童美育理念。另一方面,从历史故事、民间艺术、自然景观、风俗民情、社会生活等维度开发美术课程资源,利用世界美术文化遗产,融汇美学基本原理,确立既符合儿童画特点也符合儿童特点的以"形式美"为主要内容的儿童画教学。

图1 《果林深处是我家》(陈茵,8岁,辅导老师王中明)

生活是艺术创作的源泉,也是睢宁儿童画教师的自觉关照。2020年初,新冠肺炎疫情带来了一段特殊的日子,也带来了睢宁儿童画教师一段难忘岁月。30余所学校60位美术教师几乎是不约而同地设计了线上辅导课程,他们通过在线辅导的方式,和学生一起进行了"抗疫"主题的儿童画创作。"向英雄致敬""居家防疫小妙招""我身边的天使"……短短一个月,就创作了近500幅疫情防控主题儿童画(图2)。

二、转变方式,让学生走向自主和创造

为了让更多的乡村孩子走向自主和创造,老师们将以"形式美"为主要内容的儿童画教学分别融入"造型表现、设计应用、欣赏评述、综合探索"

图 2　《病毒"抗疫战"》（邱泉瑞，10 岁，辅导老师申艳玲）

等四种课堂形态中，让更多的孩子学会欣赏美、感受美、创造美，取得了显著的教学效果。

（一）儿童画要说"儿童的话"

"面向儿童的教学，必须少些'匠气'，必须说儿童能听懂的话。"这是睢宁儿童画教学不成文的"定理"。例如，将"构图""空间关系"等专业名词，转化为"位置"等儿童易于听懂的话语。启发学生举一反三，有效激活儿童的形象思维；讲授造型的知识点时，教师会引导学生运用各种曲线、直线、粗线、细线等画出物体形状，稚气生动，具有美的形式感；色彩搭配概念很抽象，但睢宁儿童画辅导教师创造性地绘制出简单明了的色环图（图3），只要向学生介绍用相邻的三种颜色搭配，会得到舒服协调的感觉，学生就拥有了一个揭开色彩搭配规律的法宝。

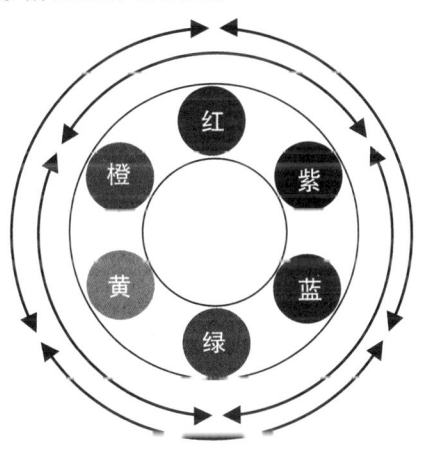

图 3　简明色环图

这些教学方式的转变是经过大量有趣的课堂实践得来的，蕴含着"纸上得来终觉浅,绝知此事要躬行"的哲理。

(二)儿童画要用"儿童喜欢的形式"

随着时代的发展,在长期美育实践中,睢宁儿童画辅导教师不断创新教学方式,其中小组教学是简洁、高效且独具魅力的教学组织形式。教师根据不同教学内容,依据学生的能力类型和任务类型将他们分成若干学习小组,学习采取"任务顺应式、任务矛盾式"两种基本方式。"任务顺应式"就是在学习或完成较复杂的内容和作品时,要求每个成员最大限度地"扬己之长",相互学习借鉴;"任务矛盾式"就是在学习或完成相对简单的内容和作品时,每个成员领取自己不太擅长的部分,努力在过程中"补己之短",并接受其他组员的帮助和建议。这样,每个人都通过任务的完成来实现自己的价值,得到他人的认可尊重和指导帮助。经过这样的分组学习,学生的"图像识读""审美判断""文化理解"等素养有效提升,提高了美术综合能力,从而走向自主、合作和创造。

在睢宁儿童画学习中,经常看到这样的温馨画面:学生围坐桌子周围,甚至有的是趴在桌边、跪在凳子上,有的在打草稿,有的在临摹,有的在调色,偶尔窃窃私语或者交流讨论……一双双闪烁着渴望与童真的明眸,一只只比画着形状与节奏的小手,让人仿佛看到灵感与创意的白鸽挥舞着双翅时刻环绕在孩子们头顶。

(三)儿童画要"从画看人""以画育人"

"要尽可能地运用美的形象、美的语言进行美的教育"是睢宁儿童画教育中一直流传的准则。美术的立科之本是"美感形象",在培养学生的美好心灵等方面有着天然优势。美术教师如何帮助孩子们塑造善良、积极、乐观美好的健康心理呢?最主要的一点就是"从画看人",从而"以画育人"。

胆怯是乡村儿童面对新事物时普遍存在的心理。在美术教学中,胆怯的学生面对一张空白画纸,会长时间不敢落笔。即使画了,也是在画面的一角,而且构图非常小。面对这种情况,教师要采取科学和自然的鼓励方法。科学分析学生胆怯的原因,自然让学生感到鼓励的真诚和潜在的信任,这样他就能从内心深处涌现克服胆怯的胆量,树立起自信。如教师会引导学生把要画的内容先说一遍,最好能大声说"我准备把这个物体画在中间"。勇敢说出自己的想法,这看似很简单的举止,却是帮助学生克服胆怯、培养自信的至关重要一步。当学生完成作品后,经验丰富的教师会非常真诚地给予肯定和夸赞，会蹲下来与学生零距离交流，会用"商讨"而不是"告诉"的方式给学生意见和建议。睢宁儿童画教师就是这样一次次引导乡村孩子，通过儿童画创作开启一次次难忘、神奇而又终生受用的审美创造之旅。

三、培养教师，让儿童画代代相传

睢宁儿童画历经四代接力，造就了一支引人瞩目的教师队伍。早期的创始人李训哲、武家兴老师以师傅带徒弟的方式，培养了第二代儿童画教师队伍。第二代教师中的李敦迎、朱君、王中明、顾茂洲等将"生活联系想象"的创作理念融入儿童绘画创作中。朱永、申艳玲、张春梅、贾伟等第三代儿童画教师，更加注重儿童绘画天性和兴趣的培养，以及对儿童审美价值观的认同。近年来涌现的第四代青年美术教师群体，在"学生为本""学习中心"的理念指导下，尊重传统，勇于创新，是睢宁儿童画事业发展的希望。

为了让儿童画更加系统规范地走进课堂，睢宁县教育局把儿童画教学纳入了地方课程计划，每周不少于2课时。小学美术教师人人带儿童画兴趣小组，每天下午安排30分钟活动时间，同时加强对美术教师的培养培训。

（一）"卷入式"培训，提升教师专业素养

要求并组织所有睢宁儿童画辅导教师参加美学理论、美术理论、绘画技能（国、油、版不限）、手工创作、计算机教学技术等培训，使之娴熟驾驭"形式美"的教学内容。每学年举行美术教师基本功、优质课、微课设计、教学案例等评选活动。

（二）"普惠性"写生，激发教师创作热情

儿童画的生命在美丽、自然和火热的生活中。教育局每年组织美术教师全员参与普惠性写生活动。近5年来，共有800余人次赴安徽查济、山东沂蒙山，以及兴化、骆马湖、连云港等地进行写生，极大地激发了美术教师的创作热情。

（三）"互动式"学习，拓宽教师专业视野

运用"请进来，走出去"的方式搭建交流学习的平台。定期聘请有经验、有名望的美术教师来睢宁讲座、上课；选送骨干教师到专业院校进修；选派优秀教师到外地送教，让睢宁儿童画走向更广阔的天地。

（四）"网络式"教研，搭建教师提升平台

开展儿童画教学的理论研究，通过科研课题、学科融汇、学术交流等提

升理论水平。全县已建立县、镇、村三级美术教研网络，申报并完成国家级课题1项、省级课题2项、市级课题5项、县级课题15项。

目前，全县230余名的专业美术教师中70%取得了本科学历，4人获得教育硕士学位，有省特级教师2人，市级教学名师、学科带头人13名。一支专业、敬业的教师队伍正成为睢宁儿童画生生不息的力量源泉。

60年的儿童画教育实践，成果丰硕。多年来，全国小学美术教学美育研讨会、江苏省美术教学研究会、中国少年儿童造型艺术学会会员代表大会、第七届全国美术教育教学研讨会先后在睢宁召开，业内外人士对睢宁儿童画美育实践有了更直接的感性认识和深入的理性思考。专家们特别指出，在我国城镇化进程中，睢宁儿童画的教育实践对广大中小城镇和乡村地区的美育，对未来国民素质的提高有很好的启发、示范作用，对促进城乡教育均衡发展，关注乡村儿童成长也有重要意义和价值。

时至今日，"睢宁儿童画"已经从一般意义上的儿童绘画蜕变成为一个专属的美术教育概念，成为一个依托传统美术教育，又包含了现代教育观念的专有名词。扎根生活，塑造心灵，以美育人，睢宁儿童画将在未来振兴乡村教育的大路上迈出更坚实的步伐。